Olaf Apel, Stefan Lorscheid, Markus Peters

Handlungsorientierte Tabellenkalkulation für Büroberufe

2. Auflage

Bestellnummer 31503

Bildungsverlag EINS

Haben Sie Anregungen oder Kritikpunkte zu diesem Produkt?
Dann senden Sie eine E-Mail an 31503_002@bv-1.de
Autoren und Verlag freuen sich auf Ihre Rückmeldung.

www.bildungsverlag1.de

Bildungsverlag EINS GmbH
Sieglarer Straße 2, 53842 Troisdorf

ISBN 978-3-427-**31503**-2

Vorwort

Das vorliegende Buch orientiert sich an den Inhalten der bundeseinheitlichen Abschlussprüfung für Bürokaufleute bzw. Kaufleute für Bürokommunikation. Es ist allerdings auch uneingeschränkt für andere Schulformen bzw. Bildungsgänge wie beispielsweise die Höheren Berufsfachschulen für Wirtschaft und Verwaltung geeignet.

Das Buch ist geprägt, durch – in berufliche Handlungssituationen eingebundene – betriebswirtschaftliche Problemstellungen, die ganzheitlich und schüleraktiv gelöst werden müssen. Sowohl die Erarbeitungen als auch die Übungen haben eine einheitliche Struktur, die ausgehend von einer Situation über ausführliche und schüleradäquat formulierte Informationen die Lernenden selbstständig zur Lösung kommen lassen und eine Lernerfolgskontrolle bieten. Durch die induktive Vorgehensweise wird den aktuellen didaktisch-methodischen Anforderungen und den Richtlinien für die Berufskollegs in NRW im Berufsfeld Wirtschaft und Verwaltung Rechnung getragen.

Die Förderung der beruflichen Handlungskompetenz hat im Rahmen der Entwicklung des Buches einen hohen Stellenwert eingenommen. Neben der Fachkompetenz können Human- und Sozialkompetenz mit ihren Akzentuierungen Methoden-, Lern- und Sprachkompetenz gefördert werden. Das Buch eignet sich zum selbstständigen schüleraktiven Lernen. Es kann somit auch als Nachschlagewerk für die Vor- und Nachbereitung des Unterrichts von den Schülerinnen und Schülern verwendet werden. Weiterhin bietet es durch die zahlreichen Übungen eine umfassende Lernerfolgskontrolle.

In den Lernsituationen stützt sich das Buch auf das Modellunternehmen „Bürodesign GmbH", das Büromöbel herstellt und mit Büro- bzw. EDV-Zubehör handelt. Die Lernenden werden in die Rolle einer/eines Auszubildenden versetzt, in der sie/er die Arbeitsaufträge bearbeiten. So werden sich die Lernenden mit dem jeweiligen Arbeitsauftrag identifizieren. Die Einführung in die jeweiligen Themen wird im Wesentlichen anhand der Automatisierung einer Rechnung Schritt für Schritt den Schülerinnen und Schülern verdeutlicht, sodass stets die Sinnhaftigkeit und der Nutzen des jeweiligen Inhalts deutlich wird. So wird ein Bezug zur Lebenswirklichkeit der Schülerinnen und Schüler (Gegenwarts- bzw. Zukunftsbedeutung) hergestellt.

Mithilfe der umfangreichen Übungen (i. d. R. drei Übungen pro Inhalt mit unterschiedlichem Schwierigkeitsgrad) mit integrierten Wiederholungen des bereits Gelernten wird auch der Heterogenität der Schülerinnen und Schüler in den Klassen Rechnung getragen. Je nach Lerngruppe ist so eine differenzierte Übung möglich.

Sämtliche Tabellen (Screenshots) finden Sie als Dateien im Internet unter www.bildungsverlag1.de/buchplusweb. Sollte es sich explizit um Dateien handeln, die für das Lösen der Übungsaufgaben benötigt werden, findet sich an den gegebenen Stellen des Buches ein Symbol (Web).

So können sich die Schülerinnen und Schüler bei Bedarf auf das Erstellen der Formeln und Funktionen konzentrieren.

Die wesentlichen inhaltlichen Erläuterungen des Buches sind unabhängig von einem bestimmten Tabellenkalkulationsprogramm bzw. einer bestimmten Version gewählt. Neben der Verwendung der Software Microsoft Excel sind die Inhalte des Buches auch auf andere (kostenlose) Programme anwendbar. Die Abbildungen und Erläuterungen sind auf Microsoft Excel 2003 abgestimmt.

Die Verfasser

Inhaltsverzeichnis

Inhaltsverzeichnis

Das Modellunternehmen

Die Bürodesign GmbH
Damit Sie die vielfältigen Problemlösungsmöglichkeiten der Tabellenkalkulation leichter kennenlernen, haben wir in diesem Buch ein Modellunternehmen gewählt. An typischen Situationen und deren betriebswirtschaftlichen Problemstellungen dieses Unternehmens lernen Sie die wesentlichen Inhalte der Tabellenkalkulation kennen.

Betrachten Sie die Bürodesign GmbH als „Ihren Ausbildungsbetrieb", um betriebswirtschaftliche Problemstellungen mittels eines Tabellenkalkulationsprogramms zu lösen. Auf den nächsten Seiten werden Sie einige Details über dieses Unternehmen erfahren.

Sie bekommen Informationen über den Sitz der Bürodesign GmbH, den Aufbau des Unternehmens, die Abteilungen und die Mitarbeiter. Einigen der Mitarbeiter werden Sie in diesem Buch häufig begegnen. Sie werden sie in typischen betrieblichen Situationen beobachten. Weiter finden Sie einen Auszug aus dem Katalog der Produkte, die von der Bürodesign GmbH hergestellt und vertrieben werden, sowie einen Auszug aus der Kunden- und Lieferantendatei. Auf diese Informationen werden Sie bei Ihrer Arbeit häufiger zurückgreifen. Deshalb haben wir sie zusammengefasst und vor das erste Kapitel gesetzt.

- **Der Standort**
  Produktionsstätte und Büroräume der Bürodesign GmbH liegen in der Stolberger Straße 188, 50933 Köln. Hier besitzt das Unternehmen Werkstätten für die Produktion. Die Büroräume sind in einem Nebengebäude untergebracht.

  Die Bürodesign GmbH ist eine Kapitalgesellschaft, die im Handelsregister B des Amtsgerichts Köln unter der Nummer 550-U2-Ü5 mit dem Namen eingetragen ist, unter dem sie ihre Geschäfte betreibt (Firma): Bürodesign GmbH – Herstellung von Büromöbeln und Handel mit Büro- und EDV-Zubehör. Simone Schmitz und Marcus Marlies sind ihre Geschäftsführer.

- **Die Abteilungen und ihre Abteilungs- und Gruppenleiter/-innen**

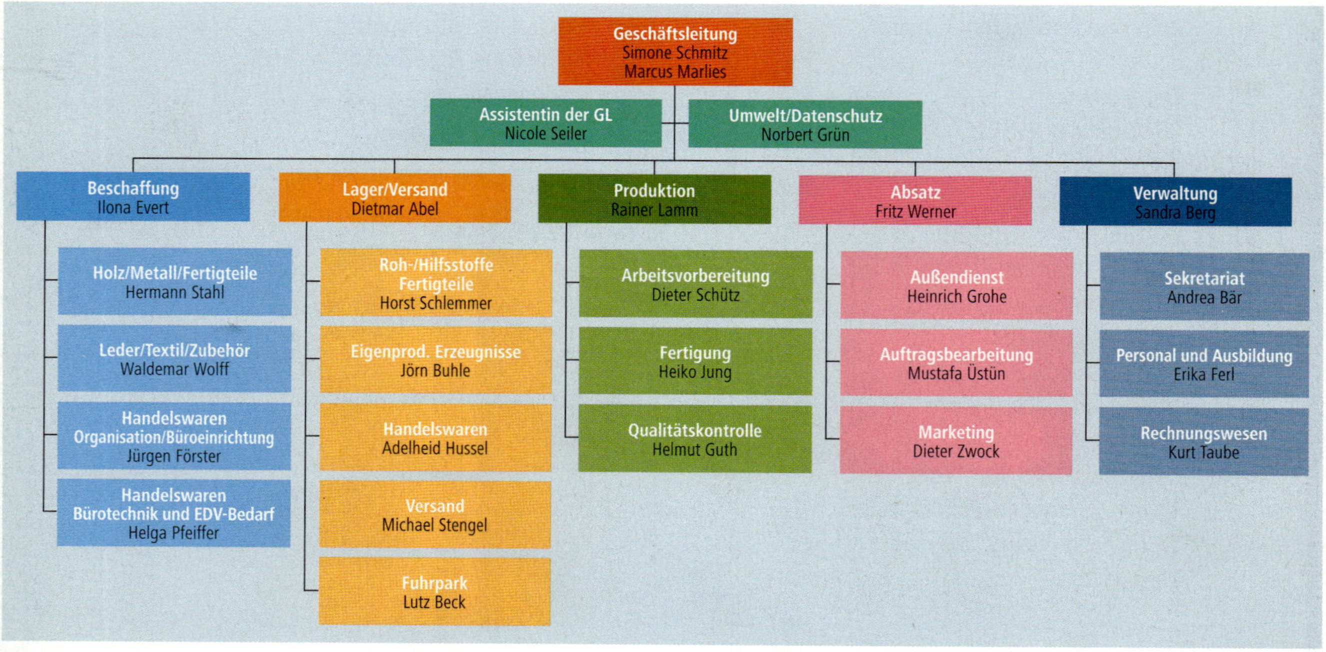

- **Auszug auf der Liefererdatei**

Lieferernummer	Lieferername/Firma	Ansprechpartner	PLZ und Ort
001	Bürotec GmbH	Frau Beutelschneider	50937 Köln
002	Computec GmbH & Co. KG	Herr Brömius	48134 Münster
003	Giesen KG	Herr Kemper	37073 Göttingen
004	Jansen OHG	Frau Gunnar	20095 Hamburg
005	Latex AG	Herr Meistermann	90402 Nürnberg
006	Primus GmbH	Herr Schulze-Loh	34117 Kassel

- **Auszug aus der Kundendatei**

Kunden-Nr.	Kundenname/Firma	Ansprechpartner	PLZ und Ort
1008	Leondörfler GmbH	Herr Braun	26122 Oldenburg
1010	Iris Simsen KG	Herr Meier	57074 Siegen
1019	Kölner Metall AG	Frau Fels	51149 Köln
1024	Bonner Elektro GmbH	Frau Cissée	53129 Bonn
1038	Lindemann GmbH	Herr Buschfeld	80122 München
3486	Beckertz, Armin	Herr Beckertz	53111 Bonn
3489	Dahlbruch, Kerstin	Frau Kutscher	26113 Oldenburg
3490	Hoffenstedt, Anita	Herr Schellendorf	57074 Siegen
3492	Kaiser, Jürgen	Herr Kaiser	96442 Coburg
3498	Wilms, Ingo	Herr Wilms	80332 München
3451	Zopfner, Sabine	Frau Samaria	20446 Hamburg

- **Auszug aus dem Produktkatalog**

Art.-Nr.	Artikel
Produktgruppe Hardware	
A22	Notebook
A24	Laserdrucker
A25	Beamer
B10	OHP-Projektor
B15	Kopiergerät
Produktgruppe „eigenproduzierte Waren"	
11P65	Besucherstuhl STAPLER
54P98	Konferenztisch LOGO
30P94	Druckertisch EURATIO

Produktgruppe EDV-Zubehör	
10235	Das Office Buch
10683	Tabellenkalkulation 2000
11207	Arbeiten mit dem PC
11874	Internet für Anfänger
12430	Tabellenkalkulation 2003
13080	Präsentieren leicht gemacht
13792	Textverarbeitung I
14257	Textverarbeitung II

1 Einführung in die Tabellenkalkulation

1.1 Bildschirmaufbau

Tabellenkalkulationsprogramme gehören zu den Standardanwendungsprogrammen. Sie basieren auf Tabellen, die wiederum aus einer Vielzahl von einzelnen Zellen bestehen. Diese Zellen können unterschiedliche Inhalte (z. B. Werte, Texte) ausweisen. Darüber hinaus können die Zellen durch logische (z. B. <, >) und arithmetische (z. B. +, *) Operationen miteinander verknüpft werden. Einzelne Tabellen werden auf den Tabellenblättern erfasst, die wiederum in ihrer Gesamtheit die Arbeitsmappe bilden. Mit der Hilfe von Tabellenkalkulationsprogrammen lassen sich so eine Vielzahl von betrieblichen Problemstellungen lösen.

Der Bildschirmaufbau eines Tabellenkalkulationsprogramms (hier am Beispiel von MS Excel) gestaltet sich wie folgt:

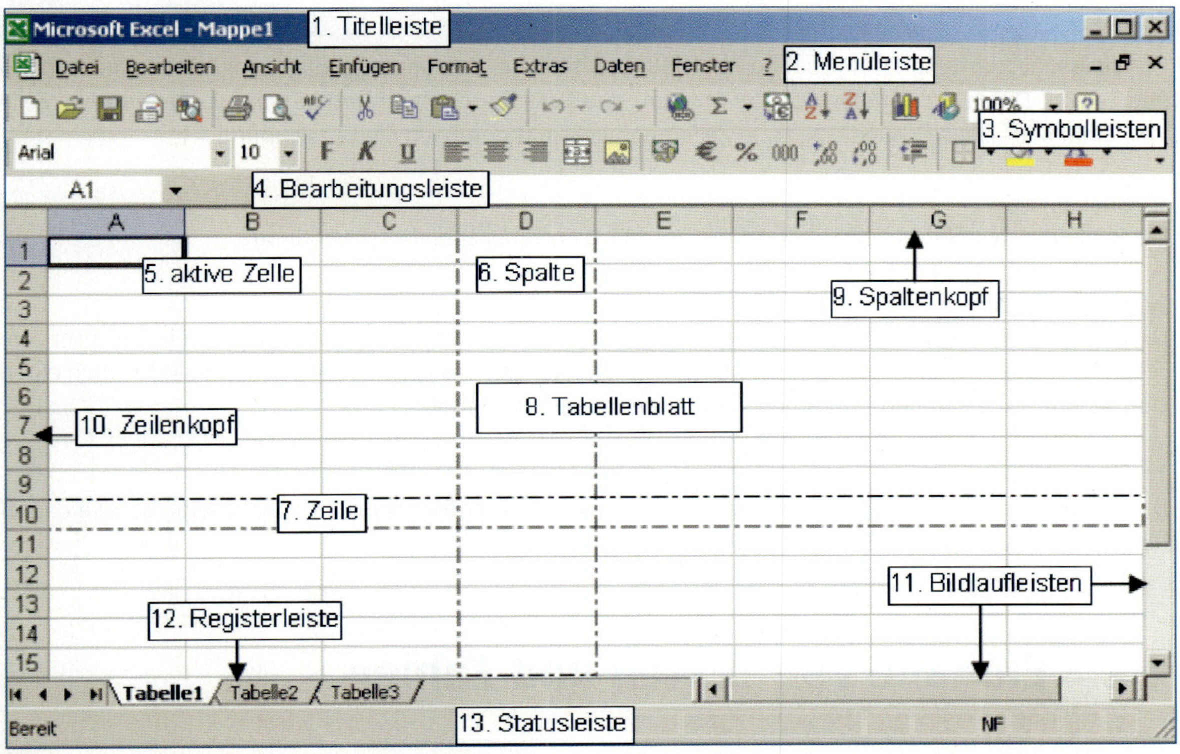

Abbildung 1: *Bildschirmaufbau des Tabellenkalkulationsprogramms MS Excel*

1. Titelleiste

Die **Titelleiste** zeigt den Programmnamen (hier „Microsoft Excel") sowie den Namen der aktuell bearbeiteten Arbeitsmappe. Die Titelleiste enthält auch die Windows-Standard-Schaltflächen für Minimieren ( ), Voll- bzw. Teilbild ( ) und Schließen ( ).

2. Menüleiste

Hinter den verschiedenen Einträgen in der **Menüleiste** (z. B. Datei) verbergen sich Pull-Down-Listen. Diese enthalten die (Unter-)Befehle, die für die Arbeit mit dem Tabellenkalkulationsprogramm zur Verfügung stehen.

Anmerkung:
Einige Unterbefehle in den Pull-Down-Menüs erscheinen hellgrau. Sie stehen für die betreffende Anwendung nicht zur Verfügung.

3. Symbolleisten
Die **Symbolleisten** enthalten Befehle, die per Mausklick abgerufen werden können. Wird der Mauszeiger auf ein Symbol geführt, erscheint eine kurze Beschreibung zu dem ausgewählten Symbol.

4./5. Bearbeitungsleiste/aktive Zelle
Die **Bearbeitungsleiste** dient der Eingabe und Bearbeitung von Daten in die **aktive Zelle.** Als aktive Zelle wird die Zelle bezeichnet, die zuvor in der Tabelle markiert wurde. Zu der Bearbeitungsleiste gehört auch das Namensfeld (links). Dieses gibt die Bezeichnung der aktiven Zelle wieder.

6./7./8. Spalte/Zeile/Tabellenblatt
Das **Tabellenblatt** setzt sich aus **Spalten** und **Zeilen** zusammen. Die Schnittpunkte der Spalten und Zeilen werden als Zelle bezeichnet. Zellen können Daten enthalten.

9./10. Spaltenkopf/Zeilenkopf
Die **Spaltenbeschriftung** erfolgt anhand von Buchstaben. Die **Zeilenbeschriftung** erfolgt hingegen anhand von Zahlen. Durch die Kombination der Spalten- und Zeilenbeschriftung ergibt sich für jede einzelne Zelle eine eindeutige Bezeichnung. Die erste Zelle oben links hat demnach die Bezeichnung A1.

11. Bildlaufleiste
Die **Bildlaufleisten** finden beim Blättern mit der Maus im Tabellenblatt Verwendung.

12. Registerleiste
Die **Registerleiste** (Blattregister) zeigt die Namen der Tabellenblätter der Arbeitsmappe. Ein Wechsel zwischen den Tabellenblättern ist durch einen einfachen Klick auf das jeweilige Register möglich. Durch einen Doppelklick auf einen Registernamen kann dieser geändert werden.

13. Statuszeile
Die **Statuszeile** zeigt Hinweise zur gerade begonnen Arbeit. Die Abkürzung NF weist beispielsweise darauf hin, dass das Nummernfeld eingeschaltet ist.

1.2 Eingabe von Texten und Zahlen

Situation:
Die Bürodesign GmbH bezieht viele ihrer Vordrucke von der Druckerei PrintService KG. In den vergangenen Monaten wurden die Preise für die bezogenen Vordrucke immer wieder erhöht. Besonders Veränderungen im Design und einzelne Aktualisierungen (z. B. neue Postfachnummer) haben zu hohen Kosten geführt. Nachdem Frau Evert, die Leiterin der Abteilung Beschaffung, keine besseren Konditionen hinsichtlich der Preisgestaltung mit der PrintService KG aushandeln konnte, haben sich Frau Schmitz und Herr Marlies (beide von der Geschäftsleitung) dazu entschieden, das Potenzial der eigenen Mitarbeiter zu nutzen und die Vordrucke selbst zu erstellen. In einem Pilotprojekt soll zunächst das Formular für die Ausgangsrechnungen neu erstellt werden, da dieses besonders häufig zum Einsatz kommt.

Die einzelnen Zellen einer Tabelle können unter anderem Text und Zahlen enthalten. Um einer bestimmten Zelle einen Inhalt zuzuweisen, muss diese zuvor als **aktive Zelle** markiert werden. Die Eingabe des gewünschten Inhalts über die Tastatur kann entweder über die Bearbeitungsleiste oder in der Zelle direkt erfolgen. Zum Abschluss muss die Eingabe bestätigt werden (z. B. mit der RETURN- oder ENTER-Taste). Während der Eingabe können Tippfehler mit der Rücklöschtaste verbessert werden. Nach dem Abschluss einer Eingabe sind Korrekturen erst nach vorherigem Doppelklick in die entsprechende Zelle möglich. Der Abbruch einer Eingabe ist durch Betätigung der ESC-Taste möglich.

Besonderheiten bei der Eingabe von Zahlen	Besonderheiten bei der Eingabe von Texten
• Besteht ein Eintrag ausschließlich aus Ziffern, wird dieser vom Tabellenkalkulationsprogramm automatisch als Zahleneintrag erkannt. • Zahlen werden in der Standardeinstellung **rechtsbündig** ausgegeben. • Negativen Zahlen muss bei der Eingabe ein **Minuszeichen** vorangestellt werden. • Die letzte dargestellte Nachkommastelle wird automatisch kaufmännisch gerundet angezeigt. Unabhängig von dieser Darstellung rechnet das Tabellenkalkulationsprogramm mit dem ungerundeten Inhalt der Zelle weiter. • Ist die letzte Nachkommastelle eine Null, wird diese nicht angezeigt. • Sehr große Zahlen werden in der Exponentialschreibweise dargestellt.	• Besteht ein Eintrag aus Buchstaben oder aus einer Kombination von Buchstaben und Ziffern, wird dieser automatisch als Text erkannt. • Texte werden in der Standardeinstellung **linksbündig** ausgegeben. • Eine Zahl kann als Text erfasst werden, indem der Zahl bei der Eingabe ein Hochkomma (Tastenkombination: Umschalttaste und #-Taste) vorangestellt wird. Das Gleiche gilt auch, wenn die Eingabe mit einem mathematischen Operator beginnt (z. B. '+ 19 % Umsatzsteuer).

Anmerkung:

Um einen Zelleninhalt zu **löschen,** muss die entsprechende Zelle zunächst markiert werden (z. B. durch einfaches Anklicken). Bei der Löschung ist darauf zu achten, dass diese über die **Entfernen-Taste** oder **Rücklöschtaste** vorgenommen wird. Wird die Löschung über die **Leertaste** vorgenommen, entsteht ein **leerer Eintrag** in der Zelle. Dies kann bei späteren Aufgabenstellungen zu Problemen führen.

Arbeitsauftrag 1:

Als Auszubildender der Bürodesign GmbH erhalten Sie von der Ausbildungsleiterin Frau Ferl die Aufgabe, ein Formular für die Ausgangsrechnungen zu erstellen. Die Vorlage für das Rechnungsformular erhalten Sie von Herrn Werner (Abteilungsleiter Absatz). Übernehmen Sie die dargestellte Vorgabe unter Beachtung der beschriebenen Besonderheiten bei der Erfassung von Zahlen und Texten.

	A	B	C	D	E	F	G	H
5	Bürodesign GmbH, Stolberger Straße 188, 50933 Köln							
6								
7	Büromöbel GmbH Europa							
8	Lahnstraße 168							
9	28119 Bremen							
10								
11								
12								
13								
14	Ihre Bestellung vom		Sachbearbeiter	Datum		Bitte bei der Zahlung angeben		
15	01.08.20..		Frau Dose	03.08.20..		Kundennummer:		
16								
17						Rechnungsnummer:		
18								
19	Rechnung							
20								
21								
22	Position	Artikelnummer	Artikelbezeichnung	Menge (Stück)	Listenpreis pro Stück	Rabatt (%)	Rabatt pro Stück	Gesamtpreis
23	1	13792	Textverarbeitung I	10	14,95	0		
24	2	11207	Arbeiten mit dem PC	25	22,4	10		
25	3	12430	Tabellenkalkulation 2003	20	24,9	10		
26	4	13080	Präsentieren leicht gemacht	15	16,95	10		
27								
28								
29							Warenwert (netto)	
30							+ 19% Umsatzsteuer	
31							Gesamtbetrag (brutto)	

Abbildung 2: *Entwurf eines Rechnungsformulars (unformatiert)*

1.3 Einfache Formatierungen

Situation:

Herr Werner ist über die schnelle Erfassung seiner Vorgaben und Ihr versiertes Vorgehen sehr erfreut. Eine Vorstellung des Arbeitsergebnisses bei Frau Schmitz und Herrn Marlies hält er jedoch noch für zu früh. Er ist der Meinung, dass das Formular hinsichtlich seines Aussehens noch verändert werden sollte. Ziel ist es, den Vordruck sowohl ansehnlicher als auch benutzerfreundlicher zu gestalten.

Um eine Tabelle ansehnlich zu gestalten, müssen Formatierungen vorgenommen, das heißt die Eigenschaften der Zelle bzw. des Zelleninhalts verändert werden. Formatierungen beziehen sich beispielsweise auf die Schriftart, Rahmungen, Zahlenformate. Die wichtigsten Formatierungen können unter dem Menüpunkt FORMAT im Untermenü ZELLEN ausgewählt werden. Besonders häufig benutzte Formatierungen befinden sich auf der **Format-Symbolleiste**. Sie können durch einen einfachen Mausklick ausgewählt werden.

Anmerkung:

Reicht die vorgesehene Spaltenbreite nicht aus, um einen Text vollständig zu erfassen, stehen grundsätzlich zwei Möglichkeiten für die Lösung dieses Problems zur Verfügung:

1. **Verbreiterung der Spalte:** Durch die Positionierung des Mauszeigers auf die Trennlinie zwischen zwei Spalten im Spaltenkopf verändert sich der Mauszeiger. Bei gedrückter linker Maustaste kann so die linke Spaltenbreite durch das Bewegen der Maus nach links oder rechts verändert werden.

2. **Einstellung eines Zeilenumbruchs:** Der Zeilenumbruch bewirkt, dass der entsprechende Text in der ausgewählten Zelle in eine zweite Zeile verschoben wird. Der Zeilenumbruch kann im Menü FORMAT – ZELLEN – AUSRICHTUNG aktiviert werden. Der Zeilenumbruch kann auch **manuell** erstellt werden, indem die **Eingabetaste bei gedrückter ALT-Taste** betätigt wird. Zuvor muss jedoch die entsprechende Zelle als aktive Zelle ausgewählt werden.

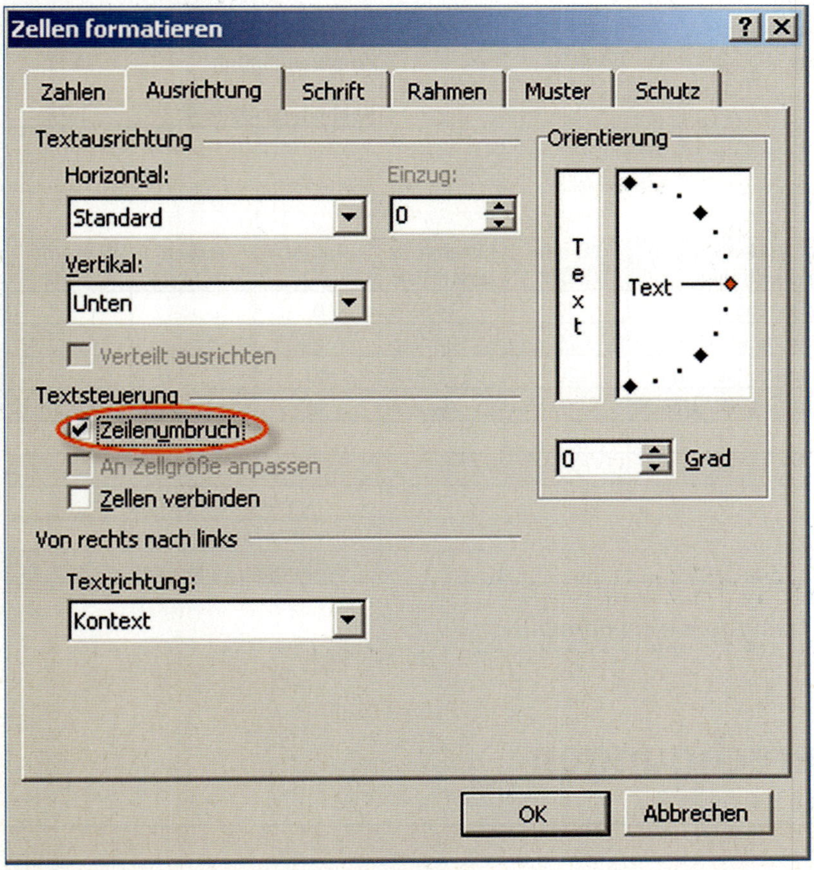

Abbildung 3: *Registerkarte AUSRICHTEN aus dem Fenster Zellen formatieren*

Bevor einer Zelle oder einem Zellinhalt ein Format zugewiesen werden kann, muss die entsprechende Zelle **markiert** werden (z. B. durch Anklicken). Soll das vorgesehene Format für einen **zusammenhängenden Zellbereich** gelten, ist der entsprechende Zellbereich zu markieren. Hierzu muss die Zelle angeklickt werden, in der die Markierung beginnen soll. Bei gedrückter linker Maustaste ist die Markierung auf die gewünschte Größe zu erweitern. Es können auch **nicht zusammenhängende Bereiche** markiert werden, um ihnen das gleiche Format zuzuweisen. Hierzu müssen die entsprechenden **Zellen oder Zellbereiche bei gleichzeitig gedrückter STRG-Taste** angeklickt werden.

Arbeitsauftrag 2:

Von Frau Ferl erhalten Sie die Aufgabe, das Rechnungsformular (siehe Kapitel 1.2) mit den Formatierungen gemäß der angegebenen Vorgabe zu versehen.

	A	B	C	D	E	F	G	H
5	*Bürodesign GmbH, Stollberger Straße 188, 50933 Köln*							
6								
7	Büromöbel GmbH Europa							
8	Lahnstraße 168							
9	28119 Bremen							
10								
11								
12								
13								
14	Ihre Bestellung vom		Sachbearbeiter/-in	Datum		**Bitte bei der Zahlung angeben:**		
15	01.08.20..		Frau Dose	03.08.20..		**Kundennummer:**		**0011**
16								
17						**Rechnungsnummer:**		**1577**
18								
19	**Rechnung**							
20								
21								
22	**Position**	**Artikel-nummer**	**Artikel-bezeichnung**	**Menge (Stück)**	**Listenpreis pro Stück**	**Rabatt (%)**	**Rabatt pro Stück**	**Gesamt-preis**
23	1	13792	Textverarbeitung I	10	14,95 €	0		
24	2	11207	Arbeiten mit dem PC	25	22,40 €	10		
25	3	12430	Tabellenkalkulation 2003	20	24,90 €	10		
26	4	13080	Präsentieren leicht gemacht	15	16,95 €	10		
27								
28								
29						Warenwert (netto)		
30						+ 19% Umsatzsteuer		
31						**Gesamtbetrag (brutto)**		

Abbildung 4: *Entwurf eines Rechnungsformulars (formatiert)*

1.4 Einfache Berechnungen

Situation:

Herr Werner ist mit dem Layout des von Ihnen erstellten Rechnungsformulars sehr zufrieden. Auch die Geschäftsleitung zeigt sich begeistert. Herr Marlies hat vor Kurzem in einer Fachzeitschrift gelesen, dass mit der Hilfe von Tabellenkalkulationsprogrammen auch Berechnungen durchgeführt werden können. Er ist der Meinung, dass auch in das von Ihnen erstellte Formular solche Anwendungen eingearbeitet werden sollten. Automatisch durchgeführte Berechnungen beschleunigen seines Erachtens den Rechnungserstellungsprozess und vermeiden Rechenfehler.

Einfache Berechnungen können im Tabellenkalkulationsprogramm mittels der Eingabe von **Formeln** durchgeführt werden. Die Eingabe einer Formel muss in der Zelle erfolgen, in der das Ergebnis erscheinen soll. Formeln bestehen aus einer Kombination von Werten, Zellbezügen und mathematischen Operatoren (z. B. +, *). Allen Berechnungen muss **immer** ein **Gleichheitszeichen** (=) vorangehen.

mathematisches Operatorzeichen	Rechenart	Anwendungsbeispiel
+	Addition	=A2+A3
–	Subtraktion	=A2-A3
*	Multiplikation	=A2*A3
/	Division	=A2/A3
^	Potenz	=A2^A3

Ist für die Berechnung des gewünschten Ergebnisses der Wert einer anderen Zelle erforderlich, ist der Wert **nicht als Konstante** in die Formel mit aufzunehmen, sondern als **Zellbezug** (z. B. durch einen einfachen Mausklick in die betreffende Zelle). Bei einer Veränderung der Ausgangswerte für die Berechnung wird so auch das durch die Formel ermittelte Ergebnis aktualisiert.

In dem Rechnungsformular ergibt sich der Rabatt pro Stück (Spalte G) aus der Multiplikation des Listenpreises mit dem Rabattsatz dividiert durch 100 (=E23*F23/100). Für die Ermittlung des Gesamtpreises (Spalte H) muss die zugrunde liegende Menge aus Spalte D berücksichtigt werden. Die Formel lautet somit: =D23*(E23-G23). Die eingegebenen Formeln können zusätzlich der Abbildung entnommen werden.

Anmerkung:

In Tabellenkalkulationsprogrammen gilt für die Reihenfolge der durchzuführenden Berechnungen die mathematische Regel **Punktrechnung vor Strichrechnung.** Diese Reihenfolge kann durch die Verwendung von Klammern aufgehoben werden, z. B. =(A2+A3)*A4. In diesem Beispiel wird als Erstes das Ergebnis der Addition ermittelt, um dieses dann mit dem Wert in Zelle A4 zu multiplizieren.

	A	B	C	D	E	F	G	H
5	*Bürodesign GmbH, Stollberger Straße 188, 50933 Köln*							
6								
7	Büromöbel GmbH Europa							
8	Lahnstraße 168							
9	28119 Bremen							
10								
11								
12								
13								
14	Ihre Bestellung vom		Sachbearbeiter/-in	Datum		**Bitte bei der Zahlung angeben:**		
15	01.08.20..		Frau Dose	03.08.20..		**Kundennummer:**		**0011**
16								
17						**Rechnungsnummer:**		**1577**
18								
19	**Rechnung**							
20								
21								
22	**Position**	**Artikel-nummer**	**Artikel-bezeichnung**	**Menge (Stück)**	**Listenpreis pro Stück**	**Rabatt (%)**	**Rabatt pro Stück**	**Gesamt-preis**
23	1	13792	Textverarbeitung I	10	14,95 €	0	=E23*F23/100	=D23*(E23-G23)
24	2	11207	Arbeiten mit dem PC	25	22,40 €	10		
25	3	12430	Tabellenkalkulation 2003	20	24,90 €	10		
26	4	13080	Präsentieren leichtgemacht	15	16,95 €	10		
27								
28								
29							Warenwert (netto)	
30							+ 19% Umsatzsteuer	
31							**Gesamtbetrag (brutto)**	

Abbildung 5: *Einfache Berechnungen im Rechnungsformular*

Arbeitsauftrag 3:

Ermitteln Sie die verbleibenden Werte im dargestellten Rechnungsformular durch die Eingabe der entsprechenden Formeln. Verwenden Sie, falls möglich, immer Zellbezüge in den Formeln. Bedenken Sie, dass auch in den Zellen G27 und G28 Formeln eingegeben werden müssen, da die Rechnung für einen anderen Kunden möglicherweise sechs Positionen umfasst.

Überzeugen Sie sich von den Vorteilen Ihrer Arbeit (automatische und schnelle Berechnung des Gesamtbetrags (brutto) in Zelle G31), indem Sie die für die Berechnung notwendigen Werte (Menge, Listenpreis oder Rabatt [%]) verändern oder die Rechnung durch eine Position erweitern.

1.5 Einfache Funktionen

Situation:

Die von Ihnen eingegebenen Formeln funktionieren, sodass das Rechnungsformular inzwischen Herrn Üstün, dem Absatzsachbearbeiter im Innendienst, vorgestellt wurde. Herr Üstün, von dem dieses Formular später mehrfach täglich angewendet werden soll, erkennt die Vorteile des neuen Systems auf Anhieb. Er kann sich daher einen sinnvollen Einsatz vorstellen. Herr Üstün hat jedoch auch noch Anregungen für weitere Vereinfachungen für Sie. Zum einen sollte das Formular durch einen Bereich für statistische Auswertungen (durchschnittliche Gesamtpreise, höchster und niedrigster Gesamtpreis) erweitert werden. Darüber hinaus stellt es seiner Meinung nach eine Vereinfachung dar, wenn auf jeder Ausgangsrechnung automatisch das aktuelle Datum (in Zelle D15) ausgegeben wird. Er ist auch davon überzeugt, dass der Warenwert (netto) (Zelle G29) durch eine Funktion einfacher zu ermitteln ist.

Neben der Möglichkeit, Berechnungen durch die Eingabe von Formeln durchführen zu lassen, zeichnen sich Tabellenkalkulationsprogramme vor allem durch eine Vielzahl von **Funktionen** aus. Funktionen sind standardisierte Formeln. Sie nehmen Werte auf, verarbeiten diese und geben nach der Verarbeitung ein Ergebnis aus. Funktionen bestehen aus einem Funktionsnamen und einer Reihe von Argumenten. Einer Funktion muss immer ein Gleichheitszeichen (=) vorangehen. Zu den einfachen Funktionen gehören:

Funktion und Syntax	Beschreibung
=SUMME(Zahl1;Zahl2 ...) =SUMME(Zahl1:Zahl2)	bildet die Summe der einzelnen Argumente bildet die Summe des angegebenen Bereichs
=MITTELWERT(Zahl1;Zahl2 ...) =MITTELWERT(Zahl1:Zahl2)	bildet den Durchschnitt der einzelnen Argumente bildet den Durchschnitt des angegebenen Bereichs
=MAX(Zahl1;Zahl2 ...) =MAX(Zahl1:Zahl2)	ermittelt den maximalen Wert aus den einzelnen Argumenten ermittelt den maximalen Wert aus dem angegebenen Bereich
=MIN(Zahl1;Zahl2 ...) =MIN(Zahl1:Zahl2)	ermittelt den minimalen Wert aus den einzelnen Argumenten ermittelt den minimalen Wert aus dem angegebenen Bereich
=JETZT()	gibt das aktuelle Datum sowie die aktuelle Uhrzeit aus
=HEUTE()	gibt das aktuelle Datum aus

Anmerkung:

Die Argumente (Zahl1, Zahl2 ...) können beispielsweise Zahlen, Zellbezüge oder Zellbereiche sein. Bei Zellbereichen sind das erste und das letzte Argument durch einen Doppelpunkt voneinander zu trennen.

Im Rechnungsformular (Abbildung 6) ist die Syntax der Funktion SUMME in der Zelle H29 abgebildet. Nach dem **Gleichheitszeichen** folgt das Wort SUMME. In dem **Klammerausdruck** befinden sich die Argumente (H23:H28). Der **Doppelpunkt** weist darauf hin, dass **alle Werte im angegebenen Bereich addiert** werden sollen. Wird der Doppelpunkt durch ein **Semikolon** (H23;H28) ersetzt, wird als Ergebnis lediglich die Summe aus dem Wert in Zelle H23 und dem Wert in Zelle H28 (also 149,50 EUR) ausgegeben.

	A	B	C	D	E	F	G	H
5	*Bürodesign GmbH, Stollberger Straße 188, 50933 Köln*							
6								
7	Büromöbel GmbH Europa							
8	Lahnstraße 168							
9	28119 Bremen							
10								
11								
12								
13								
14	Ihre Bestellung vom		Sachbearbeiter/-in	Datum		**Bitte bei der Zahlung angeben:**		
15	01.08.20..		Frau Dose	03.08.20..		**Kundennummer:**		**0011**
16								
17						**Rechnungsnummer:**		**1577**
18								
19	**Rechnung**							
20								
21								
22	**Position**	**Artikel-nummer**	**Artikel-bezeichnung**	**Menge (Stück)**	**Listenpreis pro Stück**	**Rabatt (%)**	**Rabatt pro Stück**	**Gesamt-preis**
23	1	13792	Textverarbeitung I	10	14,95 €	0	- €	149,50 €
24	2	11207	Arbeiten mit dem PC	25	22,40 €	10	2,24 €	504,00 €
25	3	12430	Tabellenkalkulation 2003	20	24,90 €	10	2,49 €	448,20 €
26	4	13080	Präsentieren leichtgemacht	15	16,95 €	10	1,70 €	228,83 €
27								- €
28								- €
29							Warenwert (netto)	=SUMME(H23:H28)
30							+ 19% Umsatzsteuer	252,80 €
31							**Gesamtbetrag (brutto)**	1.583,32 €
32								
33	**Auswertung:**							
34	Durchschnittlicher Gesamtpreis							
35	Höchster Gesamtpreis							
36	Niedrigster Gesamtpreis							

Abbildung 6: *Einfache Funktionen im Rechnungsformular*

Arbeitsauftrag 4:

Ergänzen Sie Ihr Rechnungsformular gemäß der Vorlage in Abbildung 6. Ermitteln Sie die entsprechenden Werte durch die Eingabe geeigneter Funktionen.
Veranlassen Sie, dass in der Zelle D15 das aktuelle Datum ausgegeben wird.

1.6 Drucken von Mappen und Tabellenblättern

Situation:

Das neue Rechnungsformular soll auf der anstehenden Verkaufsinformationssitzung, an der neben den Mitarbeitern der Abteilung Absatz auch Herr Taube aus der Abteilung Rechnungswesen teilnehmen wird, präsentiert werden. Da Einzelheiten des Formulars bei der Präsentation mittels eines Beamers von den Teilnehmern nicht zu erkennen sein werden, soll jedem Teilnehmer ein Exemplar des neuen Formulars per Ausdruck zur Verfügung gestellt werden. Sie halten es für sinnvoll, den Teilnehmern auch einen Einblick in die Funktionsweise des Formulars zu ermöglichen. Aus diesem Grund soll ein weiterer Ausdruck zur Verfügung gestellt werden, auf dem die erstellten Formeln und Funktionen ersichtlich sind.

Das Drucklayout einer Tabelle lässt sich unter dem Menüpunkt DATEI – SEITE EINRICHTEN festlegen. Nachfolgend findet eine Beschreibung wichtiger Druckeinstellungen statt.

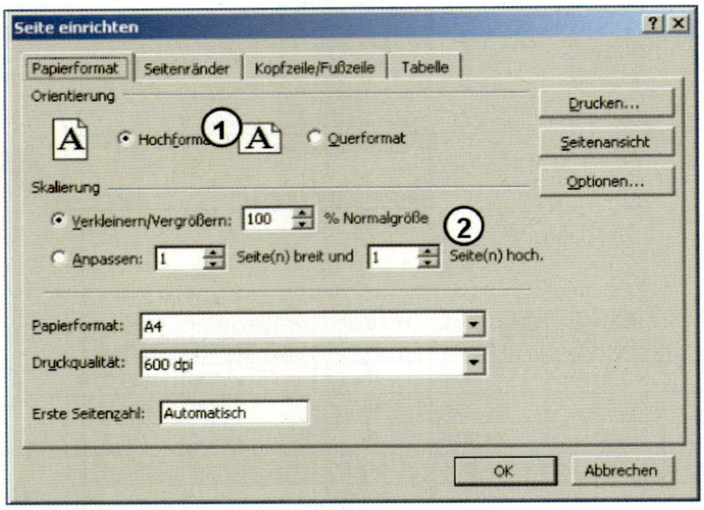

Abbildung 7: *Seite einrichten – Papierformat*

1. Je nach Einstellung wird die Tabelle entweder im HOCHFORMAT oder im QUERFORMAT ausgedruckt.
2. Die Tabelle wird beim Ausdrucken in einem bestimmbaren Verhältnis **vergrößert** oder **verkleinert**. Alternativ ist es auch möglich, die Tabelle auf eine bestimmbare Anzahl von Seiten auszudrucken. Eine Tabelle, die für den Ausdruck auf einer Seite zu groß ist, wird automatisch verkleinert.

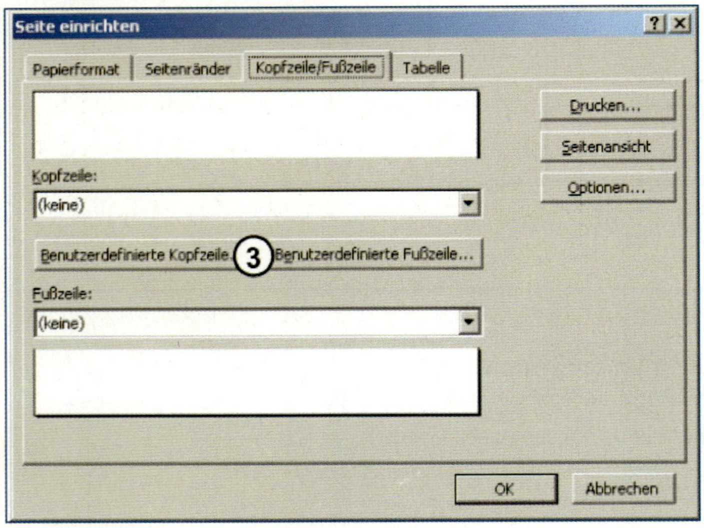

Abbildung 8: *Seite einrichten – Kopf-/Fußzeile*

3. Durch Betätigen der jeweiligen Schaltflächen kann das **Layout** für die **Kopf- bzw. Fußzeile** in dem sich darstellenden Fenster festgelegt werden.

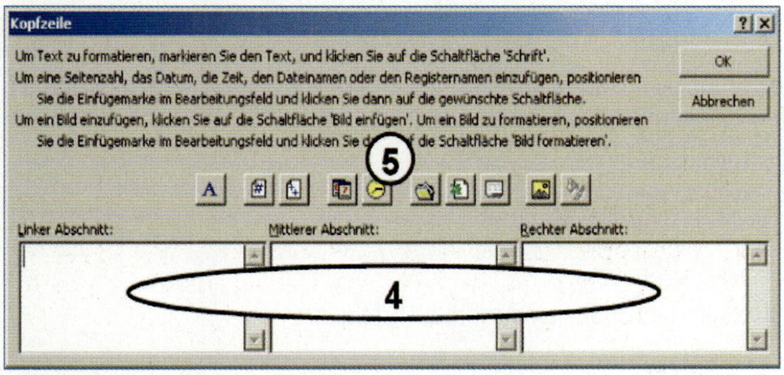

__Abbildung 9:__ Seite einrichten – Kopfzeile

4. Sowohl in der Kopf- als auch in der Fußzeile können Eintragungen in drei Bereichen vorgenommen (LINKER ABSCHNITT, MITTLERER ABSCHNITT und RECHTER ABSCHNITT) werden. Die Eintragungen können direkt über die Tastatur erfolgen (z. B. die Bezeichnung der Klasse).

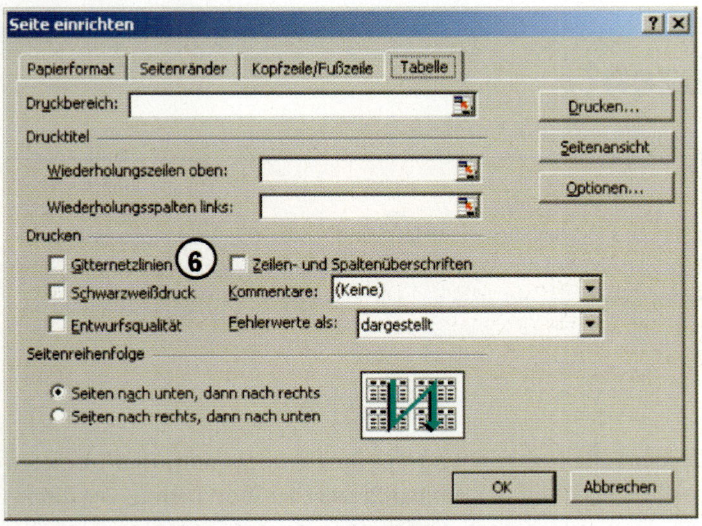

__Abbildung 10:__ Seite einrichten – Tabelle

5. Die Symbole der Schaltfläche können benutzt werden, um das **Format** (Mausklick auf das Symbol) der Eintragungen zu verändern. Zusätzlich können in die einzelnen Bereiche **Platzhalter** z. B. für den Dateinamen ( ) oder die **Seitenzahlen** ( ) eingefügt werden. Über das Symbol kann ein **Bild eingefügt** werden.

6. In diesem Registerblatt kann veranlasst werden, dass die Tabelle mit GITTERNETZLINIEN sowie mit ZEILEN- UND SPALTENÜBERSCHRIFT ausgedruckt wird. Die Lesbarkeit kann sich dadurch insbesondere in der **Formelansicht** verbessern.

Anmerkung:

In der **Formelansicht** werden die in den Zellen hinterlegten Formeln und Funktionen angezeigt. Die Formelansicht sollte stets in einem separaten Tabellenblatt erstellt werden. Hierfür müssen zunächst alle Daten des bestehenden Tabellenblatts markiert (durch einen Mausklick auf das leere Kästchen oberhalb der 1 und links neben dem A) und über den Menüpunkt BEARBEITEN – KOPIEREN in den Zwischenspeicher übernommen werden. Anschließend können die im Speicher befindlichen Daten in ein leeres Tabellenblatt eingefügt werden (Menüpunkt BEARBEITEN – EINFÜGEN). Die Formelansicht wird über die **Tastenkombination STRG und #** aktiviert. Da die Formeln und Funktionen häufig länger als die vorgegebene Spaltenbreite sind, ist es unvermeidbar, die Spaltenbreite manuell anzupassen. Die Breite von Spalten, die keine Formeln und Funktionen enthalten, kann verkleinert werden.

Arbeitsauftrag 5:

Kopieren Sie das Rechnungsformular in ein leeres Tabellenblatt. Geben Sie diesem Tabellenblatt den Namen **Formeln** und wechseln Sie in die Formelansicht. Achten Sie darauf, dass alle Formeln und Funktionen vollständig lesbar sind. Weisen Sie beiden Tabellenblättern folgendes Layout zu:

a) Der Ausdruck soll im Querformat auf je einer Seite erfolgen.
b) In der Kopfzeile soll links Ihr Name als Erstellerin bzw. Ersteller des Formulars erscheinen. In der Kopfzeile rechts soll der aktuelle Dateiname automatisch ausgewiesen werden.
c) Der Ausdruck soll mit Gitternetzlinien und Zeilen- und Spaltenüberschriften erfolgen.
   Drucken Sie beide Tabellenblätter aus.

1.7 Arbeiten mit Prozent

Situation:

Die Teilnehmer der Verkaufsinformationssitzung sind mit dem neu erstellten Formular für die Ausgangsrechnungen durchaus zufrieden. Ein Änderungswunsch hinsichtlich des Formats hat sich aber dennoch ergeben. Herr Grohe hält es für sinnvoll, dass die Rabattsätze mit dem Prozentzeichen versehen werden. Nach kurzer Diskussion stimmen die übrigen Teilnehmer Herrn Grohe einvernehmlich zu.

Viele kaufmännische Problemstellungen erfordern die Einbeziehung der Prozentrechnung. Hierfür bieten Tabellenkalkulationsprogramme die Möglichkeit, Zellen auf das **Format Prozent** zu formatieren. Die eingegebenen bzw. ausgegebenen Werte erhalten dann automatisch als Erweiterung das Prozentzeichen (%). Um richtige Ergebnisse zu erhalten, müssen die **Grundlagen der Prozentrechnung** beachtet werden. 10 Prozent steht für 10 pro Hundert. Mathematisch bedeutet der Ausdruck also

$$10\,\% = \frac{10}{100} = 0{,}1$$

Vor dem Zuweisen des Prozentformats müssen die Zellen, für die dieses Format gelten soll, markiert werden. Über den Menüeintrag FORMAT – ZELLEN kann das gewünschte Format eingestellt werden.

Hinweis:

Befinden sich bereits Werte in Zellen, denen das Prozentformat zugewiesen werden soll – wie im Rechnungsformular – werden diese verändert. Sie müssen neu erfasst bzw. überschrieben werden.

Arbeitsauftrag 6:

1. Ändern Sie das bestehende Rechnungsformular gemäß der folgenden Vorlage ab:

	A	B	C	D	E	F	G	H
5	Bürodesign GmbH, Stollberger Straße 188, 50933 Köln							
6								
7	Büromöbel GmbH Europa							
8	Lahnstraße 168							
9	28119 Bremen							
10								
11								
12								
13								
14	Ihre Bestellung vom		Sachbearbeiter/-in	Datum		Bitte bei der Zahlung angeben:		
15	01.08.20..		Frau Dose	03.08.20..		Kundennummer:		0011
16								
17						Rechnungsnummer:		1577
18								
19	**Rechnung**							
20								
21								
22	Position	Artikel-nummer	Artikel-bezeichnung	Menge (Stück)	Listenpreis pro Stück	Rabatt	Rabatt pro Stück	Gesamt-preis
23	1	13792	Textverarbeitung I	10	14,95 €	0%	- €	149,50 €
24	2	11207	Arbeiten mit dem PC	25	22,40 €	10%	2,24 €	504,00 €
25	3	12430	Tabellenkalkulation 2003	20	24,90 €	10%	2,49 €	448,20 €
26	4	13080	Präsentieren leichtgemacht	15	16,95 €	10%	1,70 €	228,83 €
27								- €
28								- €
29						Warenwert (netto)		1.330,53 €
30						+ 19% Umsatzsteuer		252,80 €
31						Gesamtbetrag (brutto)		1.583,32 €
32								
33	Auswertung:							
34	Durchschnittlicher Gesamtpreis			221,75 €				
35	Höchster Gesamtpreis			504,00 €				
36	Niedrigster Gesamtpreis			- €				

***Abbildung 11:** Rabattsätze im Prozentformat*

2. Korrigieren Sie die Formeln zur Berechnung des Rabatts (Spalte G).

1.8 Übungsaufgaben

1.8.1 Bildschirmaufbau

Situation:

Als Auszubildender der Bürodesign GmbH wird es zu Ihren Aufgaben gehören, eine Vielzahl von kaufmännischen Problemstellungen mit dem Tabellenkalkulationsprogramm zu lösen. Um das Programm effizient zu nutzen, müssen Sie sich zunächst mit dem Bildschirmaufbau beschäftigen. Ihre erste Aufgabe ist es daher, die in der Tabelle stehenden Elemente der unteren Abbildung des Excel-Anwendungsfensters zuzuordnen und mit eigenen Worten kurz zu beschreiben.

Bildschirmelement	Funktion
Symbolleisten	
Kopf der Spalte E	
Fensterverkleinerung	
aktuelle Zelle	
Fenster schließen	
Titelleiste	
Menüleiste	
Registerleiste	
Kopf der Zeile 10	
Bearbeitungsleiste	
Statusleiste	
Bildlaufleisten	

Web

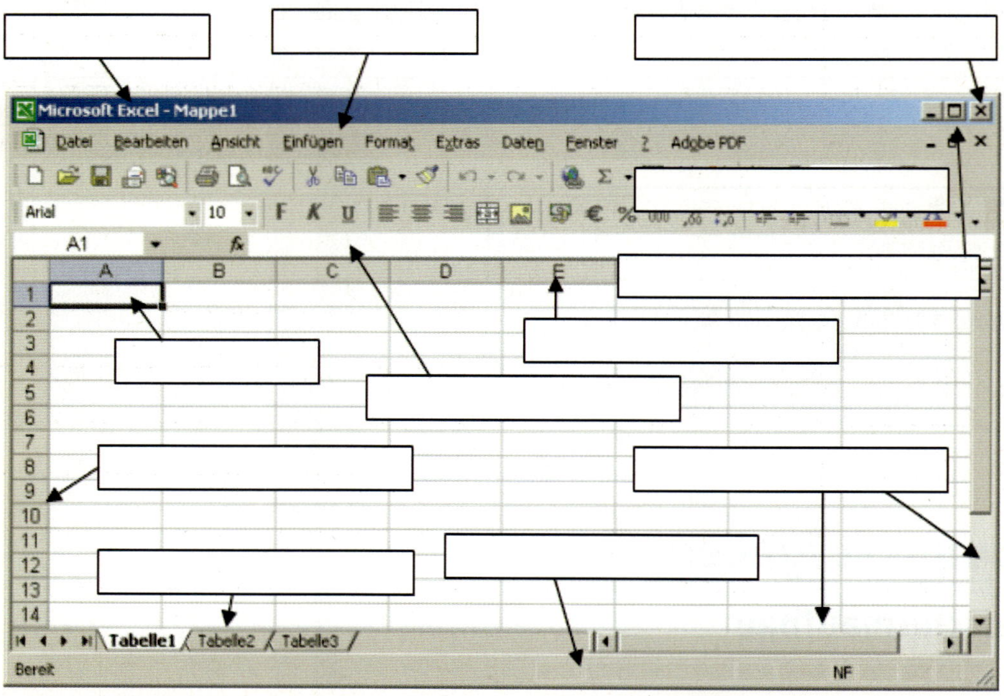

Abbildung 12: *Bildschirmaufbau*

1.8.2 Eingabeübungen

Situation:

Ziel der folgenden Übung ist es, dass Sie sich mit den verschiedenen Inhalten, die eine Zelle annehmen kann, nochmals auseinandersetzen. Nehmen Sie folgende Eingaben in einem Tabellenblatt Ihres Tabellenkalkulationsprogramms vor und tragen Sie das jeweilige Ergebnis in die Tabelle ein. Beschreiben Sie außerdem, wodurch sich die Ausgabeergebnisse unterscheiden.

	A	B	C	D
1	**Nr.**	**Eingabe**	**Ausgabe**	**Bemerkung**
2	1.	3.45		
3	2.	=345		
4	3.	+345		
5	4.	-345		
6	5.	3,45		
7	6.	7+8		
8	7.	=7+8		
9	8.	=7+acht		
10	9.	=7+"acht"		
11	10.	=7/0		
12	11.	=7/8		
13	12.	7/8		
14	13.	heute()		
15	14.	=heute()		
16	15.	=6*5		

Abbildung 13: *Eingabeübungen*

1.8.3 Benzinverbrauch

Situation:

Die Bürodesign GmbH sieht sich einem immer stärker werdenden Wettbewerbsdruck ausgesetzt. Um sich gegenüber der Konkurrenz besser behaupten zu können, erhalten alle Abteilungsleiter von Herrn Marlies die Vorgabe, die Kosten um 5 % zu senken.

Als Auszubildender sind Sie derzeit in der Abteilung Lager/Versand tätig. Herr Beck ist dort der Ansprechpartner für den Fuhrpark. Auch er muss sich überlegen, ob Kosten in seinem Bereich eingespart werden können. Herr Beck hat bereits von Ihren Fähigkeiten im Umgang mit Tabellenkalkulationsprogrammen gehört und bittet Sie, die Kosten unseres Lkws hinsichtlich des Verbrauchs zu untersuchen. Herr Beck legt Ihnen hierzu die Tankdaten des letzten Monats vor:

	A	B	C	D	E	F	G	H	I
1	Benzinverbrauch								
2									
3	Datum	Kilometer-stand	gefahrene Kilometer	Tankfüllung in Litern	Rechnungs-betrag	Kosten pro Liter	zurückgelegte Entfernung in Kilometer pro Liter	Verbrauch pro 100 Kilometer in Litern	Kosten pro 100 Kilometer
4	02.01.	49.563,0	780,0	75,0	79,43 €				
5	10.01.	50.215,0		62,0	68,74 €				
6	15.01.	50.978,0		73,0	73,66 €				
7	28.01.	51.819,0		81,0	85,50 €				

Abbildung 14: *Benzinverbrauch*

Arbeitsaufträge:

1. Speichern Sie eine Arbeitsmappe unter dem Namen **Benzinverbrauch** ab. Speichern Sie die Datei regelmäßig zwischen, um Datenverluste zu vermeiden.
2. Übertragen Sie die Tabellenvorlage einschließlich **aller Formatierungen** in ein leeres Tabellenblatt. Geben Sie diesem Tabellenblatt den Namen **Ergebnis**.
3. Ermitteln Sie mithilfe geeigneter Formeln die entsprechenden Werte in den leeren Zellen.
4. Hinsichtlich der Formatierungen der Ausgabewerte gelten folgende Vorgaben:
   a) Alle Währungsangaben sind mit dem Euro-Zeichen und mit zwei Nachkommastellen auszugeben.
   b) Die gefahrenen Kilometer sind mit einer Nachkommastelle, alle übrigen Werte mit zwei Nachkommastellen auszuweisen.
   c) Die ermittelten Werte in der Spalte C, G und H sind zu zentrieren.
5. Erstellen Sie in einem weiteren Tabellenblatt mit dem Namen **Formeln** die Formelansicht.
6. Für das Drucklayout gelten folgende Vorgaben:
   a) Die Tabellenblätter sollen im Format DIN A4 quer auf je einer Seite ausgedruckt werden.
   b) In der Fußzeile unten links soll automatisch der Dateiname und in der Fußzeile unten rechts soll Ihr Name ausgewiesen werden.
   c) Beide Tabellenblätter sind mit Zeilen- und Spaltenüberschriften sowie mit Gitternetzlinien auszudrucken.

1.8.4 Umsatzauswertung

Situation:

Frau Schmitz und Herr Marlies möchten sich einen Überblick über die Umsatzentwicklung in diesem Jahr im Vergleich zum Vorjahr verschaffen. Als Hilfsmittel soll die folgende Tabelle verwendet werden. Leider fehlen noch die Eintragungen im Auswertungsbereich. Da Frau Schmitz Sie als sehr fähig und zuverlässig kennengelernt hat, erteilt sie Ihnen die Aufgabe, die leeren Zellen gemäß der Vorgaben (siehe S. 25) zu ermitteln.

	A	B	C	D	E	F	G
1	Auswertung der Umsätze unserer Absatzmitarbeiter						
2							
3	**Absatzmitarbeiter**		**Umsätze des Vorjahres in Euro**	**Umsätze des aktuellen Jahres in Euro**			
4	**Name**	**Vorname**		**1. Quartal**	**2. Quartal**	**3. Quartal**	**4. Quartal**
5	Grohe	Heinrich	7.400.000,00	2.100.000,00	1.800.000,00	1.700.000,00	2.100.000,00
6	Oberndorf	Rudolf	6.700.000,00	1.800.000,00	1.500.000,00	1.600.000,00	2.300.000,00
7	Üstün	Mustafa	8.200.000,00	2.300.000,00	2.100.000,00	1.500.000,00	2.200.000,00
8	Wutzler	Olga	7.100.000,00	1.700.000,00	2.100.000,00	2.200.000,00	1.500.000,00
9	Dose	Heike	7.400.000,00	1.800.000,00	1.900.000,00	1.800.000,00	1.800.000,00
10	Feld	Veronika	10.500.000,00	2.300.000,00	2.700.000,00	2.400.000,00	2.900.000,00
11							
12	**Bereich der Auswertung**						
13	**Absatzmitarbeiter**			**Umsätze des Vorjahres in Euro**	**Umsätze des aktuellen Jahres in Euro**	**Veränderung in Prozent**	
14	**Name**		**Vorname**				
15							
16							
17							
18							
19							
20							
21			**Summe**				
22			**Mittelwert**				
23			**niedrigster Umsatz**				
24			**höchster Umsatz**				

Abbildung 15: *Umsatzauswertung*

Arbeitsaufträge:

1. Speichern Sie eine Arbeitsmappe unter dem Namen **Umsatzauswertung** ab. Speichern Sie die Datei regelmäßig zwischen, um Datenverluste zu vermeiden.
2. Übertragen Sie die Tabellenvorlage einschließlich **aller Formatierungen** in ein leeres Tabellenblatt. Geben Sie diesem Tabellenblatt den Namen **Ergebnis**.
3 Ermitteln Sie im Auswertungsbereich den Namen und Vornamen sowie den Vorjahresumsatz der jeweiligen Absatzmitarbeiter durch Zellbezug.
4. Ermitteln Sie mithilfe geeigneter Funktionen
   a) die Summe der Umsätze des aktuellen Jahres je Absatzmitarbeiter,
   b) die Summe der Umsätze des Vorjahres und des aktuellen Jahres in den Zellen D21 und E21,
   c) die entsprechenden Werte in den Zellen D22 bis E24.
5. Ermitteln Sie in den Zellen F15 bis F20 die Umsatzveränderung auf der Basis des Umsatzes des Vorjahres.
6. Die berechneten Werte sind mit einem Tausenderpunkt und zwei Nachkommastellen auszuweisen.
7. Erstellen Sie in einem weiteren Tabellenblatt mit dem Namen **Formeln** die Formelansicht.
8. Für das Drucklayout gelten folgende Vorgaben:
   a) Die Tabellenblätter sollen im Format DIN A4 quer auf je einer Seite ausgedruckt werden.
   b) In der Fußzeile unten links soll automatisch der Dateiname und in der Fußzeile unten rechts soll Ihr Name ausgewiesen werden.
   c) Beide Tabellenblätter sind mit Zeilen- und Spaltenüberschriften sowie mit Gitternetzlinien auszudrucken.

1.8.5 Bewerberanalyse

Situation:

Frau Ferl möchte für statistische Zwecke Informationen über die eingegangenen Bewerbungen in den Jahren 2003 bis 2007 von Ihnen haben. Die Anzahl der eingegangenen Bewerbungen je Beruf liegt Ihnen bereits vor. Die Auswertung muss jedoch noch erfolgen.

Web

	A	B	C	D	E	F	G
1	Bewerberanalyse						
2							
3	Berufe	2003	2004	2005	2006	2007	Summe
4	Bürokaufleute	64	76	79	84	87	
5	Kommunikationskaufleute	55	39	63	69	74	
6	Industriekaufleute	32	46	58	69	72	
7	Schreiner	45	48	54	66	67	
8	Lagerist	47	52	69	75	88	
9	Facharbeiter	46	51	61	73	72	
10	Summe						
11							
12	Auswertung	2003	2004	2005	2006	2007	
13	Durchschnitt						
14	Anteil der Kaufleute pro Jahr						
15							
16	höchste Bewerberzahl						
17	niedrigste Bewerberzahl						

Abbildung 16: *Bewerberanalyse*

Arbeitsaufträge:

1. Speichern Sie eine Arbeitsmappe unter dem Namen **Bewerberanalyse** ab. Speichern Sie die Datei regelmäßig zwischen, um Datenverluste zu vermeiden.
2. Übertragen Sie die Tabellenvorlage einschließlich **aller Formatierungen** in ein leeres Tabellenblatt. Geben Sie diesem Tabellenblatt den Namen **Ergebnis**.
3. Ermitteln Sie
   a) die Summen in der Spalte G sowie in der Zeile 10,
   b) den Durchschnitt in den Zellen B13 bis F13,
   c) den Anteil der Bewerbungen der Kaufleute an der Anzahl der Gesamtbewerber pro Jahr. Die Ausgabe soll im Prozentformat erfolgen;
   d) die höchste Bewerberzahl insgesamt,
   e) die niedrigste Bewerberzahl insgesamt,
4. Formatieren Sie die ermittelten Ergebnisse auf zwei Nachkommastellen.
5. Erstellen Sie in einem weiteren Tabellenblatt mit dem Namen **Formeln** die Formelansicht.
6. Für das Drucklayout gelten folgende Vorgaben
   a) Die Tabellenblätter sollen im Format DIN A4 quer auf je einer Seite ausgedruckt werden.
   b) In der Fußzeile unten links soll automatisch der Dateiname und in der Fußzeile unten rechts soll Ihr Name ausgewiesen werden.
   c) Beide Tabellenblätter sind mit Zeilen- und Spaltenüberschriften sowie mit Gitternetzlinien auszudrucken.

2 Kopieren, verschieben und ausfüllen von Zellinhalten und Zellbereichen

2.1 Kopieren von Zellinhalten und Zellbereichen

Situation:

Die Teilnehmer der Verkaufsinformationssitzung haben Sie zufriedengestellt, indem Sie den Rabattsatz im Prozentformat ausgewiesen haben. Auch mit Ihrer bisherigen Vorgehensweise bei der Erstellung des Formulars und der Eingabe der Formeln und Funktionen sind Sie grundsätzlich zufrieden. Es erscheint Ihnen jedoch als zu umständlich, die Formel zur Berechnung des Gesamtpreises pro Position jeweils neu einzugeben, da dies zum einen sehr lange dauert und außerdem ein hohes Fehlerrisiko in sich birgt. Sie überlegen daher, wie Sie die Arbeit in diesem Bereich optimieren können.

Tabellenkalkulationsprogramme bieten die Möglichkeit, einzelne Zellinhalte oder ganze Zellbereiche zu kopieren. Beim Kopieren werden einzelne Zellinhalte in eine andere Zelle übertragen, ohne dass die kopierten Daten in der Ursprungszelle gelöscht werden. Für das Kopieren von Zellinhalten bzw. Zellbereichen bieten Tabellenkalkulationsprogramme mehrere Möglichkeiten:

Benutzung der Menüleiste	1. **Markierung** der zu kopierenden Zelle(n). 2. Auswahl des Unterbefehls KOPIEREN im Menüpunkt BEARBEITEN. 3. **Markierung** der Zielzelle. 4. Auswahl des Befehls EINFÜGEN im Menüpunkt BEARBEITEN.
Benutzung der Symbolleiste	1. **Markierung** der zu kopierenden Zelle(n). 2. Aktivierung der Schaltfläche KOPIEREN ( ). 3. **Markierung** der Zielzelle. 4. Aktivierung der Schaltfläche EINFÜGEN ( ).
Benutzung von Tastenkombinationen	1. **Markierung** der zu kopierenden Zelle(n). 2. Betätigung der Tasten **STRG + C**. 3. **Markierung** der Zielzelle. 4. Betätigung der Tasten **STRG + V.**
Benutzung der rechten Maustaste	1. **Markierung** der zu kopierenden Zelle(n). 2. Betätigung der **rechten Maustaste** im markierten Bereich und Aktivierung des Befehls KOPIEREN mit der **linken Maustaste**. 3. **Markierung** der Zielzelle. 4. Betätigung der **rechten Maustaste** im markierten Bereich und Aktivierung des Befehls EINFÜGEN mit der **linken Maustaste**.

Diese Möglichkeiten des Kopierens von Zellinhalten haben zur Folge, dass der komplette Inhalt der markierten Zelle kopiert wird, d. h., dass auch die zugewiesenen Formate kopiert werden. Dies führt zu einem Problem, wenn das Format der Zielzelle nicht verändert werden soll. Tabellenkalkulationsprogramme bieten hierfür eine Lösung.

Anstatt des Befehls EINFÜGEN ist der Befehl INHALTE EINFÜGEN zu aktivieren. Es öffnet sich das nachstehende Fenster. Dieses Fenster stellt eine Reihe von Möglichkeiten dar, welche Bestandteile der zum Kopieren ausgewählten Zelle in die Zielzelle übertragen werden sollen. Wird beispielsweise der Eintrag FORMELN ausgewählt, werden lediglich die in der Zelle hinterlegten Formeln bzw. Funktionen in die Zielzelle übertragen. Alle Formate der Zielzelle bleiben erhalten.

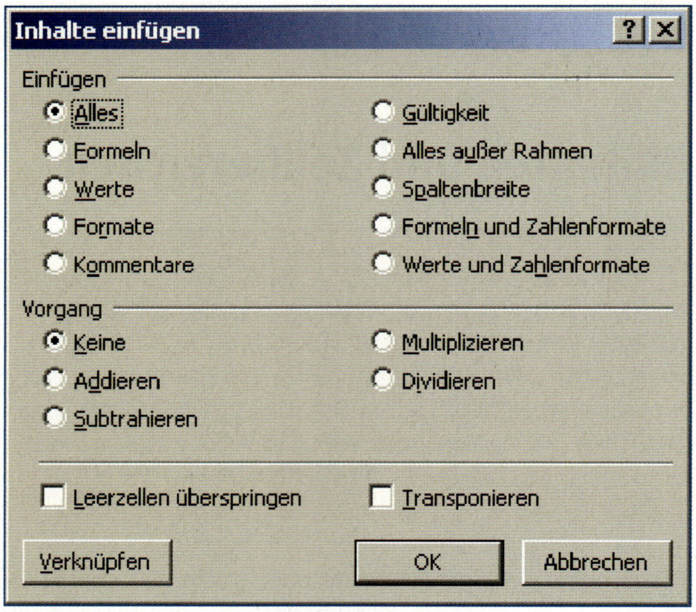

Abbildung 1: *Inhalte einfügen*

Arbeitsauftrag 1:

Öffnen Sie das Rechnungsformular aus Kapitel 1.5 und kopieren Sie die Formel für die Berechnung des Gesamtpreises anhand der vorgestellten Kopiermöglichkeiten. Bewerten Sie die einzelnen Kopiermöglichkeiten und begründen Sie, welche Alternative Sie bevorzugen. Halten Sie Ihre Ergebnisse schriftlich fest.

2.2 Verschieben von Zellinhalten und Zellbereichen

Situation:

Das von Ihnen entwickelte Rechnungsformular kommt inzwischen probeweise zum Einsatz und Sie erhalten weitere Rückmeldungen von den Anwendern. Im Großen und Ganzen sind die Sachbearbeiter weiterhin mit dem Layout zufrieden. Beim Eintüten der Rechnungen in die Briefumschläge fällt jedoch auf, dass das Adressfeld nicht in das Sichtfeld des Briefumschlags passt. Die Adresse soll daher nicht in Zeile 5 beginnen, sondern erst in Zeile 6. Außerdem soll das Wort „Rechnung" nicht in Zeile 19 stehen, sondern in Zeile 20. Mit dem Kommentar von Herrn Werner „Für Sie ist das doch eine Kleinigkeit!", werden Sie gebeten, diese Änderung vorzunehmen.

Im Unterschied zum vorherigen Kapitel soll hier keine Kopie einer bestimmten Zelle gemacht werden. Stattdessen soll der Inhalt einer Zelle aus seiner ursprünglichen Position entfernt und an einer anderen Stelle wieder eingefügt werden. Dieser Vorgang wird in Tabellenkalkulationsprogrammen als Verschieben von Zellinhalten bezeichnet. Beim Verschieben werden nicht nur der Zellinhalt, sondern auch alle den jeweiligen Zellen zugeordneten Formate und Zellbezüge mit verschoben. Für das Verschieben von Zellinhalten bzw. Zellbereichen bieten Tabellenkalkulationsprogramme mehrere Möglichkeiten:

Benutzung der Menüleiste	1. **Markierung** der zu kopierenden Zelle(n). 2. Auswahl des Unterbefehls AUSSCHNEIDEN im Menüpunkt BEARBEITEN. 3. **Markierung** der Zielzelle. 4. Auswahl des Befehls EINFÜGEN im Menüpunkt BEARBEITEN.
Benutzung der Symbolleiste	1. **Markierung** der zu kopierenden Zelle(n). 2. Aktivierung der Schaltfläche AUSSCHNEIDEN (✂). 3. **Markierung** der Zielzelle. 4. Aktivierung der Schaltfläche EINFÜGEN ( ).
Benutzung von Tastenkombinationen	1. **Markierung** der zu kopierenden Zelle(n). 2. Betätigung der Tasten **STRG + X**. 3. **Markierung** der Zielzelle. 4. Betätigung der Tasten **STRG + V**.
Benutzung der rechten Maustaste	1. **Markierung** der zu kopierenden Zelle(n). 2. Betätigung der **rechten Maustaste** im markierten Bereich und Aktivierung des Befehls AUSSCHNEIDEN mit der **linken Maustaste**. 3. **Markierung** der Zielzelle. 4. Betätigung der **rechten Maustaste** im markierten Bereich und Aktivierung des Befehls EINFÜGEN mit der **linken Maustaste**.
Benutzung des Mauszeigers	1. **Markierung** der zu kopierenden Zelle(n). 2. Bewegung des Mauszeigers auf die Umrandung der Markierung bis sich der Zeiger in das folgende Symbol verändert: (✥) 3. Bei **gedrückter linker Maustaste** den markierten Bereich auf die gewünschte Position ziehen.

Arbeitsauftrag 2:

Öffnen Sie das Rechnungsformular aus Kapitel 2.1. Verschieben Sie den Inhalt der Zelle A19 in Zelle A20 sowie den Inhalt des Zellbereichs A5 bis C10 in A6 bis C11. Nutzen Sie hierzu die beschriebenen Möglichkeiten zum Verschieben von Zellinhalten. Bewerten Sie die einzelnen Möglichkeiten und begründen Sie, welche Alternative Sie bevorzugen. Halten Sie Ihre Ergebnisse schriftlich fest.

2.3 Ausfüllen von Zellinhalten und Zellbereichen

Situation:

Sie haben sich in der Mittagspause mit Frau Pfeiffer über Ihre Arbeit an dem Rechnungsformular unterhalten. Da Frau Pfeiffer gerade dabei ist, ein Bestellformular für die Beschaffungsvorgänge zu erstellen, hat sie für Sie noch einige wertvolle Tipps, die Ihnen die Arbeit erleichtern können. So ist es laut Frau Pfeiffer mit einem Tabellenkalkulationsprogramm möglich, Zahlenreihen komplett automatisch zu generieren. Für das Rechnungsformular fallen Ihnen auf Anhieb eine Reihe von Anwendungsmöglichkeiten ein. So können Sie beispielsweise die Positionsnummern automatisch erzeugen lassen.

Für Routineaufgaben bei der Eingabe von Zahlen, Kombinationen von Zahlen und Text, Daten und Uhrzeiten bieten Tabellenkalkulationsprogramme Vereinfachungen durch die Möglichkeit des automatischen Ausfüllens. In Abhängigkeit von dem entsprechenden Zellinhalt stehen verschiedene Vorgehensweisen zur Verfügung:

Aufzählung von Zahlen	**Möglichkeit 1:** Damit das Programm „weiß“, in welchem Abstand es Zahlen ergänzen soll, müssen mindestens zwei Zahlen vorgegeben sein. Das Programm ermittelt den Abstand zwischen diesen beiden Zahlen und kann auf die nächste Zahl schließen. Dazu müssen die beiden Werte zunächst markiert werden. Anschließend ist der Mauszeiger auf die untere rechte Ecke der Markierung zu bewegen. Er verändert sich dort in ein Kreuz. Bei gedrückter linker Maustaste muss der Mauszeiger in die gewünschte Richtung gezogen werden. Nach dem Loslassen der Maustaste werden die ausgewählten Zellen automatisch ausgefüllt. **Möglichkeit 2:** Soll der Wert in der nächsten Zelle genau um den Wert eins größer als der vorherige sein, bietet sich die Vorgehensweise über die Benutzung der STRG-Taste an. Hierbei ist der Ausgangswert zunächst zu markieren und der Mauszeiger auf die rechte untere Ecke zu bewegen. Der Mauszeiger verändert sich dort in ein Kreuz. Bei gedrückter linker Maustaste muss der Mauszeiger in die gewünschte Richtung gezogen werden. Nach dem Loslassen der Maustaste werden die ausgewählten Zellen automatisch ausgefüllt.
Aufzählung von Kombinationen von Zahlen und Text	Eine Kombination aus Text und Zahl stellt beispielsweise „Quartal 1“ dar. Auch hier ist das automatische Ausfüllen möglich, indem die markierte Zelle in die gewünschte Richtung gezogen wird.
Aufzählung von Daten und Uhrzeiten	Unter Daten sind hier Angaben zum Tag, Monat und Jahr zu verstehen. Die Vorgehensweise für das automatische Ausfüllen ist identisch mit der vorherigen Beschreibung.

Arbeitsauftrag 3:

Öffnen Sie das Rechnungsformular aus Kapitel 2.1. Löschen Sie die Positionsnummern und erstellen Sie diese neu. Nutzen Sie dazu die Möglichkeiten des automatischen Ausfüllens.

2.4 Übungsaufgaben

2.4.1 Umsatzstatistik

Situation:

Herr Taube erhält von Frau Schmitz den Auftrag, den Gewinn für den „Konferenztisch LOGO" für das vergangene Jahr zu ermitteln. Der „Konferenztisch LOGO" gehört zu den selbst hergestellten Produkten der Bürodesign GmbH. Aufgrund von Preisschwankungen für die benötigten Rohstoffe verursachte der Tisch im betrachteten Zeitraum jeden Monat unterschiedliche Kosten. Außerdem sind die Verkaufspreise im Verlauf des Jahres mehrmals angehoben worden. Für Präsentationszwecke sollen die benötigten Werte mithilfe der nachstehenden Tabelle ermittelt werden:

	A	B	C	D	E	F	G
1	Umsatzstatistik und Gewinnermittlung für den Konferenztisch LOGO						
2							
3	Monat	verkaufte Menge in Stück	Verkaufspreis pro Stück	Umsatz gesamt	Kosten pro Stück	Kosten gesamt	Gewinn pro Monat
4	Januar	235	310,00 €		254,00 €		
5	Februar	310	310,00 €		257,00 €		
6	März	295	310,00 €		259,00 €		
7	April	360	312,00 €		255,00 €		
8	Mai	285	312,00 €		253,00 €		
9	Juni	260	312,00 €		262,00 €		
10	Juli	270	314,00 €		262,00 €		
11	August	305	314,00 €		263,00 €		
12	September	320	314,00 €		259,00 €		
13	Oktober	290	316,00 €		257,00 €		
14	November	195	316,00 €		261,00 €		
15	Dezember	305	316,00 €		265,00 €		
16	Gesamt						
17							
18	niedrigster Gewinn						
19	höchster Gewinn						

Abbildung 2: *Umsatzstatistik*

Arbeitsaufträge:

1. Speichern Sie eine Arbeitsmappe unter dem Namen **Umsatzstatistik** ab. Speichern Sie die Datei regelmäßig zwischen, um Datenverluste zu vermeiden.
2. Übertragen Sie die Tabellenvorlage einschließlich **aller Formatierungen** in ein leeres Tabellenblatt. Geben Sie diesem Tabellenblatt den Namen **Ergebnis**.
3. Ermitteln Sie
   a) Umsatz, Kosten und Gewinn pro Monat,
   b) die Summen der jeweiligen Spalten,
   c) den niedrigsten und den höchsten Gewinn.
4. Erstellen Sie in einem weiteren Tabellenblatt mit dem Namen **Formeln** die Formelansicht.
5. Für das Drucklayout gelten folgende Vorgaben:
   a) Die Tabellenblätter sollen im Format DIN A4 quer auf je einer Seite ausgedruckt werden.
   b) In der Fußzeile unten links soll automatisch der Dateiname und in der Fußzeile unten rechts soll Ihr Name ausgewiesen werden.
   c) Beide Tabellenblätter sind mit Zeilen- und Spaltenüberschriften sowie mit Gitternetzlinien auszudrucken.

2.4.2 Umsatzauswertung

Situation:

Der Vertreter Klein hat im vergangenen Jahr verschiedene Produkte verkauft und die in der Tabelle aufgeführten Umsätze erreicht. Mit Herrn Marlies und Frau Schmitz hatte er zuvor Umsatzziele für die einzelnen Produkte pro Quartal vereinbart. Zum Zwecke der Überprüfung der Zielerreichung möchte Herr Klein die Umsätze in einer übersichtlichen Tabelle (vgl. Abbildung 3) auswerten und die Ergebnisse zu einem späteren Termin der Geschäftsleitung der Bürodesign GmbH vorlegen.

	A	B	C	D	E	F	G
1	**Umsatztabelle Vertreter Klein**						
2							
3	**Artikel-nummer**	**Artikel-bezeichnung**	**Umsatz Quartal 1**	**Umsatz Quartal 2**	**Umsatz Quartal 3**	**Umsatz Quartal 4**	**Jahres-umsatz**
4	30P94	Druckertisch EURATIO	130.000,00 €	180.000,00 €	210.000,00 €	190.000,00 €	
5	11P65	Besucherstuhl STAPLER	220.000,00 €	170.000,00 €	200.000,00 €	180.000,00 €	
6	229906	Stativ Leinwand Professionell	195.000,00 €	175.000,00 €	215.000,00 €	185.000,00 €	
7	335927	Faxgerät TA InkJet-Fax FX 640TI	340.000,00 €	215.000,00 €	250.000,00 €	235.000,00 €	
8	21P33	Regalsystem WIKING	285.000,00 €	220.000,00 €	230.000,00 €	260.000,00 €	
9	200071	Barhocker ITALIA	190.000,00 €	185.000,00 €	170.000,00 €	175.000,00 €	
10	54P98	Konferenztisch LOGO	230.000,00 €	270.000,00 €	310.000,00 €	225.000,00 €	
11	149393	Weißwandtafel Premium	175.000,00 €	230.000,00 €	265.000,00 €	225.000,00 €	
12	235614	Faxgerät Primus FAX T 30	265.000,00 €	195.000,00 €	245.000,00 €	232.000,00 €	
13	150391	Tischkopierer Primus Z-52	375.000,00 €	245.000,00 €	185.000,00 €	215.000,00 €	
14							
15		**Summe**					
16		**Mittelwert**					
17		**Minimum**					
18		**Maximum**					

Abbildung 3: *Umsatzauswertung*

Arbeitsaufträge:

1. Speichern Sie eine Arbeitsmappe unter dem Namen **Umsatzauswertung** ab. Speichern Sie die Datei regelmäßig zwischen, um Datenverluste zu vermeiden
2. Übertragen Sie die Tabellenvorlage einschließlich **aller Formatierungen** in ein leeres Tabellenblatt. Geben Sie diesem Tabellenblatt den Namen **Ergebnis**.
3. Ermitteln Sie
   a) den Jahresumsatz,
   b) die Summe, den Durchschnitt, das Minimum und das Maximum in den dafür vorgesehenen Zellen.
4. Erstellen Sie in einem weiteren Tabellenblatt mit dem Namen **Formeln** die Formelansicht.
5. Für das Drucklayout gelten folgende Vorgaben:
   a) Die Tabellenblätter sollen im Format DIN A4 quer auf je einer Seite ausgedruckt werden.
   b) In der Fußzeile unten links soll automatisch der Dateiname und in der Fußzeile unten rechts soll Ihr Name ausgewiesen werden.
   c) Beide Tabellenblätter sind mit Zeilen- und Spaltenüberschriften sowie mit Gitternetzlinien auszudrucken.

2.4.3 Lohnliste

Situation:

In der Personalabteilung sollen die Löhne der Mitarbeiter in der Produktion in einer Tabelle berechnet werden. Zwar hat jeder Mitarbeiter die gleiche Arbeitszeit, jedoch nicht den gleichen Stundenlohn. Außerdem haben die Mitarbeiter unterschiedlich viele Überstunden geleistet.

	A	B	C	D	E	F	G	H
1	**Lohnliste unserer Mitarbeiter in der Produktion für September**							
2								
3	**Name**	**Stundenlohn in Euro**	**Arbeitszeit in Stunden pro Woche**	**Grundlohn pro Monat in Euro**	**Überstundenlohn in Euro pro Stunde**	**Überstunden im Monat**	**Überstunden-lohn in Euro pro Monat**	**Gesamtlohn in Euro pro Monat**
4	Land, Ulrich	12,30	39,5		15,38	20,0		
5	Schäfer, Andreas	10,50	39,5		13,13	20,0		
6	Seidel, Karlheinz	10,50	39,5		13,13	16,0		
7	Dasbach, Heinz	13,10	39,5		16,38	12,0		
8	Jahnke, Holger	13,10	39,5		16,38	8,0		
9	Merker, Bernd	10,50	39,5		13,13	12,0		
10	Curth, Rosa	12,30	39,5		15,38	16,0		
11	Pfefferkorn, Bernd	10,50	39,5		13,13	16,0		
12	Pfeiffer, Andre	12,30	39,5		15,38	20,0		
13	Hoffmann, Diete	10,50	39,5		13,13	32,0		
14	Guth, Helmut	14,20	39,5		17,75	4,0		
15	Jung, Heiko	14,20	39,5		17,75	20,0		
16	**Summe**							
17	**Mittelwert**							
18	**Minimum**							
19	**Maximum**							

Abbildung 4: *Lohnliste*

Arbeitsaufträge:

1. Speichern Sie eine Arbeitsmappe unter dem Namen **Lohnliste** ab. Speichern Sie die Datei regelmäßig zwischen, um Datenverluste zu vermeiden.
2. Übertragen Sie die Tabellenvorlage einschließlich **aller Formatierungen** in ein leeres Tabellenblatt. Geben Sie diesem Tabellenblatt den Namen **Ergebnis**.
3. Ermitteln Sie
   a) den Grundlohn pro Monat in EUR. Unterstellen Sie, dass der September exakt vier Arbeitswochen hat.
   b) den Überstundenlohn in EUR,
   c) den Gesamtlohn pro Monat,
   d) Summe, Durchschnitt, Minimum und Maximum in den dafür vorgesehenen Zellen.
4. Erstellen Sie in einem weiteren Tabellenblatt mit dem Namen **Formeln** die Formelansicht.
5. Für das Drucklayout gelten folgende Vorgaben:
   a) Die Tabellenblätter sollen im Format DIN A4 quer auf je einer Seite ausgedruckt werden.
   b) In der Fußzeile unten links soll automatisch der Dateiname und in der Fußzeile unten rechts soll Ihr Name ausgewiesen werden.
   c) Beide Tabellenblätter sind mit Zeilen- und Spaltenüberschriften sowie mit Gitternetzlinien auszudrucken.

2.4.4 Bezugspreisermittlung

Situation:

Die Abteilungsleiterin der Beschaffung, Frau Evert, zieht es in Erwägung, für den Druckertisch Euratio einen neuen Lieferanten auszuwählen, da sich der derzeitige Lieferer in der letzten Zeit als sehr unzuverlässig erwiesen hat. Bevor eine endgültige Entscheidung getroffen wird, soll in einem ersten Schritt der Bezugspreis von möglichen Lieferern ermittelt werden.

	A	B	C	D	E
1	**Ermittlung des Bezugspreises für den Druckertisch Euratio**				
2					
3		**Primus GmbH**	**Jansen OHG**	**Giesen KG**	**Bürotec GmbH**
4	= Listeneinkaufspreis (netto)	60,00 €	65,00 €	52,00 €	58,00 €
5	- Rabatt				
6	= Zieleinkaufspreis				
7	- Skonto				
8	= Bareinkaufspreis				
9	+ Bezugskosten	9,00 €	7,50 €	- €	- €
10	= Bezugspreis				
11					
12	Der günstigste Bezugspreis beträgt:				
13	Der höchste Bezugspreis beträgt:				

Abbildung 5: *Bezugspreisermittlung*

Arbeitsaufträge:

1. Speichern Sie eine Arbeitsmappe unter dem Namen **Bezugspreisermittlung** ab. Speichern Sie die Datei regelmäßig zwischen, um Datenverluste zu vermeiden.
2. Übertragen Sie die Tabellenvorlage einschließlich **aller Formatierungen** in ein leeres Tabellenblatt. Geben Sie diesem Tabellenblatt den Namen **Ergebnis**.
3. Ermitteln Sie
   a) den Rabatt in Euro (Primus GmbH: 20 %, Jansen OHG: 25 %, Giesen KG: 0 %, Bürotec GmbH: 10 %),
   b) den Zieleinkaufspreis,
   c) das Skonto (Primus GmbH: 2 %, Jansen OHG: 0 %, Giesen KG: 3 %, Bürotec GmbH: 1,5 %),
   d) den Bareinkaufspreis,
   e) den Bezugspreis,
   f) den günstigsten und den höchsten Bezugspreis.
4. Erstellen Sie in einem weiteren Tabellenblatt mit dem Namen **Formeln** die Formelansicht.
5. Für das Drucklayout gelten folgende Vorgaben:
   a) Die Tabellenblätter sollen im Format DIN A4 quer auf je einer Seite ausgedruckt werden.
   b) In der Fußzeile unten links soll automatisch der Dateiname und in der Fußzeile unten rechts soll Ihr Name ausgewiesen werden.
   c) Beide Tabellenblätter sind mit Zeilen- und Spaltenüberschriften sowie mit Gitternetzlinien auszudrucken.

3 Adressierungsarten von Zellen

3.1 Relative Zelladressierung

Situation:

Herr Kurt Taube aus der Abteilung Rechnungswesen möchte in der Spalte G des bestehenden Rechnungsformulars den Rabatt pro Stück in Euro mithilfe einer Formel berechnen lassen. Weiterhin soll sichergestellt werden, dass die in der Zelle G23 erstellte Formel in die Zellen G24 bis G26 kopiert werden kann.

Wenn in dem Tabellenkalkulationsprogramm eine Formel bzw. Funktion in andere Zellen kopiert wird, verschieben sich die in der Formel bzw. Funktion befindlichen Zellbezüge im Regelfall mit. Hierbei ist jedoch zu beachten, ob diese Verschiebung sinnvoll ist. Zellen, die sich beim Kopieren mit verändern sollen, werden als **relative Zellbezüge** bezeichnet.

Im nachstehenden Beispiel lautet die Ausgangsformel in der Zelle G23 wie folgt: =E23*F23/100

	A	B	C	D	E	F	G	H
17	**Ausschnitt aus dem Rechnungsformular**							
18								
19	**Rechnung**							
20								
21								
22	**Position**	**Artikel-nummer**	**Artikel-bezeichnung**	**Menge (Stück)**	**Listenpreis pro Stück**	**Rabatt (%)**	**Rabatt pro Stück**	**Gesamt-preis**
23	1	13792	Textverarbeitung I	10	14,95 €	0	=E23*F23/100	
24	2	11207	Arbeiten mit dem PC	25	22,40 €	10		
25	3	12430	Tabellenkalkulation 2003	20	24,90 €	10		
26	4	13080	Präsentieren leichtgemacht	15	16,95 €	10		

Abbildung 1: *Rechnungsformular mit der zusätzlichen Spalte G (Rabatt pro Stück)*

Wenn nun die Formel aus der Zelle G23 in die Zellen G24 bis G26 kopiert wird, werden die Zellbezüge der Ursprungsformel (E23 und F23) ebenfalls angepasst. Wie der obigen Abbildung zu entnehmen ist, ist das Anpassen der Zellen E23 und F23 hier sinnvoll.
Um sicherzustellen, dass beim Kopieren keine Fehler aufgetreten sind, empfiehlt sich die Kontrolle der „letztkopierten" Zelle (hier G26). Wenn die Zelle mit der Maus angewählt wird, reicht ein einfacher Mausklick in die Befehlszeile (optional ist auch ein Doppelklick in die Zelle G26 möglich) und es werden alle für die Zelle G26 verwendeten Zellen farblich dargestellt, sodass mögliche Fehler schnell auffallen.

	A	B	C	D	E	F	G	H
17	**Ausschnitt aus dem Rechnungsformular**							
18								
19	**Rechnung**							
20								
21								
22	**Position**	**Artikel-nummer**	**Artikel-bezeichnung**	**Menge (Stück)**	**Listenpreis pro Stück**	**Rabatt (%)**	**Rabatt pro Stück**	**Gesamt-preis**
23	1	13792	Textverarbeitung I	10	14,95 €	0	- €	
24	2	11207	Arbeiten mit dem PC	25	22,40 €	10	2,24 €	
25	3	12430	Tabellenkalkulation 2003	20	24,90 €	10	2,49 €	
26	4	13080	Präsentieren leichtgemacht	15	16,95 €	10	=E26*F26/100	

Abbildung 2: *Vollständig in die Zellen G24 bis G26 kopierte Formel*

Arbeitsauftrag 1:

Ermitteln Sie mithilfe geeigneter Formeln die Ergebnisse für die Spalten G und H.

3.2 Absolute Zelladressierung

Situation:

Frau Schmitz und Herr Marlies haben beschlossen, dass im Rahmen des diesjährigen Unternehmensjubiläums jeder Kunde für Bestellungen auf jeden Artikel einen einheitlichen Rabatt in Höhe von 10 % erhalten soll. Um das Rechnungsformular etwas übersichtlicher zu gestalten, soll nach dem Willen von Herrn Taube die Spalte „Rabatt (%)" wegfallen. Stattdessen soll der allgemeine Rabattsatz in einer gesonderten Zelle (D31) aufgeführt werden. Hierbei soll dafür Sorge getragen werden, dass der Rabatt pro Stück unter Verwendung der Zelle D31 berechnet wird und dass die in Zelle F23 erstellte Formel in die Zellen F24 bis F26 kopiert werden kann.

Wenn in einer Formel oder Funktion eine oder mehrere Zellbezüge vorhanden sind, die beim Kopieren in andere Zellen **nicht** mit verändert werden dürfen, handelt es sich hierbei um **absolute Zellbezüge**. Damit absolute Zellbezüge beim Kopiervorgang unverändert bestehen bleiben, müssen diese **festgesetzt** werden.

Im nachstehenden Beispiel lautet die Ausgangsformel in der Zelle F23 wie folgt: =E23*D31

	A	B	C	D	E	F	G
17	**Ausschnitt aus dem Rechnungsformular**						
18							
19	**Rechnung**						
20							
21							
22	**Position**	**Artikel-nummer**	**Artikel-bezeichnung**	**Menge (Stück)**	**Listenpreis pro Stück**	**Rabatt pro Stück**	**Gesamt-preis**
23	1	13792	Textverarbeitung I	10	14,95 €	=E23*D31	
24	2	11207	Arbeiten mit dem PC	25	22,40 €		
25	3	12430	Tabellenkalkulation 2003	20	24,90 €		
26	4	13080	Präsentieren leichtgemacht	15	16,95 €		
27							
28							
29	**Ausschnitt aus der Hilfstabelle Rabatte**						
30							
31			Rabatt	10%			

Abbildung 3: *Ursprüngliche Formel in der Zelle F23 (=E23*D31)*

Wenn diese Formel ohne ein Festsetzen in die Zellen F24 bis F26 kopiert wird, ergibt sich hieraus das Problem, dass alle Zellen den Wert Null annehmen. Grund hierfür ist, dass die Zelle D31 (Rabattsatz) für alle Artikel hätte berücksichtigt werden müssen. Die nachstehende Abbildung zeigt allerdings, dass in der Zelle F26 die Formel =E26*D34 steht.

	A	B	C	D	E	F	G
17	**Ausschnitt aus dem Rechnungsformular**						
18							
19	**Rechnung**						
20							
21							
22	**Position**	**Artikel-nummer**	**Artikel-bezeichnung**	**Menge (Stück)**	**Listen-preis**	**Rabatt (Stück)**	**Gesamt-preis**
23	1	13792	Textverarbeitung I	10	14,95 €	1,50 €	
24	2	11207	Arbeiten mit dem PC	25	22,40 €	- €	
25	3	12430	Tabellenkalkulation 2003	20	24,90 €	- €	
26	4	13080	Präsentieren leichtgemacht	15	16,95 €	=E26*D34	
27							
28							
29	**Ausschnitt aus der Hilfstabelle Rabatte**						
30							
31			Rabatt	10%			
32							
33							
34							

Abbildung 4: *Darstellung der beim Kopieren nicht festgesetzten Zelle D31*

Damit der Zellbezug D31 beim Kopieren nicht verändert wird, muss dieser **festgesetzt** werden. Dies wird realisiert, indem der Zellbezug D31 in der Ausgangsformel (Zelle F23) angeklickt wird. Das anschließende Betätigen der **Funktionstaste <F4>** macht aus dem relativen Zellbezug einen **absoluten Zellbezug.**

Eine festgesetzte Zelle wird durch Dollarzeichen vor der Spalten- und der Zeilenangabe kenntlich gemacht (hier $D$31). In der Zelle F23 muss vor dem Kopieren dementsprechend folgende Formel stehen: =E23*$D$31

Wenn die Formel nun in die entsprechenden Zellen kopiert wird, ergibt die anschließende Kontrolle der Zelle F26 folgendes Bild:

	A	B	C	D	E	F	G
17	**Ausschnitt aus dem Rechnungsformular**						
18							
19	**Rechnung**						
20							
21							
22	**Position**	**Artikel-nummer**	**Artikel-bezeichnung**	**Menge (Stück)**	**Listenpreis pro Stück**	**Rabatt pro Stück**	**Gesamt-preis**
23	1	13792	Textverarbeitung I	10	14,95 €	1,50 €	
24	2	11207	Arbeiten mit dem PC	25	22,40 €	2,24 €	
25	3	12430	Tabellenkalkulation 2003	20	24,90 €	2,49 €	
26	4	13080	Präsentieren leichtgemacht	15	16,95 €	=E26*$D$31	
27							
28							
29	**Ausschnitt aus der Hilfstabelle Rabatte**						
30							
31			Rabatt	10%			

Abbildung 5: *Darstellung der Formel mit der korrekt festgesetzten Zelle D31*

Anmerkung:

Um eine Zelle festzusetzen, ist es ohne Bedeutung, ob der Mauszeiger vor oder hinter der Spalten- bzw. Zeilenbezeichnung steht. Soll eine Festsetzung wieder entfernt werden, so muss hierfür lediglich wieder der entsprechende Zellbezug in der Formel bzw. Funktion angeklickt werden, um durch mehrmaliges Betätigen der Funktionstaste <F4> die absolute Zelladressierung aufzuheben.

Arbeitsauftrag 2:

Verändern Sie Ihr Tabellenblatt so, dass es der Abbildung 5 entspricht. Ermitteln Sie anschließend mithilfe geeigneter Formeln die Ergebnisse für die Spalten F und G. Achten Sie dabei auf die absolute Zelladressierung.

3.3 Gemischte Zelladressierung

Im Kapitel 3.2 wurde die Bedeutung der absoluten Zelladressierung dargestellt. Im Beispiel wurde aufgezeigt, dass sich der Zellbezug D31 (Rabattsatz) beim Herunterkopieren der Formeln nicht verändern darf. Die sicherste Möglichkeit besteht in dem Festsetzen des Zellbezugs D31 als absoluter Zellbezug ($D$31).

Da in dem Beispiel (vgl. Abbildung 5) die Formel =E23*$D$31 nach unten kopiert wird, ändert das Tabellenkalkulationsprogramm von sich aus lediglich die Zeilenangaben (z. B. aus E23 wird E24, E25 und E26). Das Festsetzen der Spaltenangabe E war demnach nicht notwendig. Es ist ausreichend, wenn sich in der ursprünglichen Formel (Zelle F23) der absolute Zellbezug nur auf die Zeile bezieht. Der Zellbezug hat dann das folgende Aussehen: D$31

	A	B	C	D	E	F	G
17	Ausschnitt aus dem Rechnungsformular						
18							
19	**Rechnung**						
20							
21							
22	Position	Artikel-nummer	Artikel-bezeichnung	Menge (Stück)	Listenpreis pro Stück	Rabatt pro Stück	Gesamt-preis
23	1	13792	Textverarbeitung I	10	14,95 €	1,50 €	
24	2	11207	Arbeiten mit dem PC	25	22,40 €	2,24 €	
25	3	12430	Tabellenkalkulation 2003	20	24,90 €	2,49 €	
26	4	13080	Präsentieren leichtgemacht	15	16,95 €	=E26*D$31	
27							
28							
29	Ausschnitt aus der Hilfstabelle Rabatte						
30							
31			Rabatt	10%			

Abbildung 6: *Formel, in der lediglich die Zeilenangabe 31 festgesetzt worden ist*

Da hier eine Kombination aus relativer und absoluter Zelladressierung vorliegt (Spaltenangabe D = relative Adressierung, Zeilenangabe 31 = absolute Adressierung), wird diese Art der Zelladressierung als **Gemischte Adressierung** bezeichnet.

Anmerkung:

Wenn die Formel von der Zelle F23 aus in die Zellen G23, H23 usw. kopiert worden wäre, wäre das Festsetzen der Zeile 31 unzureichend gewesen. Stattdessen hätte ein Festsetzen der Spalte D ($D31) erfolgen müssen.

3.4 Zelladressierung durch Namen

Situation:
Um mögliche Probleme beim Festsetzen von Zellbezügen (absolute Zelladressierung) zu vermeiden, möchte Herr Kurt Taube das Rechnungsformular (vgl. Kapitel 3.2) hinsichtlich der Zelladressierung der Zelle D31 weiter vereinfachen. Auch hier soll sichergestellt werden, dass die Formel in die Zellen F24 bis F26 kopiert werden kann.

Das Festsetzen eines Zellbezugs kann nicht nur durch die Verwendung der Dollarzeichen erreicht werden, sondern auch durch die **Verwendung von Namen** für einzelne Zellen oder ganze Zellbereiche. Im nachfolgenden Beispiel wurde der Zellbezug D31 bislang durch die Dollarzeichen festgesetzt, sodass die gesamte Formel in der Zelle F23 bislang wie folgt lautete: =E23*$D$31

	A	B	C	D	E	F	G
17	Ausschnitt aus dem Rechnungsformular						
18							
19	**Rechnung**						
20							
21							
22	Position	Artikel-nummer	Artikel-bezeichnung	Menge (Stück)	Listenpreis pro Stück	Rabatt pro Stück	Gesamt-preis
23	1	13792	Textverarbeitung I	10	14,95 €	=E23*$D$31	
24	2	11207	Arbeiten mit dem PC	25	22,40 €		
25	3	12430	Tabellenkalkulation 2003	20	24,90 €		
26	4	13080	Präsentieren leichtgemacht	15	16,95 €		
27							
28							
29	Ausschnitt aus der Hilfstabelle Rabatte						
30							
31			Rabatt	10%			

Abbildung 7: *Formel, die noch keinen absoluten Zellbezug durch Namen enthält*

Um der Zelle D31 einen Namen zuzuweisen und sie somit für alle späteren Kopiervorgänge festzusetzen, muss zunächst die Zelle D31 markiert werden. Anschließend ist folgender Befehlsweg zu gehen:
EINFÜGEN – NAMEN – DEFINIEREN – Eingabe des Namens (z. B. Rabattsatz)

Abbildung 8:
Vergabe des Namens „Rabattsatz" für die Zelle D31

Nachdem der Name durch die Schaltfläche OK bestätigt wurde, trägt die Zelle den zugewiesenen Namen. Dieser kann jetzt statt des Zellbezugs D31 in den Formeln und Funktionen verwendet werden. Wird die Zelle D31 im Laufe der weiteren Arbeit mit der Maus angeklickt, so erscheint im **Namenfeld** (links oben unter dem Schriftartenfeld) statt der Zellbezeichnung der gewählte Name (vgl. Abbildung 9).

Rabattsatz ▾ fx 10%

	A	B	C	D	E	F	G
17	**Ausschnitt aus dem Rechnungsformular**						
18							
19	**Rechnung**						
20							
21							
22	**Position**	**Artikel-nummer**	**Artikel-bezeichnung**	**Menge (Stück)**	**Listenpreis pro Stück**	**Rabatt pro Stück**	**Gesamt-preis**
23	1	13792	Textverarbeitung I	10	14,95 €	1,50 €	
24	2	11207	Arbeiten mit dem PC	25	22,40 €		
25	3	12430	Tabellenkalkulation 2003	20	24,90 €		
26	4	13080	Präsentieren leichtgemacht	15	16,95 €		
27							
28							
29	**Ausschnitt aus der Hilfstabelle Rabatte**						
30							
31			Rabatt	10%			

Abbildung 9: *Dokumentation, dass die Zelle D31 den Namen „Rabattsatz" trägt*

Durch diese Namenszuweisung kann die ursprüngliche Formel in der Zelle F23 in =E23*Rabattsatz geändert werden.

▶ **Anmerkung:**

Um den Zellnamen verwenden zu können, gibt es folgende drei Möglichkeiten:

1. Die Zelle D31 (Rabattsatz) wird mit der Maus angeklickt.
2. Der Name wird per Hand in die Formel bzw. Funktion eingegeben (Achtung: Gefahr von Eingabefehlern!).
3. Während der Formel-/Funktionseingabe wird an der relevanten Stelle die **Funktionstaste <F3>** betätigt. Anschließend öffnet sich ein Fenster, in dem das Programm alle derzeit verwendeten Namen aufführt. Der Anwender kann den gewünschten Namen per Maus auswählen (siehe nachstehende Abbildung).

	A	B	C	D	E	F	G
17	**Ausschnitt aus dem Rechnungsformular**						
18							
19	**Rechnung**						
20							
21							
22	**Position**	**Artikel-nummer**	**Artikel-bezeichnung**	**Menge (Stück)**	**Listenpreis pro Stück**	**Rabatt pro Stück**	**Gesamt-preis**
23	1	13792	Textverarbeitung I	10	14,95 €	=E23*	
24	2	11207	Arbeiten mit dem PC	25			
25	3	12430	Tabellenkalkulation 2003	20			
26	4	13080	Präsentieren leichtgemacht	15			
27							
28							
29	**Ausschnitt aus der Hilfstabelle Rabatte**						
30							
31			Rabatt	10%			

Namen einfügen

Namen einfügen:

Rabattsatz

OK | Abbrechen

Abbildung 10: *Änderung der ursprünglichen Formel in =E23*Rabattsatz*

Durch die Benennung einer Zelle mit einem Namen weiß das Programm automatisch, auf welche Zelle zugegriffen werden soll, wenn in einer Formel oder Funktion mit diesem Namen gearbeitet wird. Es ist wichtig, dass den Zellen bzw. Zellbereichen sinnvolle und unmissverständliche Namen gegeben werden. Im obigen Falle bietet sich für die Zelle D31 der Name „Rabattsatz" an.

Wird an dieser Stelle die Formel =E23*Rabattsatz in die Zellen F24 bis F26 kopiert, verändert sich nur die relative Zelladressierung von E23 in E24 ... E26. Die Zelle D31 ist bereits durch die Namensgebung als absoluter Zellbezug definiert worden, ohne dass hier zusätzlich mit der **Funktionstaste <F4>** gearbeitet werden muss.

Nachdem die Formel in die entsprechenden Zellen kopiert wurde, ergibt die anschließende Kontrolle der Zelle F26 folgendes Bild:

	A	B	C	D	E	F	G
17	**Ausschnitt aus dem Rechnungsformular**						
18							
19	**Rechnung**						
20							
21							
22	**Position**	**Artikel-nummer**	**Artikel-bezeichnung**	**Menge (Stück)**	**Listenpreis pro Stück**	**Rabatt pro Stück**	**Gesamt-preis**
23	1	13792	Textverarbeitung I	10	14,95 €	1,50 €	
24	2	11207	Arbeiten mit dem PC	25	22,40 €	2,24 €	
25	3	12430	Tabellenkalkulation 2003	20	24,90 €	2,49 €	
26	4	13080	Präsentieren leichtgemacht	15	16,95 €	=E26*Rabattsatz	
27							
28							
29	**Ausschnitt aus der Hilfstabelle Rabatte**						
30							
31			Rabatt	10%			

Abbildung 11: *In die Zellen F24 bis F26 kopierte Formel unter Verwendung des Zellnamens „Rabattsatz"*

Zu berücksichtigen ist, dass in einem Dokument **derselbe Name nicht für mehrere Zellen vergeben** werden darf. Sind in einem Tabellenblatt beispielsweise mehrere Rabattsätze zu berücksichtigen, müssen diese mit verschiedenen Namen (z. B. **Rabattsatz1**, **Rabattsatz2** usw.) versehen werden.

Abschließend muss noch sichergestellt werden, dass die Namen **keine Leerzeichen** enthalten dürfen, da sie ansonsten nicht vom Programm anerkannt werden (d. h. **Rabattsatz 1** wird nicht erkannt, **Rabattsatz1** hingegen schon).

Anmerkung:
Neben dem aufgezeigten (etwas langen) Befehlsweg EINFÜGEN – NAMEN – DEFINIEREN, kann der gewünschte Name auch direkt in das Namenfeld eingetragen werden. Um den Namen zu bestätigen, muss die ENTER-Taste betätigt werden.

Sollte versehentlich ein falscher Namen vergeben worden sein, kann dieser Fehler problemlos behoben werden. Um beispielsweise den oben vergebenen Namen für die Zelle D31 (Rabattsatz) wieder zu löschen, wird der bereits dargestellte Befehlsweg (EINFÜGEN – NAMEN – DEFINIEREN) wiederholt.

In dem sich öffnenden Fenster zeigt das Programm alle bislang vergebenen Namen an. Mithilfe der Maus wird der zu löschende Name ausgewählt und durch das Anklicken der Befehlsfläche LÖSCHEN entfernt.

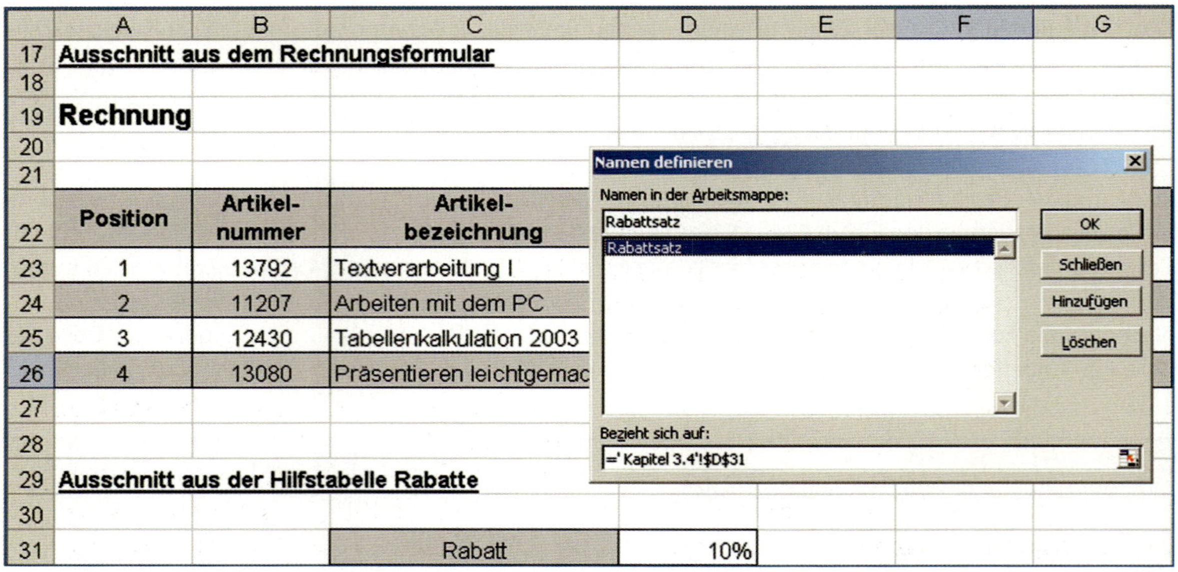

Abbildung 12: *Markierter Zellname „Rabattsatz" bevor dieser gelöscht wird*

Arbeitsauftrag 3:

Vergeben Sie der Zelle D31 den Namen „Rabattsatz". Ändern Sie anschließend die in den Zellen F23 bis F26 stehenden Formeln dahin gehend ab, dass Sie mit dem Namen „Rabattsatz" arbeiten. Löschen Sie anschließend den Namen „Rabattsatz" und überprüfen Sie die auftretende Änderung.

3.5 Übungsaufgaben

3.5.1 Büromittelausgaben

Situation:

Herr Thorsten Klein aus der Abteilung Rechnungswesen/Statistik will untersuchen, wie hoch die Ausgaben für Büromittel im vergangenen Jahr waren. Die hierfür notwendigen Verbrauchszahlen wurden bereits ermittelt, sodass Sie mithilfe der nachstehend dargestellten Tabelle die Kosten für die einzelnen Positionen sowie die aufgeführten besonders interessanten Werte ermitteln sollen.

Arbeitsaufträge:

1. Speichern Sie die Datei unter dem Namen **Büromittelausgaben**. Speichern Sie Ihre Datei **spätestens alle fünf Minuten** ab, um Datenverlust zu vermeiden.
2. Übernehmen Sie die nachstehende Tabelle inklusive aller Werte und Formatierungen in das Tabellenblatt 1 und benennen Sie dieses Tabellenblatt in **Ergebnisse** um.
3. Überlegen Sie, welche Zellen Sie im Laufe der weiteren Arbeit mehrfach gebrauchen und deswegen später festsetzen müssen. Vergeben Sie diesen Zellen sinnvolle Namen, die Sie später – sofern möglich – in den Formeln und Funktionen verwenden.
4. Geben Sie mithilfe einer geeigneten Funktion in der Zelle G4 das heutige Datum aus.

5. Ermitteln Sie mithilfe von geeigneten Formeln die Kosten für
   a) Schreibutensilien in der Spalte C;
   b) Kopierpapier in der Spalte E;
   c) die Position Sonstiges in der Spalte G;
   d) alle Positionen in der Spalte H.
6. Ermitteln Sie durch Verwendung geeigneter Funktionen in der
   a) Zeile 27 die Gesamtwerte für die Spalten B bis H;
   b) Zeile 28 den jeweiligen Durchschnitt der Spalten B bis H.
7. Mithilfe von geeigneten Funktionen ist von Ihnen für die Position Sonstiges in der Zelle
   a) B33 der geringste Wert zu ermitteln;
   b) B34 der höchste Wert zu ermitteln.
8. Übernehmen Sie die Inhalte aus dem Tabellenblatt **Ergebnisse** in das Tabellenblatt 2, benennen Sie dieses in **Formeln** um und wechseln Sie dort in die Formelansicht (STRG + #).
   Richten Sie beide Tabellenblätter so ein, dass diese später alle relevanten Informationen vollständig lesbar anzeigen. Beide Tabellenblätter sollen im Querformat auf jeweils einer Seite ausgedruckt werden, wobei das Tabellenblatt **Formeln** auch die Zeilen- und Spaltenüberschriften enthalten soll. Stellen Sie weiterhin sicher, dass alle später ausgedruckten Tabellenblätter in der Kopfzeile Ihren Namen sowie das aktuelle Datum enthalten.
9. Drucken Sie nach abschließender Kontrolle die Tabellenblätter **Ergebnisse** und **Formeln** aus.

	A	B	C	D	E	F	G	H
1	Ermittlung der Ausgaben für Büromittel							
2								
3								
4	**Kosten der Büromittel pro Einheit:**						< Datum >	
5								
6	Schreibutensilien:	3,50 €						
7	Kopierpapier:	4,20 €						
8	Sonstiges:	2,80 €						
9								
10								
11	**Rechenbereich:**							
12								
13		Verbrauchte Einheiten Schreibutensilien	Kosten für Schreibutensilien	Verbrauchte Einheiten Kopierpapier	Kosten für Kopierpapier	Verbrauchte Einheiten Sonstiges	Kosten für Sonstiges	Kosten gesamt
14	Januar	23		17		53		
15	Februar	18		31		67		
16	März	21		45		42		
17	April	32		32		81		
18	Mai	34		38		67		
19	Juni	36		19		74		
20	Juli	28		42		65		
21	August	26		26		59		
22	September	22		28		43		
23	Oktober	29		41		77		
24	November	34		19		68		
25	Dezember	22		22		55		
26								
27	Gesamt							
28	Durchschnitt							
29								
30								
31	**Interessante Werte der Büromittelgruppe "Sonstiges":**							
32								
33	geringste Kosten:							
34	höchste Kosten:							

Abbildung 13: *Büromittelausgaben; Tabellenblatt „Ergebnisse"*

3.5.2 Telefonkostenermittlung

Situation:

Frau Sandra Berg aus der Abteilung Verwaltung soll im Auftrag der Geschäftsleitung für das vergangene Jahr eine Übersicht über die angefallenen monatlichen Telefonkosten erstellen. Da Frau Berg von Ihren Kenntnissen im Umgang mit dem Tabellenkalkulationsprogramm gehört hat, überträgt Sie Ihnen die Aufgabe, mithilfe einer vorgefertigten Tabelle diese Aufstellung anzufertigen.

Arbeitsaufträge:

1. Speichern Sie diese Aufgabe unter dem Dateinamen **Telefonkostenermittlung** in Ihrem Arbeitsverzeichnis ab. Speichern Sie Ihre Datei **spätestens alle fünf Minuten** ab, um Datenverlust zu vermeiden.
2. Übernehmen Sie die nachstehende Tabelle inklusive aller Werte und Formatierungen in das Tabellenblatt 1. Benennen Sie das Tabellenblatt in **Ergebnisse** um.
3. Vergeben Sie der Zelle B4 sowie den Zellen B7 bis B9 sinnvolle Namen und verwenden Sie diese Namen – sofern möglich – in den späteren Formeln und Funktionen.
4. Weisen Sie mithilfe einer Funktion in der Zelle E7 das aktuelle Datum und die aktuelle Uhrzeit aus.
5. Übernehmen Sie in den Zellen C13 bis C24 per Zellbezug die monatliche Grundgebühr.
6. Ermitteln Sie formelgesteuert in den Zellen D13 bis D24 die Gebühren für die jeweils im Monat verbrauchten Telefoneinheiten. Beachten Sie hierbei, dass die Gebühren pro Einheit im Laufe des Jahres unterschiedlich hoch sind.
7. Ermitteln Sie durch Verwendung einer Funktion in den Zellen E13 bis E24 die Höhe der jeweiligen Monatsrechnung. Diese setzt sich aus der Grundgebühr und der Gebühr für die Einheiten zusammen.
8. Ermitteln Sie in der Zeile 26 funktionsgesteuert die gesamten Werte der Spalten B bis E.
9. In den Zellen B33 bis B35 bzw. E33 bis E34 sind für die zweite Jahreshälfte die geforderten Werte zu ermitteln. Verwenden Sie für deren Ermittlung ausschließlich Funktionen.
10. Formatieren Sie alle Zellen, die Währungsbeträge enthalten, auf das EUR-Format.
11. Kopieren Sie den Inhalt des Tabellenblattes **Ergebnisse** in das Tabellenblatt 2 und wechseln Sie dort in die Formelansicht (STRG + #). Benennen Sie das Tabellenblatt 2 als **Formeln**.
12. Richten Sie die beiden Tabellenblätter so ein, dass Sie diese im Hochformat auf jeweils einer Seite ausdrucken können. Beachten Sie hierbei unbedingt, dass beide Tabellenblätter in der Kopfzeile Ihren Namen sowie das heutige Datum tragen. Weiterhin sollen beide Tabellenblätter auch die Zeilen- und Spaltenüberschriften anzeigen.
13. Drucken Sie nach abschließender Kontrolle die Tabellenblätter **Ergebnisse** und **Formeln** aus.

	A	B	C	D	E
1	**Ermittlung der monatlichen Telefonkosten**				
2					
3					
4	monatliche Grundgebühr	16,00 €			
5					
6	**Gebühren je Einheit:**				
7	Januar - April	0,09 €		Datum/Uhrzeit:	
8	Mai - August	0,08 €			
9	ab September	0,07 €			
10					
11					
12	Monat	Telefon-einheiten	Grundgebühr	Gebühr für Einheiten gesamt	Monats-rechnung
13	Januar	12.420			
14	Februar	11.685			
15	März	14.205			
16	April	13.610			
17	Mai	12.990			
18	Juni	10.845			
19	Juli	15.410			
20	August	13.540			
21	September	14.030			
22	Oktober	13.850			
23	November	16.200			
24	Dezember	15.325			
25					
26	Gesamt				
27					
28					
29	**Relevante Werte für den Zeitraum von Juli bis Dezember:**				
30					
31	**Telefoneinheiten:**			**Telefonrechnung:**	
32					
33	kleinste Anzahl:			kleinste Rechnung:	
34	größte Anzahl:			größte Rechnung:	
35	durch. Anzahl:				

Abbildung 14: *Telefonkostenermittlung; Tabellenblatt „Ergebnisse"*

3.5.3 Gewinnverteilung

Situation:

Die Bürodesign GmbH geht neue Wege zur Mitarbeitermotivation. Für ein neu entwickeltes Produkt konnten Mitarbeiter sich an den Entwicklungskosten beteiligen und erhalten dafür im Gegenzug einen Anteil an dem Gewinn aus dem Verkauf dieses Produktes.

Damit die Mitarbeiter auf keinen Fall „leer ausgehen", sagt die Bürodesign GmbH allen Kapitalgebern am Ende des ersten Jahres eine garantierte Mindestzahlung in Höhe von 500,00 EUR zu. Weiterhin will sie allen Mitarbeitern das investierte Kapital mit 6,00 % verzinsen.

Ihre Aufgabe besteht darin, mithilfe der umseitigen Tabelle die Gewinnberechnung für die Mitarbeiter der Bürodesign GmbH durchzuführen.

Arbeitsaufträge:

1. Speichern Sie Ihre Datei unter dem Dateinamen **Gewinnverteilung** ab. Speichern Sie Ihre Datei **spätestens alle fünf Minuten** ab, um Datenverlust zu vermeiden.
2. Übernehmen Sie die nachstehende Tabelle in das Tabellenblatt 1. Benennen Sie das Tabellenblatt in **Ergebnisse** um. Übernehmen Sie die angegebenen Texte und Werte einschließlich der entsprechenden Formatierungen.
3. Vergeben Sie den Zellen B3 bis B5 sinnvolle Namen und verwenden Sie diese – sofern möglich – in den späteren Formeln und Funktionen.
4. Ermitteln Sie in der Zelle C19 mittels einer geeigneten Funktion die Höhe der gesamten Kapitaleinlagen aller Mitarbeiter.
5. Übernehmen Sie in den Zellen D9 bis D17 durch Zellbezüge die den Mitarbeitern zustehende garantierte Zahlung! Ermitteln Sie weiterhin in der Zelle D19 die Summe der Spalte D. Formatieren Sie diese Ergebnisse auf das Format EUR.
6. Ermitteln Sie in den Zellen E9 bis E17 unter Verwendung einer Formel die Verzinsung des von den Mitarbeitern zur Verfügung gestellten Kapitals. Ermitteln Sie weiterhin in der Zelle E19 die Summe aller Zinsen. Formatieren Sie diese Ergebnisse auf EUR.
7. In der Spalte F sind die Gewinne je Mitarbeiter durch eine Funktion zu ermitteln. Auch hier ist der Gesamtwert zu bestimmen und alle Ergebnisse sind auf EUR zu formatieren.
8. In der Spalte G sollen Sie mithilfe einer geeigneten Funktion den prozentualen Anteil am Gesamtgewinn (Zelle B5) je Kapitalgeber ermitteln! Formatieren Sie das Ergebnis auf Prozent mit zwei Nachkommastellen.
9. Abschließend soll in der Zelle B23 der Restgewinn sowie in der Zelle B25 der prozentuale Anteil am Gesamtgewinn – unter Angabe von 2 Nachkommastellen – für die Bürodesign GmbH ermittelt werden.
10. Kopieren Sie den Inhalt Ihres Tabellenblattes **Ergebnisse** in das Tabellenblatt 2. Benennen Sie das Tabellenblatt in **Formeln** um. Wechseln Sie dort in die Formelansicht und richten Sie beide Tabellenblätter so ein, dass diese später jeweils auf einer Seite im Querformat und mit den Zeilen-/Spaltenüberschriften ausgedruckt werden können.
11. Drucken Sie – nach nochmaliger Kontrolle – die beiden Tabellenblätter **Ergebnisse** und **Formeln** aus.

	A	B	C	D	E	F	G
1	**Gewinnverteilung für neues Produkt**						
2							
3	garantierte Zahlung	500,00 €					
4	Verzinsung	6,00%					
5	Gesamtgewinn	45.000,00 €					
6							
7							
8	Name	Vorname	Kapitaleinlage	garantierte Zahlung	Verzinsung	Gewinn je Mitarbeiter	prozentualer Anteil am Gesamtgewinn
9	Schneider	Inge	7.700,00 €				
10	Pyplo	Jutta	4.400,00 €				
11	Hagemann	Mark	6.100,00 €				
12	Wagner	Chris	3.400,00 €				
13	Sanders	Udo	6.900,00 €				
14	Cussét	Chantal	5.200,00 €				
15	Pesch	Stefanie	2.800,00 €				
16	Fahringer	Ute	5.300,00 €				
17	Belke	Michael	3.200,00 €				
18							
19	Gesamt						
20							
21	**Angaben für Bürodesign GmbH**						
22							
23	Restgewinn						
24							
25	prozentualer Anteil am Gesamtgewinn						

Web

Abbildung 15: *Gewinnverteilung; Tabellenblatt „Ergebnisse"*

4 Logische Funktionen

4.1 WENN-Funktion

Situation:

Der Leiter der Abteilung Rechnungswesen, Herr Taube, beauftragt Sie, mithilfe eines Tabellenkalkulationsprogramms die Rabattsätze auf dem Rechnungsformular automatisiert auszugeben bzw. anzeigen zu lassen.

Er teilt Ihnen weiterhin mit, dass ab einer Menge von 20 Stück ein Rabatt von 10 % und bei Mengen unter 20 Stück kein Rabatt gewährt werden soll.

Wenn das Tabellenkalkulationsprogramm in Abhängigkeit einer bestimmten Größe (hier: Menge) zwischen zwei verschiedenen Möglichkeiten (hier: Rabattsatz von 0 % und 10 %) wählen soll, empfiehlt sich die Nutzung der **WENN-Funktion**! Syntax der Funktion: **=WENN(PRÜFUNG;DANN-Wert;SONST-Wert)**

Nachfolgend ist der Aufbau der WENN-Funktion in Form eines Struktogramms dargestellt:

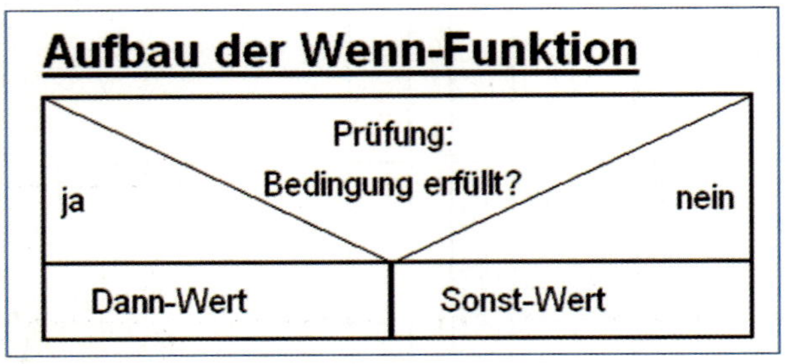

Abbildung 1: *Grundlegendes Struktogramm der WENN-Funktion*

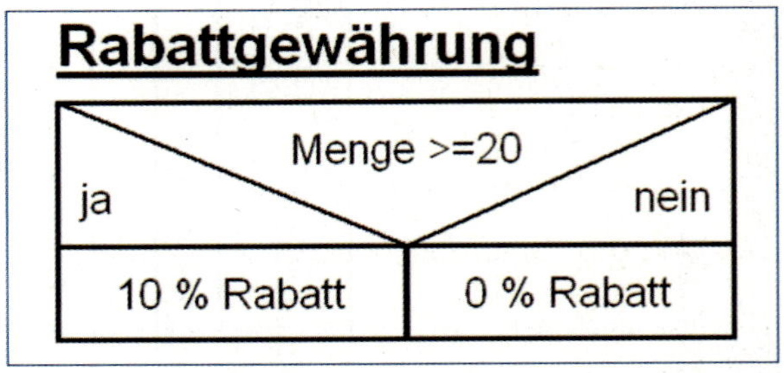

Abbildung 2: *Struktogramm der WENN-Funktion am Beispiel der Rabattgewährung*

Das Tabellenkalkulationsprogramm prüft, ob der jeweilige Artikel in einer Menge von mindestens 20 Stück gekauft wurde. Stehen in der Rechnung zum jeweiligen Artikel weniger als 20 Einheiten, so erhält der Kunde keinen Rabatt. Wenn der Kunde allerdings von dem jeweiligen Artikel mindestens 20 Stück bezogen hat, wird ihm ein Mengenrabatt von 10 % gewährt. Die entsprechende **Prüfung** für die abgebildete Rechnung (siehe Abbildung 3) in Zelle F23 lautet somit: **=WENN(D23>=$A$38;**

Anmerkung:

Ein gemischter Bezug ist hier ausreichend: statt $A$38 ➔ A$38. Im Folgenden wird auf die Unterscheidung von absoluten und gemischten Bezügen nur eingegangen, wenn dies für die Lösung der Problemstellung relevant ist.

Wird diese Prüfung vom Tabellenkalkulationsprogramm als **WAHR** bestätigt, folgt hinter dem ersten Semikolon der dargestellte **DANN-Wert**. Fortführung des obigen Beispiels: =WENN(D23>=$A$38;**$B$38**

Da in diesem Fall die Prüfung allerdings zur Antwort **FALSCH** führt (denn in Zelle D23 steht die Menge „10"), benötigt das Tabellenkalkulationsprogramm noch die Angabe des sog. **SONST-Wertes**. Dieser wird hinter dem zweiten Semikolon angegeben. Fortführung des obigen Beispiels: =WENN(D23>=$A$38;$B$38;**$B$37**)

Anmerkung:

Die Zellen A38, B38 und B37 müssen „festgesetzt“ bzw. absolut gesetzt werden, damit beim Kopieren der Funktion bei jeder Position im Rechnungsformular die abgebildete Hilfstabelle berücksichtigt wird.

Nachfolgend ist die vollständige Funktion im Ausschnitt der Tabelle Rechnungsformular dargestellt. Die Zeilen 4 bis 18 und 27 bis 31 wurden ausgeblendet.

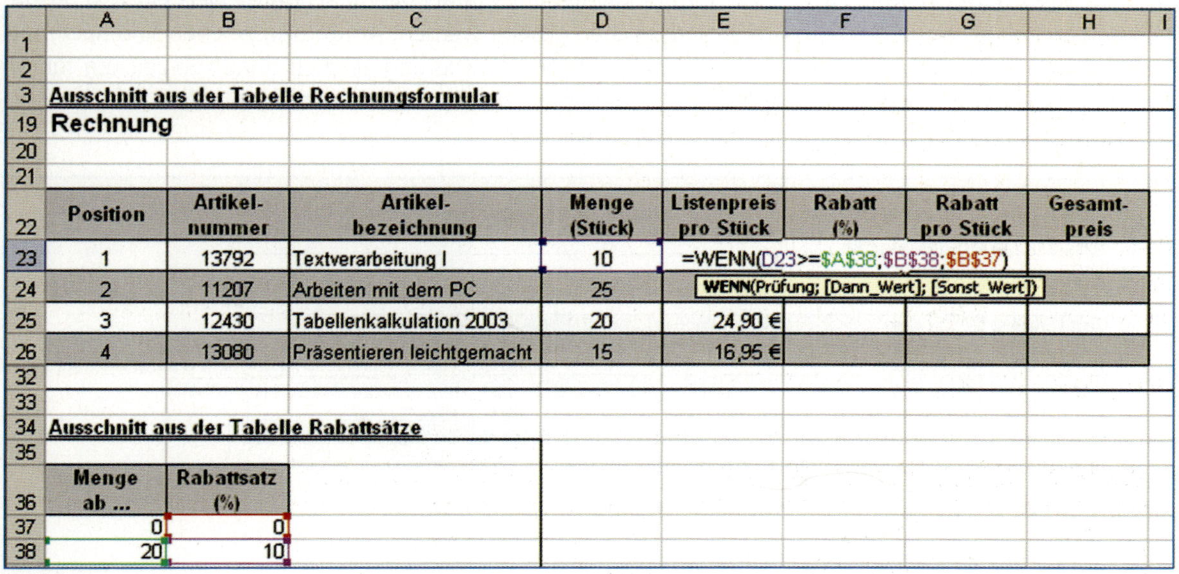

	A	B	C	D	E	F	G	H	I
1									
2									
3	Ausschnitt aus der Tabelle Rechnungsformular								
19	Rechnung								
20									
21									
22	Position	Artikel-nummer	Artikel-bezeichnung	Menge (Stück)	Listenpreis pro Stück	Rabatt (%)	Rabatt pro Stück	Gesamt-preis	
23	1	13792	Textverarbeitung I	10	=WENN(D23>=$A$38;$B$38;$B$37)				
24	2	11207	Arbeiten mit dem PC	25	WENN(Prüfung; [Dann_Wert]; [Sonst_Wert])				
25	3	12430	Tabellenkalkulation 2003	20	24,90 €				
26	4	13080	Präsentieren leichtgemacht	15	16,95 €				
32									
33									
34	Ausschnitt aus der Tabelle Rabattsätze								
35									
36	Menge ab ...	Rabattsatz (%)							
37	0	0							
38	20	10							

***Abbildung 3:** Einführung der WENN-Funktion*

Anmerkung:

Die folgende Funktion führt **nicht** zum richtigen Ergebnis: =WENN(D23>=$A$37;$B$37;$B$38). Die Prüfung (D23>=$A$37) bedeutet: „Wenn die Menge größer oder gleich 0 ist, dann ...“. Alle Mengen (z. B. Position 1 = 10 Stück, Position 4 = 15 Stück usw.) erfüllen diese Bedingung. Für jede Menge wird so kein Rabatt (Rabatt = 0 %) gewährt. Der Grund dafür liegt darin, dass die „Arbeit“ der Funktion dann endet, wenn sie eine positive Antwort (WAHR) erhält. Dies ist bei der o. g. Funktion bei 0 und jeder positiven Zahl gegeben.

Arbeitsauftrag 1:

Stellen Sie die abgebildeten Tabellen in einem Tabellenkalkulationsprogramm dar und tragen Sie die erforderlichen Funktionen ein.

Die WENN-Funktion kann auch mit anderen Funktionen verknüpft werden. Soll in einer Spalte „Anmerkung“ (siehe Abbildung 4) die Position bzw. der Artikel mit dem größten Umsatz als „umsatzstärkster Artikel“ ausgewiesen werden, muss die WENN-Funktion prüfen, ob der jeweilige Artikel den größten Gesamtpreis aller Artikel aufweist. Ausgangspunkt ist hier wieder die Position 1. Die relevanten Werte sind die Gesamtpreise in den Zellen von H23 bis H26.

Da hier zwei Zustände möglich sind (der Artikel ist der mit dem größten Umsatz **oder** nicht), ist eine WENN-Funktion notwendig. Da der umsatzstärkste Artikel derjenige ist, der den größten Gesamtpreis hat, muss zudem die **MAX-Funktion** verwendet werden.

Die Prüfung in der Zelle I23 lautet somit: **=WENN(H23=MAX($H$23:$H$26);**

Anmerkung:

Der Zellbereich von H23 bis H26 muss „festgesetzt" bzw. absolut adressiert werden, damit beim Kopieren der Funktion alle Gesamtpreise der jeweiligen Artikel berücksichtigt werden.

Der gewünschte **DANN-Wert** muss per Tastatur eingegeben werden. Wenn als **DANN-Wert** ein Text ausgegeben werden soll, muss dieser in Anführungszeichen gesetzt werden. Anführungszeichen sind auch notwendig, wenn man als Antwort nichts ausgeben soll. Zwei Anführungszeichen ohne Leerzeichen führen zur Ausgabe einer leeren Zelle. Die vollständige Funktion in der Zelle I23 lautet somit:
=WENN(H23=MAX($H$23:$H$26);"umsatzstärkster Artikel";"")

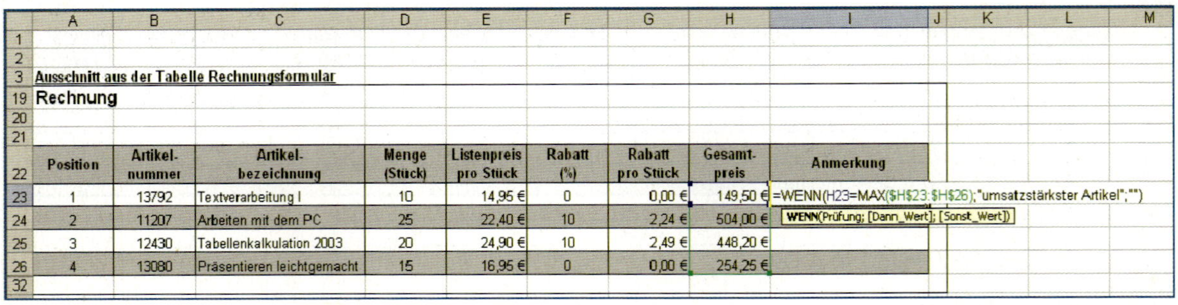

	A	B	C	D	E	F	G	H	I	J	K	L	M
1													
2													
3	Ausschnitt aus der Tabelle Rechnungsformular												
19	Rechnung												
20													
21													
22	Position	Artikel-nummer	Artikel-bezeichnung	Menge (Stück)	Listenpreis pro Stück	Rabatt (%)	Rabatt pro Stück	Gesamt-preis	Anmerkung				
23	1	13792	Textverarbeitung I	10	14,95 €	0	0,00 €	149,50 €	=WENN(H23=MAX($H$23:$H$26);"umsatzstärkster Artikel";"")				
24	2	11207	Arbeiten mit dem PC	25	22,40 €	10	2,24 €	504,00 €	WENN(Prüfung; [Dann_Wert]; [Sonst_Wert])				
25	3	12430	Tabellenkalkulation 2003	20	24,90 €	10	2,49 €	448,20 €					
26	4	13080	Präsentieren leichtgemacht	15	16,95 €	0	0,00 €	254,25 €					
32													

Abbildung 4: *WENN-Funktion in Kombination mit der MAX-Funktion*

Arbeitsauftrag 2:

Ergänzen Sie die Spalte „Anmerkung" in den Zellen I22 bis I26 und tragen Sie in die Zellen I23 bis I26 die erforderlichen Funktionen ein.

Exkurs: Mathematische Operanden

Häufig treten Probleme bei der Wahl des richtigen mathematischen Zeichens auf, das für die zu erfüllende Aufgabe notwendig ist. Im Folgenden finden Sie einen Überblick über die bedeutendsten Zeichen:

Bedingung:	damit die Bedingung erfüllt ist, muss die Zahl ...	folgende Zahlen erfüllen die Bedingung:
A1 > 10	**größer als** die Zahl 10 sein.	11, 12, 13, ..., 999.999.999
A1 >= 10	entweder **größer als** die Zahl 10 **oder gleich** der Zahl 10 sein.	10, 11, 12, ... , 999.999.999
A1 = 10	**gleich** (identisch mit) der Zahl 10 sein.	10
A1 < 10	**kleiner als** die Zahl 10 sein.	9, 8, 7, ..., -999.999.999
A1 <= 10	entweder **kleiner als** die Zahl 10 **oder gleich** der Zahl 10 sein.	10, 9 , 8, 7, ..., -999.999.999
A1 <> 10	**ungleich** der Zahl 10 sein.	-999.999.999 bis 9,9999999 **bzw.** 10,0000001 bis 999.999.999

4.2 Übungsaufgaben zur WENN-Funktion

4.2.1 Angebotsvergleich 1

Situation:

Frau Helga Pfeiffer aus der Abteilung Beschaffung teilt Ihnen mit, dass ein Flachbettscanner in das Sortiment der Bürodesign GmbH aufgenommen werden soll. Da als mögliche Lieferer mehrere Unternehmen infrage kommen, muss ein Angebotsvergleich durchgeführt werden. Bisher wurden in der Bürodesign GmbH Angebotsvergleiche immer manuell mittels eines Formulars (siehe Abbildung 6: Angebotsvergleich) durchgeführt. Als Auszubildender der Bürodesign GmbH erhalten Sie von Frau Pfeiffer den Auftrag, diesen Vorgang mithilfe eines Tabellenkalkulationsprogramms zu automatisieren. Es liegen folgende Angebote vor:

Lieferer	Listeneinkaufspreis in Euro	Rabatt in Prozent	Skonto in Prozent	Lieferzeit in Wochen	Zuverlässigkeit
Bürotec GmbH	120,00	30,0	1,0	2	1
Computec GmbH & Co. KG	112,50	15,0	1,5	4	2
Jansen OHG	117,50	45,0	2,0	4	1
Latex AG	92,50	30,0	0,0	2	3

Abbildung 5: *Übersicht der Angebote für Angebotsvergleich*

	A / B	C	D	E	F	G	H	I	J
1	Angebotsvergleich								
2									
3	Anbieter	Bürotec GmbH		Computec GmbH & Co. KG		Jansen OHG		Latex AG	
4	Artikelbezeichnung	TecScan3000		CT2400		JanSca4001F		LX 90Z	
5	Listeneinkaufspreis								
6	- Rabatt								
7	= Zieleinkaufspreis								
8	- Skonto								
9	= Bareinkaufspreis								
10									
11	Lieferzeit (in Wochen)								
12	Zuverlässigkeit								
13									
14	niedrigster Preis								

Abbildung 6: *Angebotsvergleich*

Arbeitsaufträge:

1. Speichern Sie eine Arbeitsmappe unter dem Namen **Angebotsvergleich_1** ab. Speichern Sie die Datei regelmäßig, um Datenverluste zu vermeiden.
2. Übertragen Sie das Formular einschließlich aller Formatierungen in ein leeres Tabellenblatt. Geben Sie diesem Tabellenblatt den Namen **Ergebnis**.
3. Geben Sie die Daten der vorliegenden Angebote (siehe oben) ein.
4. Ermitteln Sie mithilfe geeigneter Formeln und Funktionen
   a) in Zeile 9 den Bareinkaufspreis pro Lieferer und Artikel,
   b) die Auswertung für die Lieferzeit. Es gilt, dass alle Lieferanten, die innerhalb von zwei Wochen liefern können, in der entsprechenden Zelle (z. B. D11) mit einem „OK" gekennzeichnet werden;
   c) die Auswertung für die Zuverlässigkeit. Es gilt, dass alle Lieferanten, deren Zuverlässigkeit bei „1" liegt, mit einem „OK" gekennzeichnet werden. Alle anderen Lieferer bleiben ohne Kennzeichnung;

   d) den niedrigsten Preis. Der Lieferer mit dem niedrigsten Preis ist mit einem „X" zu kennzeichnen. Alle anderen Lieferer bleiben ohne Kennzeichnung.
5. Erstellen Sie in einem weiteren Tabellenblatt mit dem Namen **Formeln** die Formelansicht.
6. Fügen Sie unterhalb der Tabelle im Tabellenblatt Ergebnis ein Textfeld ein. Entscheiden Sie sich für einen Lieferanten und begründen Sie Ihre Entscheidung mithilfe der berechneten Werte. Formulieren Sie in ganzen Sätzen und achten Sie auf eine gute Ausdrucksweise.
7. Für das Drucklayout gelten folgende Vorgaben:
   a) Die Tabellenblätter sollen im Format DIN A4 quer auf je einer Seite ausgedruckt werden.
   b) In der Fußzeile unten links soll automatisch der Dateiname und in der Fußzeile unten rechts soll Ihr Name ausgewiesen werden.
   c) Beide Tabellenblätter sind mit Zeilen- und Spaltenüberschriften sowie mit Gitternetzlinien auszudrucken.

4.2.2 Lohnberechnung

Situation:

Sie sind im Bereich Personal der Abteilung Verwaltung eingesetzt. Die Bereichsleiterin, Frau Ferl, beauftragt Sie, die monatliche Lohnberechnung für die in der Produktion beschäftigten Arbeitnehmer durchzuführen.

Frau Ferl teilt Ihnen mit, dass sich der Monatslohn der Mitarbeiter aus dem Stückakkord und einer Qualitätsprämie zusammensetzt. Ihre Aufgabe besteht in der Ermittlung des Monatslohns sowie des voraussichtlichen Jahreslohns mithilfe der nachfolgend abgebildeten Tabelle.

	A	B	C	D	E	F	G	H	I
1	Übersicht über den Lohn unserer Mitarbeiter für diesen Monat								
2									
3									
4	Fertigungsmenge ab ... Stück	Lohn pro Stück		fehlerhafte Stückzahl ab ...	Qualitätsprämie pro Monat			Abrechnungs-datum:	
5	0	8,70 €		0	180,00 €				
6	200	9,20 €		5	0,00 €				
7									
8									
9	Mitarbeiter-Nr.	Mitarbeiter-Name	Fertigungsmenge pro Monat	davon waren ... Stück fehlerhaft	Lohn pro Stück	Qualitätsprämie	Gesamtlohn für den aktuellen Monat	voraussichtlicher Jahreslohn	Mitarbeiter mit dem höchsten Monatslohn
10	0012	Albers, Jürgen	208	4					
11	0014	Brahmer, Tanja	196	2					
12	0017	Dinkel, Sabine	224	6					
13	0021	Dietrichs, Bernd	204	3					
14	0022	Ehrmann, Udo	192	1					
15	0024	Franzen, Jasmin	224	5					
16	0027	Gebering, Michael	212	2					
17	0032	Leitz, Manfred	186	1					
18	0035	Nietzke, Anita	204	7					
19	0036	Polling, Elvira	193	2					
20	0039	Quandt, Thorsten	211	4					
21	0041	Wilhelm, Jochen	235	5					
22									
23	Gesamt	-----	-----		-----				
24	Durchschnitt	-----							

***Abbildung 7:** Lohnberechnung*

Arbeitsaufträge:

1. Übernehmen Sie die abgebildete Tabelle inklusive aller Werte und Formatierungen in das Tabellenblatt 1 und speichern Sie die Arbeitsmappe unter dem Dateinamen **Lohnberechnung** ab.
2. Ermitteln Sie in der Zelle I4 mithilfe einer Funktion das aktuelle Datum.
3. Ermitteln Sie mithilfe von WENN-Funktionen
   a) den Lohn pro Stück in der Spalte E in Abhängigkeit zur Fertigungsmenge pro Monat,
   b) die Höhe der Qualitätsprämie in der Spalte F in Abhängigkeit zu den Werten in Spalte D.
4. Berechnen Sie mithilfe geeigneter Formeln und Funktionen
   a) in Spalte G den Gesamtlohn für den aktuellen Monat. Berücksichtigen Sie, dass fehlerhafte Produkte nicht vergütet werden;
   b) in Spalte H den voraussichtlichen Jahreslohn.
5. Kennzeichnen Sie unter Verwendung einer WENN-Funktion den Mitarbeiter mit dem höchsten Monatslohn mit einem „X". Die Zellen der übrigen Mitarbeiter sollen leer bleiben.
6. Ermitteln Sie in den Zeilen 23 und 24 mithilfe von geeigneten Funktionen die geforderten Werte. Beachten Sie hierbei, dass die gestrichenen Zellen ohne Berechnung bleiben sollen.
7. Formatieren Sie alle Euro-Werte im Format „Währung" (€) mit zwei Nachkommastellen.
8. Kopieren Sie die Inhalte aus dem Tabellenblatt 1 in das Tabellenblatt 2 und wechseln Sie dort in die Formelansicht.
9. Benennen Sie das Tabellenblatt 1 als **Ergebnis**, Tabellenblatt 2 als **Formeln**.
10. Richten Sie beide Tabellenblätter so ein, dass diese mit **Zeilen- und Spaltenüberschriften** auf jeweils einer Seite im **Querformat** ausgedruckt werden können. Weiterhin sollen beide Tabellenblätter in der Kopfzeile sowohl Ihren **Namen** als auch das **heutige Datum** enthalten.

4.2.3 Gesundheitsbonus

Situation:

Da Sie im Rahmen der Lohnberechnung (siehe Aufgabe 4.2.2) bereits einige Erfahrung gesammelt haben, sollen Sie nun die Gehälter der Mitarbeiter im Monat Januar 02 berechnen.

Als Grundlage dient neben zwei unterschiedlichen Gehaltsklassen noch ein Zuschlag für Mitarbeiter mit geringen Fehlquoten. Diese Gesundheitsprämie wird gemeinsam mit dem Gehalt im Januar des jeweiligen Folgejahres (02) ausgezahlt. Ihre Aufgabe besteht darin, mithilfe der nachfolgenden Tabelle diese Berechnung automatisiert durchzuführen.

	A	B	C	D	E	F	G	H	I	J	K
1	**Ermittlung des Gesundheitsbonus für das Jahr 02**										
2											
3											
4	**Ausgangswerte:**			**Grundgehalt pro Monat:**			**Voraussetzungen für die Gesundheitsprämie:**				
5											
6	Arbeitstage lt. Tarifvertrag:	230		Gehaltsklasse	Gehalt		Fehlquote bis ... Prozent	Gesundheits-prämie			
7				A	2.200,00 €		4%	300,00 €			
8				B	2.050,00 €						
9											
10											
11	**Rechenbereich:**										
12											
13	Name	Arbeitstage lt. Tarifvertrag	Gehaltsklasse	Gehalt	Fehltage	Fehlquote	Gesundheits-prämie	Sonderprämie	Gehalt Januar 02	unterdurch-schnittliche Fehlquote	Persönliches Gespräch
14	Behrends, Anita		A		13						
15	Classens, Jochen		B		22						
16	Grönewald, Dagmar		A		8						
17	Höver, Bianca		A		3						
18	Klöver, André		B		31						
19	Osteresch, Jutta		A		9						
20	Petersen, Markus		A		7						
21	Riester, Christian		B		17						
22	Teichmann, Steffi		B		9						
23	Wilms, Holger		A		14						
24											
25											
26	**gesamte Fehltage aller Mitarbeiter**										

Abbildung 8: *Gesundheitsbonus*

Arbeitsaufträge:

1. Übernehmen Sie die abgebildete Tabelle inklusive aller Werte und Formatierungen in ein Tabellenblatt und speichern Sie die Arbeitsmappe (Datei) in Ihrem Arbeitsverzeichnis unter dem Namen **Gesundheitsbonus** ab.
2. Speichern Sie Ihre Datei in regelmäßigen Abständen – spätestens jedoch alle fünf Minuten ab – um Datenverlust zu vermeiden.
3. Benennen Sie das Tabellenblatt 1 als **Ergebnis** und das Tabellenblatt 2 als **Formeln**.
4. Vergeben Sie für die Zellen B6 und H7 sinnvolle Namen und verwenden Sie diese – sofern möglich – in den späteren Formeln und Funktionen.
5. Übernehmen Sie in Spalte B für alle Mitarbeiter per Zellbezug die Arbeitstage, die laut Tarifvertrag pro Jahr zu arbeiten sind.
6. Ermitteln Sie mithilfe von geeigneten Formeln bzw. Funktionen
   a) in der Spalte D das jeweilige Gehalt der Mitarbeiter in EUR,
   b) in der Spalte F die Fehlquote des jeweiligen Mitarbeiters. Die Fehlquote soll als Prozent formatiert mit zwei Nachkommastellen ausgegeben werden;
   c) in der Spalte G die Gesundheitsprämie in EUR. Die Höhe der Prämie hängt von den in den Zellen G6 bis H7 aufgeführten Angaben ab;
   d) in der Spalte H die Sonderprämie in EUR. Die Sonderprämie in Höhe von 500,00 EUR erhält nur der Mitarbeiter, der die kleinste Fehlquote im Jahr 01 hatte. Alle anderen Mitarbeiter erhalten an dieser Stelle keine Zahlung;
   e) in Spalte I die Höhe des Gehaltes in EUR je Mitarbeiter für den Monat Januar 02;
   f) in der Spalte J alle Mitarbeiter, die eine unterdurchschnittliche Fehlquote aufweisen können. Diese Mitarbeiter sollen durch ein „X" gekennzeichnet werden. Die Zellen aller anderen Mitarbeiter sollen leer bleiben;
   g) in der Spalte K den Mitarbeiter, mit dem aufgrund der höchsten Fehlquote der Vorgesetzte ein persönliches Gespräch führen soll. Auch hier soll ein „X" diesen Mitarbeiter kennzeichnen.
7. Ermitteln Sie mithilfe einer geeigneten Funktion in der Zelle C26 die gesamte Anzahl an Fehltagen aller Mitarbeiter für das Jahr 01.
8. Formatieren Sie alle Zellen, in denen Währungsbeträge enthalten sind, im Format „Währung" (€) mit zwei Nachkommastellen.
9. Kopieren Sie den Inhalt des Tabellenblattes **Ergebnis** in das Tabellenblatt **Formeln** und schalten Sie dort in die Formelansicht um. Passen Sie das Tabellenblatt **Formeln** so an, dass alle Formeln und Funktionen vollständig lesbar sind.
10. Richten Sie beide Tabellenblätter so ein, dass diese im **Querformat** ausgedruckt werden können. Die Tabellenblätter sollen neben den **Spalten- und Zeilenüberschriften** auch Ihren **Namen**, **den Dateinamen** und das **heutige Datum** in der Kopfzeile enthalten. Beachten Sie, dass das Tabellenblatt **Formeln** auf 2 Seiten breit ausgedruckt wird.

4.3 Verschachtelte WENN-Funktion

Situation:

Sie sind in die Abteilung Rechnungswesen zurückgekehrt. Herr Taube ist sehr zufrieden mit Ihrer bisherigen Automatisierung des Rechnungsformulars. Die Rabattgewährung soll in Zukunft differenzierter stattfinden, d. h. die Rabattstaffel hat sich erweitert.
Herr Taube teilt Ihnen weiterhin mit, dass bei einer Menge unter 10 Stück kein Mengenrabatt gewährt werden soll. Ab einer Menge von 10 Stück soll ein Rabatt von 10 %, bei Mengen ab 20 Stück ein Rabatt von 15 % gewährt werden. Ihre Aufgabe besteht darin, das Rechnungsformular dahin gehend zu verändern.

Wenn das Tabellenkalkulationsprogramm in Abhängigkeit einer bestimmten Größe (z. B. Abnahmemenge eines Kunden) zwischen **mehr als zwei** verschiedenen Möglichkeiten wählen soll, reicht die Nutzung der einfachen WENN-Funktion nicht mehr aus. In einem solchen Fall kann die Nutzung der **verschachtelten WENN-Funktion** zur Lösung des betriebswirtschaftlichen Problems genutzt werden.

Nachfolgend ist der Aufbau der verschachtelten WENN-Funktion in Form eines Struktogramms dargestellt:

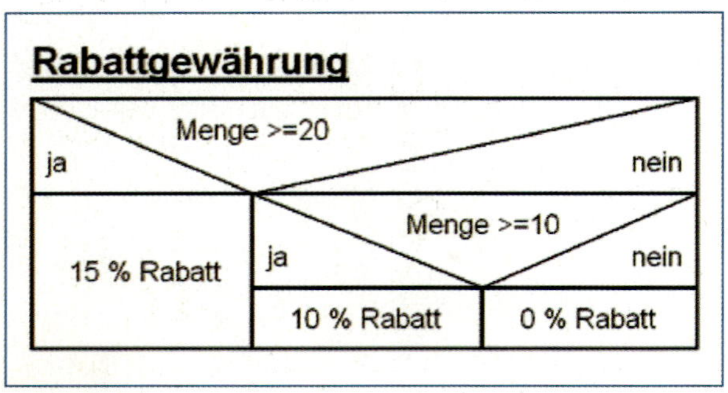

Abbildung 9: *Struktogramm der verschachtelten WENN-Funktion am Beispiel der Rabattgewährung*

Im nachfolgenden Beispiel soll das Tabellenkalkulationsprogramm in den Zellen F23 bis F26 ermitteln, welcher Rabattsatz in Abhängigkeit von der jeweiligen Menge für den jeweiligen Artikel gilt. Für den Artikel mit der Position 1 (Art.-Nr.: 13792) wird aufgrund der Menge von 10 Stück ein Rabattsatz von 10 % gewährt. Zur Lösung des Problems muss zunächst mit der Eingabe der Funktion in der Zelle F23 begonnen werden. Wie aus der „einfachen" WENN-Funktion bekannt, beginnt die Eingabe wie folgt: **=WENN(D23>=$A$39;$B$39;**

	A	B	C	D	E	F	G	H
1								
2								
3	Ausschnitt aus der Tabelle Rechnungsformular							
19	Rechnung							
20								
21								
22	Position	Artikel-nummer	Artikel-bezeichnung	Menge (Stück)	Listenpreis pro Stück	Rabatt (%)	Rabatt pro Stück	Gesamt-preis
23	1	13792	Textverarbeitung I		=WENN(D23>=$A$39;$B$39;			
24	2	11207	Arbeiten mit dem PC	25	2 WENN(Prüfung; [Dann_Wert]; [Sonst_Wert])			
25	3	12430	Tabellenkalkulation 2003	20	24,90 €			
26	4	13080	Präsentieren leichtgemacht	15	16,95 €			
32								
33								
34	Ausschnitt aus der Tabelle Rabattsätze							
35								
36	Menge ab ...	Rabattsatz (%)						
37	0	0						
38	10	10						
39	20	15						

Abbildung 10: *Die verschachtelte WENN-Funktion*

An dieser Stelle führt die Anwendung der „einfachen" WENN-Funktion nicht zum gewünschten Ergebnis. Statt **eines** SONST-Wertes verbleiben in diesem Beispiel noch zwei Möglichkeiten (nämlich 10 % oder 0 %). Bei der Eingabe der Zelle B38 als SONST-Wert würden die Rabattsätze 15 % und 10 % berücksichtigt. Es fehlt allerdings noch der verbleibende **dritte** Wert (0 %). Dieser kann nicht mehr eingetragen werden, da die „einfache" WENN-Funktion durch die Angabe eines DANN-Wertes und eines SONST-Wertes beendet ist.

An dieser Stelle ermöglicht das Tabellenkalkulationsprogramm, nicht nur **eine** Zelle (oder **einen** Wert bzw. Text) als SONST-Wert anzugeben, sondern eine komplett neue WENN-Funktion zu **verschachteln**. Mit dieser **verschachtelten WENN-Funktion** können die noch verbleibenden zwei Möglichkeiten erfasst werden. Die Funktion kann somit wie folgt ergänzt werden:
=WENN(D23>=$A$39;$B$39;**WENN(D23>=$A$38;$B$38;**

Durch den fett hervorgehobenen Teil der WENN-Funktion wurden bereits zwei der drei Möglichkeiten berücksichtigt. Es fehlt nur noch eine Möglichkeit. Der Wert der Zelle B37 kann als SONST-Wert der zweiten WENN-Funktion angehängt werden!
=WENN(D23>=$A$39;$B$39;WENN(D23>=$A$38;$B$38;**$B$37))**
Zu beachten ist abschließend, dass am Ende der Funktion zwei Klammern geschlossen werden müssen, da zuvor zwei Klammern geöffnet worden sind.

Hinweis – häufiger Fehler:

Damit die Funktion zu den richtigen Ergebnissen führt, ist es von großer Bedeutung, in welcher Reihenfolge die Menge geprüft wird. Die folgende Funktion berücksichtigt zwar ebenfalls alle Mengen, kommt aber zu einem falschen Ergebnis:
=WENN(D23>= $A$37 ;$B$37;WENN(D23>=$A$38;$B$38;$B$39))
=WENN(D23>= 0; 0;WENN(D23>= 10; 10; 15))

Menge

1	2	3	4	5	6	7	8	9	10	11	12	13	14	15	16	17	18	19	20	21

Preis pro Erzeugnis

0 [%]	10 [%]	15 [%]

Bei Verwendung der oben stehenden Funktion würde auch bei einer Menge von 25 Artikeln die folgende Prüfung erfolgen: =WENN(25>=0; 0; ...

Obwohl festgelegt wurde, dass eine Bestellmenge von 25 Stück zu einem Rabattsatz von 15 % führen soll, würde die WENN-Funktion hier den Rabattsatz von 0 % ausgeben. Der Grund dafür ist, dass die Prüfung (25 größer gleich 0) als wahr betrachtet und so der zugehörige DANN-Wert ausgegeben wird. Bei einer positiven Prüfung wird das zugehörige Ergebnis (DANN-Wert) ausgegeben und an dieser Stelle beendet. Die verbleibenden Bedingungen werden dann nicht mehr „untersucht". Nur wenn die erste zu untersuchende Bedingung zu einer negativen Antwort führt, wird die zweite Bedingung untersucht usw.

Arbeitsauftrag 3:

Stellen Sie die auf Seite 56 abgebildeten Tabellen in einem Tabellenkalkulationsprogramm dar und tragen Sie die erforderlichen Funktionen ein.

4.4 Übungsaufgaben zur verschachtelten WENN-Funktion

4.4.1 Provisionsabrechnung

Situation:

Zurück in der Personalabteilung sollen Sie sich, so Frau Ferl, mit weiteren Entgeltberechnungen beschäftigen. Nun sollen am Ende des Monats Januar – wie jeden Monat – die Provisionsabrechnungen für die Verkaufsmitarbeiter/innen aus der Abteilung Absatz erstellt werden.

Frau Ferl teilt Ihnen mit, dass die Höhe der Provision abhängig von der Höhe des erzielten Umsatzes ist. Ihre Aufgabe ist es, die Provisionsabrechnung mit einem Tabellenkalkulationsprogramm zu automatisieren.

	A	B	C	D	E	F
1	Provision und Entgelt der Verkaufsmitarbeiter/innen für Januar					
2						
3	Fixum	2.500,00 €				
4						
5	Mitarbeiter/in	Umsatz in Euro	anteiliger Umsatz in Prozent	Provision in Prozent	Provision in Euro	Gesamtentgelt in Euro
6	Grohe	45.000,00				
7	Oberndorf	51.000,00				
8	Üstün	42.000,00				
9	Wutzler	39.000,00				
10	Dose	61.000,00				
11	Feld	54.000,00				
12						
13						
14	Hilfstabelle					
15	Umsatz ab	Provision				
16	40.000,00 €	2,0%				
17	60.000,00 €	3,0%				
18	80.000,00 €	4,0%				

Abbildung 11: *Provisionsabrechnung*

Arbeitsaufträge:

1. Erfassen Sie das oben abgebildete Formular einschließlich aller Formate in einem leeren Tabellenblatt. Geben Sie dem Tabellenblatt den Namen **Ergebnis** und speichern Sie die Mappe unter dem Namen **Provisionsabrechnung** ab. Speichern Sie die Datei regelmäßig, um Datenverluste zu vermeiden.
2. Geben Sie der Zelle B3 den Namen „Fixum" und dem Zellbereich B6 bis B11 den Namen „Umsatz".

3. Ermitteln Sie mithilfe geeigneter Formeln und Funktionen und – sofern möglich – unter Verwendung der Namen:
   a) in Spalte C den Umsatzanteil der einzelnen Mitarbeiter am Gesamtumsatz. Formatieren Sie den Wert als „Zahl" mit zwei Nachkommastellen,
   b) in Spalte D die Provision in Prozent. Formatieren Sie den Wert als „Zahl" mit zwei Nachkommastellen,
   c) in Spalte E die Provision in EUR,
   d) in Spalte F das Gesamtentgelt in EUR.
4. Formatieren Sie alle Euro-Beträge als „Zahl" mit zwei Nachkommastellen und „1.000er-Trennzeichen".
5. Erstellen Sie in einem weiteren Tabellenblatt mit dem Namen Formeln die Formelansicht.
6. Für das Drucklayout gelten folgende Vorgaben:
   a) Die Tabellenblätter sollen im Format DIN A4 quer auf je einer Seite ausgedruckt werden.
   b) In der Fußzeile unten links soll automatisch der **Dateiname**, in der Fußzeile unten rechts soll Ihr **Name** und in der Mitte **das aktuelle Datum** ausgewiesen werden.
   c) Beide Tabellenblätter sind mit **Zeilen- und Spaltenüberschriften** sowie mit **Gitternetzlinien** auszudrucken.

4.4.2 Wochenlohn

Situation:

Frau Ferl teilt Ihnen mit, dass einige Mitarbeiter aus der Abteilung Produktion zusätzlich zur jeweiligen Entgeltberechnung wöchentlich über den erarbeiteten Wochenlohn informiert werden sollen.

Dieser Wochenlohn setzt sich neben dem Stückakkord auch aus einer Qualitätsprämie zusammen. Ihre Aufgabe ist es, den Wochenlohn sowie den voraussichtlichen Monatslohns mithilfe der nachstehend abgebildeten Tabelle automatisiert auszugeben.

	A	B	C	D	E	F	G	H	I
1	**Übersicht über den Lohn unserer Mitarbeiter für diese Woche**								
2									
3									
4	Fertigungsmenge ab ... Stück	Lohn pro Stück		fehlerhafte Stückzahl ab ...	Qualitätsprämie pro Woche		Datum/Uhrzeit:		
5	0	8,70 €		0	80,00 €				
6	30	9,20 €		3	30,00 €				
7	50	9,70 €		5	0,00 €				
8									
9									
10	Mitarbeiter-Nr.	Mitarbeiter-Name	Fertigungsmenge pro Woche	davon waren ... Stück fehlerhaft	Lohn pro Stück	Qualitätsprämie	Gesamtlohn für die aktuelle Woche	voraussichtlicher Monatslohn	Mitarbeiter mit überdurchschnittlichem Wochenlohn
11	0017		52	3					
12	0012		47	1					
13	0014		56	5					
14									
15									
16	Mitarbeiter-Nr.	Mitarbeiter-Name							
17	0012	Albers, Jürgen							
18	0014	Brahmer, Tanja							
19	0017	Dinkel, Sabine							

Abbildung 12: *Wochenlohn*

Arbeitsaufträge:

1. Übernehmen Sie zunächst die Tabelle inklusive aller Werte und Formatierungen in das Tabellenblatt 1, geben Sie dem Tabellenblatt den Namen **Ergebnis** und speichern Sie die Arbeitsmappe unter dem Namen **Wochenlohn**.
2. Speichern Sie in regelmäßigen Abständen Ihre Ergebnisse ab – spätestens jedoch alle fünf Minuten – um sich so vor Datenverlust zu schützen.
3. Ermitteln Sie in der Zelle H4 mithilfe einer geeigneten Funktion das aktuelle Datum sowie die aktuelle Uhrzeit.
4. Ermitteln Sie mithilfe von verschachtelten WENN-Funktionen
   a) den jeweiligen Mitarbeiter-Namen in der Spalte B. Bei fehlerhafter Eingabe einer Mitarbeiter-Nr. soll der Hinweis „Fehleingabe" erfolgen;
   b) den Lohn pro Stück in der Spalte E;
   c) die Höhe der Qualitätsprämie in der Spalte F.
5. Berechnen Sie mithilfe geeigneter Formeln und Funktionen
   a) in Spalte G den Gesamtlohn (inklusive Qualitätsprämie) für die aktuelle Woche. Hierbei ist zu beachten, dass fehlerhafte Erzeugnisse nicht vergütet werden;
   b) in Spalte H den voraussichtlichen Monatslohn.
6. Kennzeichnen Sie unter Verwendung einer WENN-Funktion die Mitarbeiter mit einem überdurchschnittlichen Wochenlohn. Diese sollen jeweils durch ein „X" gekennzeichnet werden. Die Zellen der übrigen Mitarbeiter sollen leer bleiben.
7. Formatieren Sie alle Euro-Werte im Format „Währung" (€) mit zwei Nachkommastellen.
8. Kopieren Sie die Inhalte aus dem Tabellenblatt 1 in das Tabellenblatt 2 und wechseln Sie dort in die Formelansicht.
9. Benennen Sie das Tabellenblatt 2 als **Formeln**.
10. Richten Sie beide Tabellenblätter so ein, dass diese mit **Zeilen- und Spaltenüberschriften** auf jeweils einer Seite im **Querformat** ausgedruckt werden können. Weiterhin sollen beide Tabellenblätter in der Kopfzeile Ihren **Namen**, **den Dateinamen** und das **heutige Datum** enthalten.

4.4.3 Jubiläumsprämie

Situation:

Die Geschäftsführer der Bürodesign GmbH, Frau Schmitz und Herr Marlies, möchten ihren Mitarbeitern anlässlich des 20-jährigen Unternehmensjubiläums eine Prämie zukommen lassen. Sie sollen Frau Ferl bei der Berechnung der Prämie unterstützen.

Für die Verteilung der Prämie sollen verschiedene Verteilungsschlüssel angewendet werden. Alle Mitarbeiter erhalten zunächst eine Prämie in Abhängigkeit von der Dauer ihrer Betriebszugehörigkeit. Weiterhin sollen alle Mitarbeiter, die seit mindestens 10 Jahren dem Unternehmen angehören, eine Treueprämie in Höhe von 1.200,00 EUR erhalten. Zusätzlich will die Geschäftsleitung noch eine Sonderprämie in Höhe von 42.000,00 EUR auf alle Mitarbeiter im Verhältnis der Jahre ihrer Betriebszugehörigkeit verteilen.

Ihre Aufgabe ist es, die Jubiläumsprämie mithilfe der nachfolgenden Tabellen auf die Mitarbeiter zu verteilen.

	A	B	C	D	E	F	G
1	**Ermittlung der Jubiläumsprämie**						
2							
3							
4	**Eingabetabelle**				**Hilfstabellen**		
5							
6	Name	Betriebszugehörigkeit in Jahren	Monatsgehalt		Betriebszugehörigkeit ab ... Jahren	Prämie auf Monatsgehalt	
7	Bauersfeld	14	2.600,00 €		0	0%	
8	Dietrich	3	2.950,00 €		3	3%	
9	Fahrenholz	7	3.100,00 €		5	5%	
10	Hellmers	16	4.200,00 €		10	10%	
11	Hoppenstedt	24	3.800,00 €		15	15%	
12	Meyer	6	2.300,00 €				
13	Schultze	10	3.200,00 €		Treueprämie	1.200,00 €	
14					Sonderprämie	42.000,00 €	
15					Mindestzugehörigkeit in Jahren	10	
16							
17							
18	**Ausgabetabelle**						
19							
20	Name	Betriebszugehörigkeit in Jahren	Prämie	Treueprämie	Verteilung der Sonderprämie	Gesamtprämie	Verteilung der Prämie
21							
22							
23							
24							
25							
26							
27							
28							
29	Summe						
30	Durchschnitt						

Abbildung 13: *Jubiläumsprämie*

Arbeitsaufträge:

1. Übernehmen Sie die abgebildete Tabelle inklusive aller Werte und Formatierungen in Ihr Tabellenblatt 1. Benennen Sie das Tabellenblatt als **Ergebnis**. Speichern Sie die Arbeitsmappe unter dem Namen **Jubiläumsprämie**.
2. Vergeben Sie den Zellen F13 bis F15 sinnvolle Namen, die Sie – sofern möglich – in den folgenden Funktionen und Formeln verwenden.
3. Übernehmen Sie im Bereich Ausgabetabelle durch Zellbezug zum Bereich Eingabetabelle die Namen der Mitarbeiter sowie die Betriebszugehörigkeit in Jahren.
4. Ermitteln Sie mithilfe von geeigneten Formeln und Funktionen
   a) die von der Dauer der Betriebszugehörigkeit abhängende Prämie in EUR,
   b) die Treueprämie in EUR, die allen Mitarbeitern gewährt wird, die seit mindestens 10 Jahren dem Unternehmen angehören,
   c) die Höhe der Sonderprämie in EUR je Mitarbeiter. Diese Prämie in der Gesamthöhe von 42.000,00 EUR soll im Verhältnis der Jahre der Betriebszugehörigkeit auf die Mitarbeiter verteilt werden,
   d) in Zelle B30 den Durchschnitt der Betriebszugehörigkeit,
   e) die Summe und den Durchschnitt der in den Spalten C bis F ermittelten Werte,
   f) die prozentuale Verteilung der insgesamt an die Mitarbeiter ausgezahlten Prämien je Mitarbeiter. Formatieren Sie dieses Ergebnis als Prozentzahlen und geben Sie dieses mit zwei Stellen nach dem Komma aus,
   g) die Summe und den Durchschnitt der in der Spalte G ermittelten Werte.
5. Formatieren Sie alle Euro-Werte im Format „Währung" (€) mit zwei Nachkommastellen.

6. Kopieren Sie den Inhalt des Tabellenblattes **Ergebnis** in das Tabellenblatt 2 und benennen Sie dieses als Formeln. Wechseln Sie im Tabellenblatt **Formeln** in die Formelansicht und achten Sie darauf, dass alle Funktionen und Formeln vollständig lesbar sind.
7. Richten Sie beide Tabellenblätter so ein, dass diese im **Querformat** (Tabellenblatt Ergebnis auf einer, Formeln auf zwei Seiten) ausgedruckt werden können. In der Kopfzeile soll jeweils Ihr **Name**, der **Dateiname** und das **aktuelle Datum** erscheinen. Weiterhin sollen beide Tabellen mit **Zeilen- und Spaltenüberschriften** ausgedruckt werden.

4.5 WENN-UND-Funktion und WENN-ODER-Funktion

4.5.1 WENN-UND-Funktion

Situation:

Nach dem mehrwöchigen Aufenthalt im Personalbereich sind Sie wieder in der Abteilung Rechnungswesen eingesetzt, da Herr Taube nochmals Ihre Unterstützung benötigt.

Die Automatisierung des Rechnungsformulars soll nochmals verändert werden. Der Mengenrabatt soll zukünftig nur dem Kunden „Leondörfler GmbH" (Kundennummer: 1008) gewährt werden. Dieser soll bei einer Menge ab 15 Stück einen Rabatt in Höhe von 10 % erhalten.

Bisher wurden betriebswirtschaftliche Problemstellungen mithilfe der WENN-Funktion bzw. der verschachtelten WENN-Funktion gelöst. Dabei musste nur jeweils eine Bedingung erfüllt werden (z. B. Menge >= 10), um einen entsprechenden DANN-Wert auszugeben. Es existieren allerdings auch Problemstellungen, bei denen mindestens zwei Bedingungen erfüllt sein müssen, um einen entsprechenden DANN-Wert auszugeben. Hier führt die Verwendung einer einfachen oder verschachtelten WENN-Funktion nicht zum gewünschten Erfolg, da diese Funktion nur **eine** Prüfung durchführen kann.
Zur Lösung des Problems muss die **WENN-UND-Funktion** genutzt werden. In der o. g. Situation müssen zwei Bedingungen (Wahrheitswerte) erfüllt werden, damit ein Rabatt gewährt wird. Bezogen auf das Rechnungsformular (siehe Abbildung 15) muss der Kunde die Kundennummer 1008 besitzen **und** die Menge einer Position muss größer oder gleich 15 Stück sein. Die WENN-UND-Funktion hat die folgende Syntax:
=WENN(UND(WAHRHEITSWERT1;WAHRHEITSWERT2;...);DANN-Wert;SONST-Wert)

Nachfolgend ist der Aufbau der WENN-UND-Funktion in Form eines Struktogramms dargestellt:

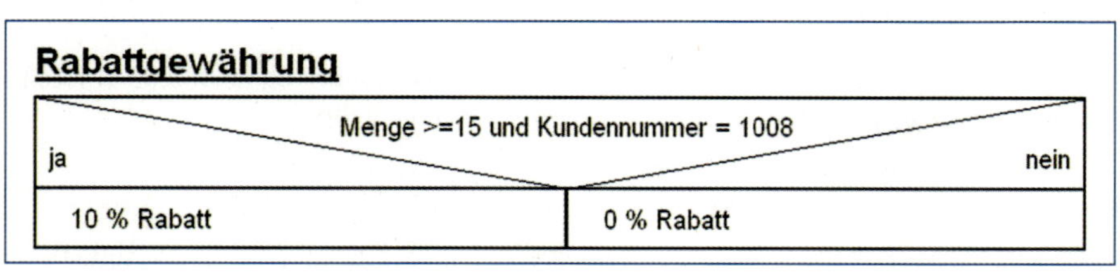

Abbildung 14: *Struktogramm der WENN-UND-Funktion am Beispiel der Rabattgewährung*

In dieser Funktion wird der DANN-Wert nur ausgegeben, wenn alle zuvor aufgestellten Bedingungen erfüllt bzw. Prüfungen als wahr beantwortet worden sind. Trifft nur eine (oder keine) Bedingung zu, wird der SONST-Wert ausgegeben. So wird beispielsweise für den Artikel „Textverarbeitung I" (siehe Abb. 15 Zeile 23) kein Rabatt gewährt. Der Kunde besitzt zwar die Kundennummer 1008 (siehe Zelle H15), die Menge 10 in Zelle D23 ist allerdings kleiner als 15. Die Bedingung ist nicht erfüllt, sodass der SONST-Wert ausgegeben wird. Die Funktion wird im Folgenden dargestellt:

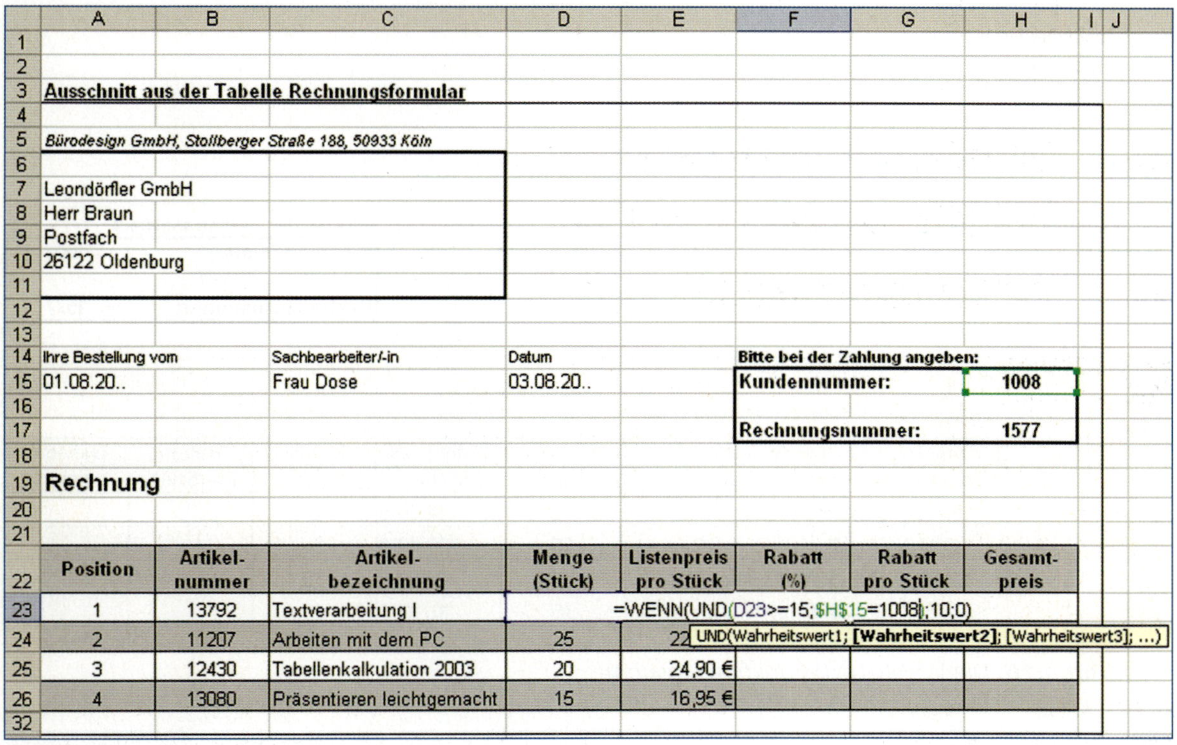

Ausschnitt aus der Tabelle Rechnungsformular

Bürodesign GmbH, Stollberger Straße 188, 50933 Köln

Leondörfler GmbH
Herr Braun
Postfach
26122 Oldenburg

Ihre Bestellung vom	Sachbearbeiter/-in	Datum	Bitte bei der Zahlung angeben:	
01.08.20..	Frau Dose	03.08.20..	**Kundennummer:**	**1008**
			Rechnungsnummer:	**1577**

Rechnung

Position	Artikel-nummer	Artikel-bezeichnung	Menge (Stück)	Listenpreis pro Stück	Rabatt (%)	Rabatt pro Stück	Gesamt-preis
1	13792	Textverarbeitung I	=WENN(UND(D23>=15;$H$15=1008);10;0)				
2	11207	Arbeiten mit dem PC	25	22	UND(Wahrheitswert1; **[Wahrheitswert2]**; [Wahrheitswert3]; ...)		
3	12430	Tabellenkalkulation 2003	20	24,90 €			
4	13080	Präsentieren leichtgemacht	15	16,95 €			

Abbildung 15: *Die WENN-UND-Funktion*

Anmerkung:

Die Zelle H15 muss absolut adressiert werden, damit nach dem logischen Kopieren auch in den darunter liegenden Zeilen 24 bis 26 der Bezug richtig gesetzt ist. Zu beachten ist weiterhin, dass die sich öffnende Klammer hinter dem UND anzeigt, dass an dieser Stelle die Prüfung der Wahrheitswerte beginnt. D.h. die Bedingungen (hier Kundennummer = 1008 und Menge > = 15) werden geprüft, ob sie wahr sind. Damit das Tabellenkalkulationsprogramm zwischen der Prüfung der Wahrheitswerte und dem auszugebenden DANN-Wert unterscheiden kann, muss hinter der letzten Prüfung des Wahrheitswertes (der letzten Bedingung) die Klammer wieder geschlossen werden.

Nach dem Kopieren der vorgenannten Funktion ergibt sich das folgende Resultat:

	A	B	C	D	E	F	G	H
1								
2								
3	**Ausschnitt aus der Tabelle Rechnungsformular**							
4								
5	*Bürodesign GmbH, Stollberger Straße 188, 50933 Köln*							
6								
7	Leondörfler GmbH							
8	Herr Braun							
9	Postfach							
10	26122 Oldenburg							
11								
12								
13								
14	Ihre Bestellung vom		Sachbearbeiter/-in	Datum		**Bitte bei der Zahlung angeben:**		
15	01.08.20..		Frau Dose	03.08.20..		**Kundennummer:**		**1008**
16								
17						**Rechnungsnummer:**		**1577**
18								
19	**Rechnung**							
20								
21								
22	**Position**	**Artikel-nummer**	**Artikel-bezeichnung**	**Menge (Stück)**	**Listenpreis pro Stück**	**Rabatt (%)**	**Rabatt pro Stück**	**Gesamt-preis**
23	1	13792	Textverarbeitung I	10	14,95 €	0		
24	2	11207	Arbeiten mit dem PC	25	22,40 €	10		
25	3	12430	Tabellenkalkulation 2003	20	24,90 €	10		
26	4	13080	Präsentieren leichtgemacht	15	16,95 €	10		

Abbildung 16: *Die WENN-UND-Funktion (Lösung)*

Arbeitsauftrag 4:

1. Stellen Sie die abgebildete Tabelle in einem Tabellenkalkulationsprogramm dar und tragen Sie die erforderlichen Funktionen ein.
2. Testen Sie Ihre automatisierte Rechnung, indem Sie in die Zelle H15 eine andere Kundennummer eingeben.

4.5.2 WENN-ODER-Funktion

Situation:

Nach dem Einsatz des zuvor erstellten Rechnungsformulars (siehe Kapitel 4.5.1) haben sich mehrere Kunden beschwert und einen Mengenrabatt von 10 % bei Mengen über 15 Stück pro Artikel gefordert. Die Leondörfler GmbH fordert aufgrund der langjährigen Geschäftsbeziehungen generell einen Rabatt von 10 %. Herr Taube möchte, nach Rücksprache mit der Geschäftsleitung, diesen Kundenwünschen entsprechen.

Der Leondörfler GmbH soll immer ein Rabatt in Höhe von 10 % gewährt werden. Alle anderen Kunden sollen nur bei einer Menge ab 15 Stück einen Mengenrabatt von 10 % erhalten.

Im Gegensatz zur WENN-UND-Funktion kommt die **WENN-ODER-Funktion** dann zum Einsatz, wenn lediglich **eine** der Bedingungen (Wahrheitswerte) zutreffen muss, um den DANN-Wert auszugeben. Bezogen auf die Situation bedeutet dies, dass der Kunde entweder die Kundennummer 1008 besitzen muss **oder** ein anderer Kunde Mengen ab 15 Stück gekauft haben muss, um einen Rabatt in Höhe von 10 % zu erhalten.

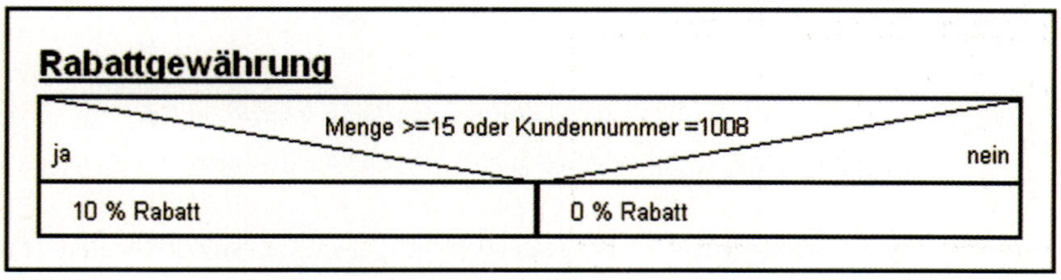

Abbildung 17: *Struktogramm der WENN-ODER-Funktion am Beispiel der Rabattgewährung*

Die Syntax der WENN-ODER-Funktion lautet:
=WENN(ODER(WAHRHEITSWERT1;WAHRHEITSWERT2;...);DANN-Wert;SONST-Wert)

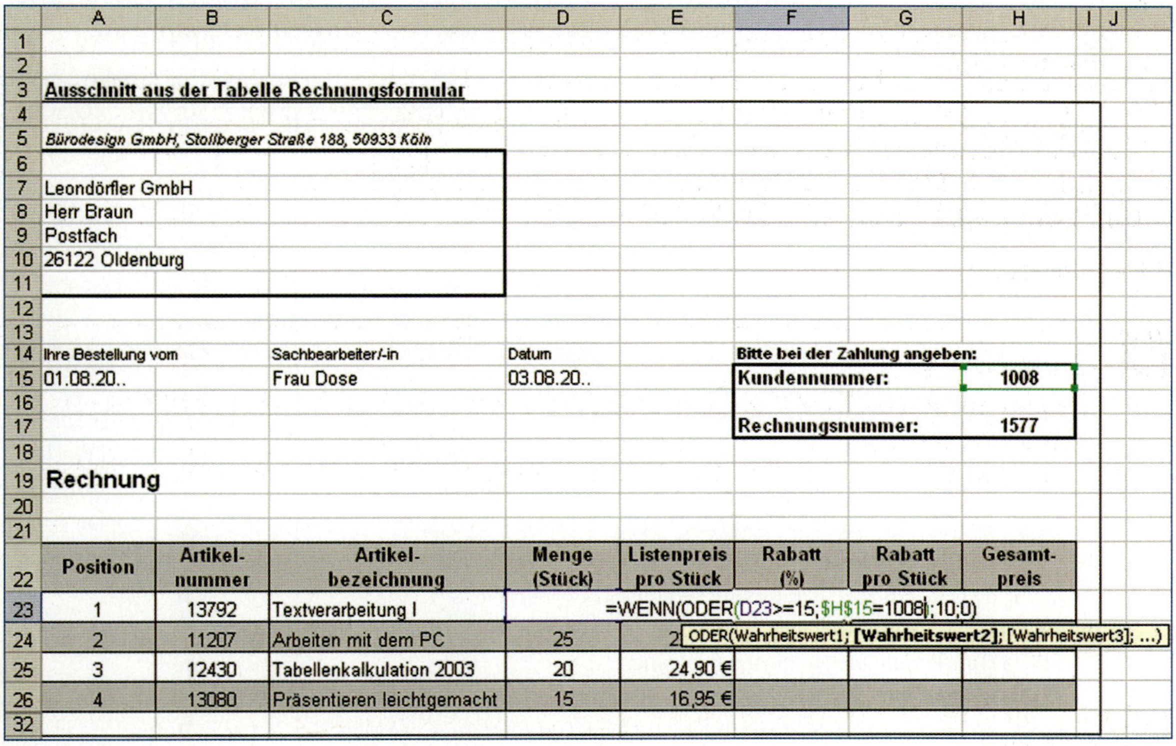

	A	B	C	D	E	F	G	H
3	Ausschnitt aus der Tabelle Rechnungsformular							
5	Bürodesign GmbH, Stollberger Straße 188, 50933 Köln							
7	Leondörfler GmbH							
8	Herr Braun							
9	Postfach							
10	26122 Oldenburg							
14	Ihre Bestellung vom		Sachbearbeiter/-in	Datum		Bitte bei der Zahlung angeben:		
15	01.08.20..		Frau Dose	03.08.20..		Kundennummer:		1008
17						Rechnungsnummer:		1577
19	Rechnung							
22	Position	Artikel-nummer	Artikel-bezeichnung	Menge (Stück)	Listenpreis pro Stück	Rabatt (%)	Rabatt pro Stück	Gesamt-preis
23	1	13792	Textverarbeitung I	=WENN(ODER(D23>=15;$H$15=1008);10;0)				
24	2	11207	Arbeiten mit dem PC	25	2	ODER(Wahrheitswert1; **[Wahrheitswert2]**; [Wahrheitswert3]; ...)		
25	3	12430	Tabellenkalkulation 2003	20	24,90 €			
26	4	13080	Präsentieren leichtgemacht	15	16,95 €			

Abbildung 18: *Die WENN-ODER-Funktion*

Arbeitsauftrag 5:

1. Stellen Sie die abgebildete Tabelle in einem Tabellenkalkulationsprogramm dar und tragen Sie die erforderlichen Funktionen ein.
2. Testen Sie Ihre automatisierte Rechnung.

4.6 Übungsaufgaben zur WENN-UND- und WENN-ODER-Funktion

4.6.1 Angebotsvergleich 2

Situation:

Vorübergehend in der Abteilung Beschaffung eingesetzt, stoßen Sie nochmals auf die neu in das Sortiment der Bürodesign GmbH aufzunehmenden Flachbettscanner (siehe Aufgabe 4.2.1 Angebotsvergleich1).

Der bereits durchgeführte Angebotsvergleich reicht Frau Evert nicht aus. Es sollen noch weitere Entscheidungshilfen zum bisherigen Angebotsvergleich hinzugefügt werden. Sie erhalten von Frau Evert den Auftrag, diesen Vorgang mithilfe eines Tabellenkalkulationsprogramms zu automatisieren.

Web

Arbeitsaufträge:

1. Starten Sie das Tabellenkalkulationsprogramm und öffnen Sie die Datei **Angebotsvergleich_1** (siehe Aufgabe 4.2.1 Angebotsvergleich 1) und speichern Sie die Datei unter dem Namen **Angebotsvergleich_2** ab.
2. Erweitern Sie die Tabelle durch folgende Zeilen:

	A	B	C	D	E	F	G	H	I	J
15	**Entscheidungshilfe 1**			X				X		X
16	**Entscheidungshilfe 2**			X						

Abbildung 19: *Angebotsvergleich 2*

3. Ermitteln Sie die Entscheidungshilfen unter Verwendung geeigneter Funktionen nach folgenden Vorgaben:
   a) In den entsprechenden Zellen der Entscheidungshilfe 1 soll ein „X" ausgegeben werden, wenn eine der folgenden Bedingungen zutrifft: Bareinkaufspreis kleiner als 90,00 EUR, Lieferzeit nicht länger als zwei Wochen, Zuverlässigkeit mindestens 1.
   b) In den entsprechenden Zellen der Entscheidungshilfe 2 soll ein „X" ausgegeben werden, wenn der Bareinkaufspreis nicht dem höchsten Bareinkaufspreis entspricht. Darüber hinaus darf die Lieferzeit zwei Wochen nicht überschreiten und die Zuverlässigkeit muss mit 1 bewertet worden sein.
4. Fügen Sie unterhalb der Tabelle im Tabellenblatt Ergebnis ein Textfeld ein. Entscheiden Sie sich für einen Lieferanten und begründen Sie Ihre Entscheidung mithilfe der berechneten Werte. Formulieren Sie in ganzen Sätzen und achten Sie auf eine gute Ausdrucksweise.
5. Erstellen Sie in einem weiteren Tabellenblatt mit dem Namen **Formeln** die Formelansicht.
6. Für das Drucklayout gelten folgende Vorgaben:
   a) Beide Tabellenblätter sollen im Format DIN A4 quer auf je **einer Seite** ausgedruckt werden.
   b) In der Fußzeile unten links soll automatisch der **Dateiname**, in der Mitte **das aktuelle Datum** und in der Fußzeile unten rechts soll Ihr **Name** ausgewiesen werden.
   c) Beide Tabellenblätter sind mit **Zeilen- und Spaltenüberschriften** sowie mit **Gitternetzlinien** auszudrucken.

4.6.2 Werbegeschenke

Situation:

Sie sind zurzeit in der Abteilung Absatz eingesetzt. Herr Zwock aus dem Bereich Marketing möchte zum Jahresende eine Auswertung der Jahresumsätze für die Zusendung der Werbegeschenke vornehmen.

Herr Zwock teilt Ihnen mit, dass die Art des Geschenks von verschiedenen Faktoren abhängt. Um sich die Arbeit zu vereinfachen, entschließen Sie sich, die Auswertung mithilfe eines Tabellenkalkulationsprogramms durchzuführen.

	A	B	C	D	E	F	G	H
1	**Kundenwerbegeschenke**							
2								
3	**Kunde**	**Kunde seit**	**Umsatz in Euro**	**Zahlungsmoral**	**Werbegeschenk**			
4					**JuiceMaxx**	**Tischuhr**	**Mini-Radio**	**Zettelbox**
5	**Stadtverwaltung Leipzig**	1975	335.000,00	sehr gut				
6	**Klöckner-Müller Elektronik AG**	2005	115.000,00	gut				
7	**Herstadt Warenhaus GmbH**	1969	225.000,00	gut				
8	**Krankenhaus Leipzig GmbH**	1999	45.000,00	gut				
9	**Modellux GmbH & Co. KG**	1974	68.000,00	ausreichend				
10	**Martina van den Bosch**	1957	35.000,00	sehr gut				
11	**Bürofachgeschäft**	1983	107.000,00	gut				
12	**Klaus Oswald KG**	2001	35.000,00	befriedigend				

Abbildung 20: *Werbegeschenke*

Arbeitsaufträge:

1. Erfassen Sie das folgende Formular einschließlich aller Formate in einem neuen Tabellenblatt. Geben Sie dem Tabellenblatt den Namen **Ergebnis** und speichern Sie die Arbeitsmappe unter dem Namen **Werbegeschenke** ab. Speichern Sie die Datei regelmäßig, um Datenverluste zu vermeiden.
2. Ermitteln Sie mithilfe geeigneter Funktionen das entsprechende Werbegeschenk für den jeweiligen Kunden nach folgenden Vorgaben. Dieser Kunde soll mit einem „X" gekennzeichnet werden.
   a) Den JuiceMaxx bekommen alle Kunden, die mindestens seit 1975 bei uns Kunde sind, einen Umsatz von mindestens 250.000,00 EUR erzielt haben und deren Zahlungsmoral mit „sehr gut" bewertet wurde.
   b) Die Tischuhr bekommen alle Kunden, die keinen JuiceMaxx bekommen, wenn sie mindestens seit 1960 Kunde sind oder einen Umsatz von mindestens 200.000,00 EUR erzielt haben oder deren Zahlungsmoral mit „sehr gut" bewertet wurde.
   c) Das Mini-Radio bekommen alle Kunden, die weder den JuiceMaxx noch die Tischuhr bekommen haben, wenn sie seit mindestens 1990 Kunde sind, einen Umsatz von mindestens 100.000,00 EUR erzielt haben und eine Zahlungsmoral haben, die mindestens mit „gut" bewertet wurde.
   d) Die Zettelbox bekommen alle übrigen Kunden, sofern deren Zahlungsmoral nicht mit „ausreichend" bewertet wurde.
3. Erstellen Sie in einem weiteren Tabellenblatt mit dem Namen **Formeln** die Formelansicht.
4. Für das Drucklayout gelten folgende Vorgaben:
   a) Die Tabellenblätter sollen im Format DIN A4 quer auf je **einer Seite** bzw. Formeln auf **zwei Seiten** ausgedruckt werden.
   b) In der Fußzeile unten links soll automatisch der **Dateiname**, in der Mitte **das aktuelle Datum** und in der Fußzeile unten rechts soll Ihr **Name** ausgewiesen werden.
   c) Beide Tabellenblätter sind mit **Zeilen- und Spaltenüberschriften** und **Gitternetzlinien** auszudrucken.

5 Erweiterte Formatierungen

Situation:

Herr Taube aus dem Bereich Rechnungswesen ist sehr zufrieden mit der Funktionalität des Rechnungsformulars. Er bittet Sie allerdings, neben den „einfachen" Formatierungen, wie Rahmen, Schattierungen, Währungsformatierungen usw., auch weitere sogenannte „benutzerdefinierte" und „bedingte" Formatierungen vorzunehmen. Er erhofft sich somit ein professionelleres Aussehen des Rechnungsformulars und eine noch höhere Akzeptanz bei den Kunden.

5.1 Benutzerdefinierte Formatierungen

Für die unterschiedlichen Anwendungsmöglichkeiten stellt ein Tabellenkalkulationsprogramm eine Vielzahl an „standardisierten" Formatierungsmöglichkeiten zur Verfügung. Aufgrund einer Vielzahl von individuell unterschiedlichen Vorstellungen hinsichtlich der Formatierung ist es zum Teil jedoch notwendig, dass der Benutzer seine gewünschten Formatierungen selbst erstellen (definieren) können muss. Damit das Tabellenkalkulationsprogramm die Wünsche genau umsetzen kann, existieren sogenannte Platzhalter. Bislang haben Sie bereits die folgenden Platzhalter kennengelernt:

Platzhalter	Bedeutung
T (bis TTTT)	Tag (1 – 01 – So – Sonntag)
M (bis MMMM)	Monat (1 – 01 – Jan – Januar)
J (bis JJJJ)	Jahr (07 oder 2007)
hh	Stunden (**12**:35)
mm	Minuten (12:**35**)

Ein bedeutender Platzhalter ist die **Null** („0"). Die Null ist Platzhalter für alle Zahlen. Sollen in der Rechnung die Artikelnummern in Zelle B23 bis B26 immer 6-stellig ausgegeben werden, müssten die fehlenden Ziffern durch eine Null ersetzt werden. Die einfache Eingabe (z. B. der Artikel-Nummer 013792) würde dazu führen, dass das Tabellenkalkulationsprogramm die erste Null unterdrückt und nur die Zahl 13792 anzeigt.

	A	B	C	D	E	F	G	H	I
1									
2									
3	**Ausschnitt aus der Tabelle Rechnungsformular**								
19	**Rechnung**								
20									
21									
22	**Position**	**Artikel-nummer**	**Artikel-bezeichnung**	**Menge (Stück)**	**Listenpreis pro Stück**	**Rabatt (%)**	**Rabatt pro Stück**	**Gesamt-preis**	
23	1	13792	Textverarbeitung I	10	14,95 €	10	1,50 €	134,55 €	
24	2	11207	Arbeiten mit dem PC	25	22,40 €	10	2,24 €	504,00 €	
25	3	12430	Tabellenkalkulation 2003	20	24,90 €	10	2,49 €	448,20 €	
26	4	13080	Präsentieren leichtgemacht	15	16,95 €	10	1,70 €	228,83 €	

***Abbildung 1:** Einstieg benutzerdefinierte Formatierung*

Um die gewünschte Formatierung herzustellen, muss über den Befehlsweg FORMAT – ZELLEN FORMATIEREN – ZAHLEN – BENUTZERDEFINIERT die entsprechende Formatierung eingestellt werden. In der weißen Zeile (TYP:) muss das Format 000000 eingegeben werden. Nach der anschließenden Bestätigung wird die Artikel-Nummer 6-stellig (013792) angezeigt.

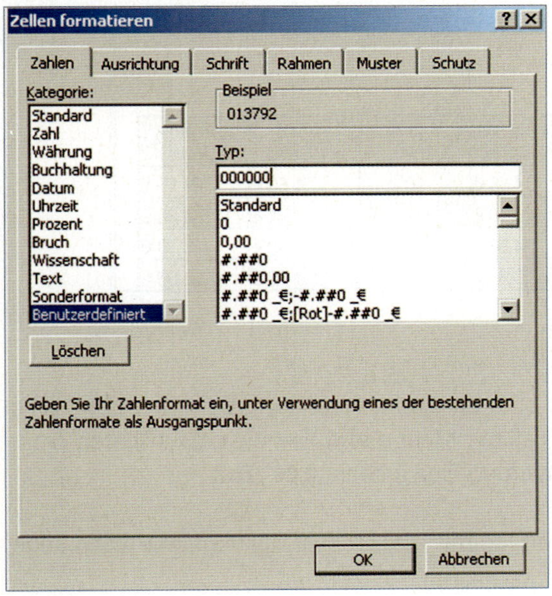

Abbildung 2:
Benutzerdefinierte Formatierung (Null)

	A	B	C	D
1				
2				
3	Ausschnitt aus der Tabelle Rechnungsformular			
19	Rechnung			
20				
21				
22	Position	Artikel-nummer	Artikel-bezeichnung	Menge (Stück)
23	1	013792	Textverarbeitung I	10
24	2	011207	Arbeiten mit dem PC	25
25	3	012430	Tabellenkalkulation 2003	20
26	4	013080	Präsentieren leichtgemacht	15

Abbildung 3:
Benutzerdefinierte Formatierung (Lösung)

Anmerkung:
Die Zahl 013792 wird lediglich mit führender Null angezeigt. Intern speichert das Tabellenkalkulationsprogramm die Zahl als 13792. Theoretisch, wenn auch hier nicht sinnvoll, kann mit dieser Zahl weitergerechnet werden. Würde man die Zellen als „Text" formatieren, würde die Zahl ebenfalls als 013792 angezeigt, ein Rechnen mit dieser Zahl, die nun zu **Text** geworden ist, ist nun allerdings nicht mehr möglich.

Arbeitsauftrag 1:
Erfassen Sie im Tabellenkalkulationsprogramm den abgebildeten Ausschnitt der Rechnung und vollziehen Sie die Formatierung.

Weiterhin ist es möglich, dass durch eine benutzerdefinierte Formatierung in Zellen neben einer Zahl auch Text aufgeführt wird und trotzdem mit dieser Zelle Berechnungen durchgeführt werden können. Dies ist grundsätzlich nicht möglich, da das Tabellenkalkulationsprogramm Zellen mit einer Kombination aus Zahlen und Text stets als Text interpretiert und Berechnungen nicht zulässt.
Soll – wie in Abbildung 4 auf Seite 70 – in den Zellen D23 bis D26 neben der Menge auch die Angabe **Stück** in der Zelle erscheinen, so ist die folgende **benutzerdefinierte Formatierung** einzugeben: **0 „Stück"**

Die Eingabe der **Null** interpretiert das Tabellenkalkulationsprogramm als eine beliebige Zahl, die durch das in Anführungszeichen gesetzte Wort (hier „Stück") vervollständigt wird. Auch wenn in den Zellen das Wort „Stück" angezeigt wird, speichert das Tabellenkalkulationsprogramm lediglich die Zahl. Aus diesem Grund ist es möglich – und hier auch erforderlich – diese Zellen in Berechnungen (z. B. Berechnungen des Gesamtpreises) zu integrieren.

	A	B	C	D	E	F	G	H	I
1									
2									
3	Ausschnitt aus der Tabelle Rechnungsformular								
19	Rechnung								
20									
21									
22	Position	Artikel-nummer	Artikel-bezeichnung	Menge (Stück)	Listenpreis pro Stück	Rabatt (%)	Rabatt pro Stück	Gesamt-preis	
23	1	013792	Textverarbeitung I	10 Stück	14,95 €	10	1,50 €	134,55 €	
24	2	011207	Arbeiten mit dem PC	25 Stück	22,40 €	10	2,24 €	504,00 €	
25	3	012430	Tabellenkalkulation 2003	20 Stück	24,90 €	10	2,49 €	448,20 €	
26	4	013080	Präsentieren leichtgemacht	15 Stück	16,95 €	10	1,70 €	228,83 €	

Abbildung 4: *Benutzerdefinierte Formatierung („Stück")*

In den Zellen E23 bis E26 und G23 bis H26 soll weiterhin statt der Formatierung mit €-Symbol der Preis in der Schreibweise EUR angezeigt werden. Genau wie im Fall der Menge sind hier die gewünschten Zellen zu markieren und die folgende benutzerdefinierte Formatierung einzugeben: **0,00 „EUR"**

Die Erweiterung des Formats um **,00** bewirkt, dass die Beträge mit jeweils zwei Nachkommastellen angezeigt werden.

Arbeitsauftrag 2:

Ergänzen Sie den abgebildeten Ausschnitt der Rechnung um die angegebenen Formatierungen.

5.2 Bedingte Formatierungen

In vielen betriebswirtschaftlichen Problemstellungen ist es sinnvoll, Werte hervorzuheben bzw. zu kennzeichnen. Sie haben beispielsweise im Rahmen der „WENN-Funktion" (Kapitel 4) den Artikel mit dem **höchsten Umsatz** in Spalte I durch den Eintrag **„umsatzstärkster Artikel"** gekennzeichnet **[Funktion in Zelle I23: =WENN(H23=MAX($H$23:$H$26);"umsatzstärkster Artikel";"")].**

Wenn jedoch auf die zusätzliche Spalte I verzichtet werden soll, können die jeweiligen Artikel mithilfe der „bedingten Formatierung" anschaulich gemacht werden.

	A	B	C	D	E	F	G	H	I	J
1										
2										
3	Ausschnitt aus der Tabelle Rechnungsformular									
19	Rechnung									
20										
21										
22	Position	Artikel-nummer	Artikel-bezeichnung	Menge (Stück)	Listenpreis pro Stück	Rabatt (%)	Rabatt pro Stück	Gesamt-preis	Anmerkung	
23	1	013792	Textverarbeitung I	10 Stück	14,95 €	10	1,50 €	134,55 €		
24	2	011207	Arbeiten mit dem PC	25 Stück	22,40 €	10	2,24 €	504,00 €	umsatzstärkster Artikel	
25	3	012430	Tabellenkalkulation 2003	20 Stück	24,90 €	10	2,49 €	448,20 €		

Abbildung 5: *Einführung in die „bedingte Formatierung"*

Mithilfe der „bedingten Formatierung" kann die jeweilige Artikelbezeichnung mit dem höchsten Umsatz beispielsweise **fett** dargestellt werden. Nach dem Markieren der Zellen C23 bis C26 und der anschließenden Auswahl des Befehlswegs FORMAT – BEDINGTE FORMATIERUNG öffnet sich das folgende Fenster:

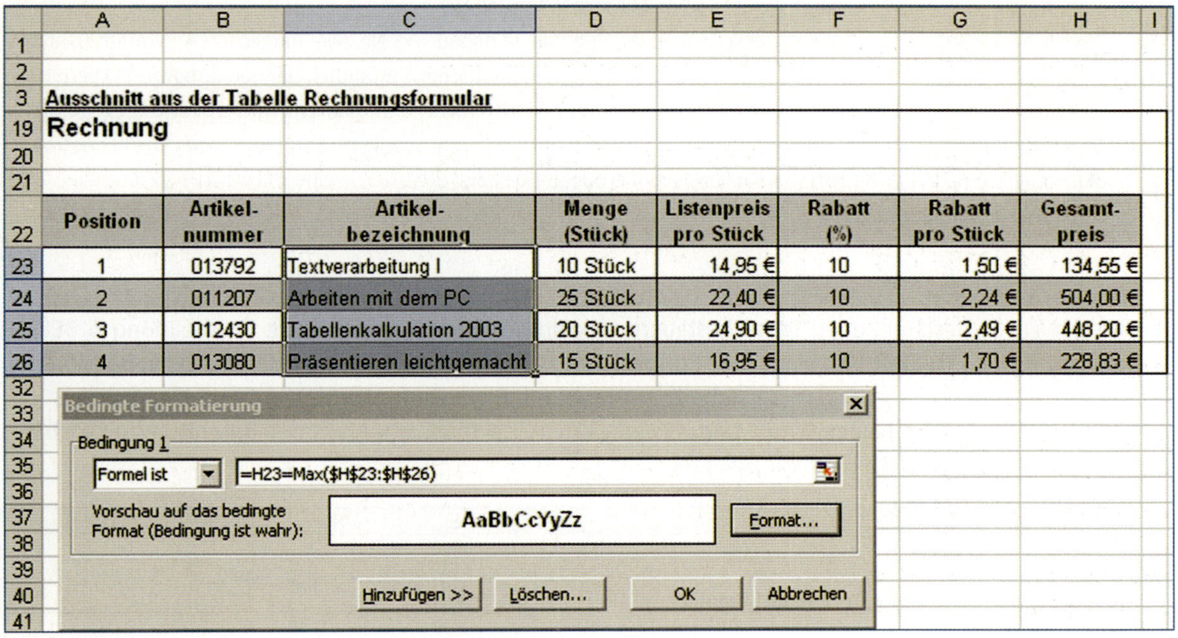

Abbildung 6: *Die formelgesteuerte bedingte Formatierung*

Über die Auswahl FORMAT... in Abbildung 6 kann die jeweilige bedingte Formatierung festgelegt werden:

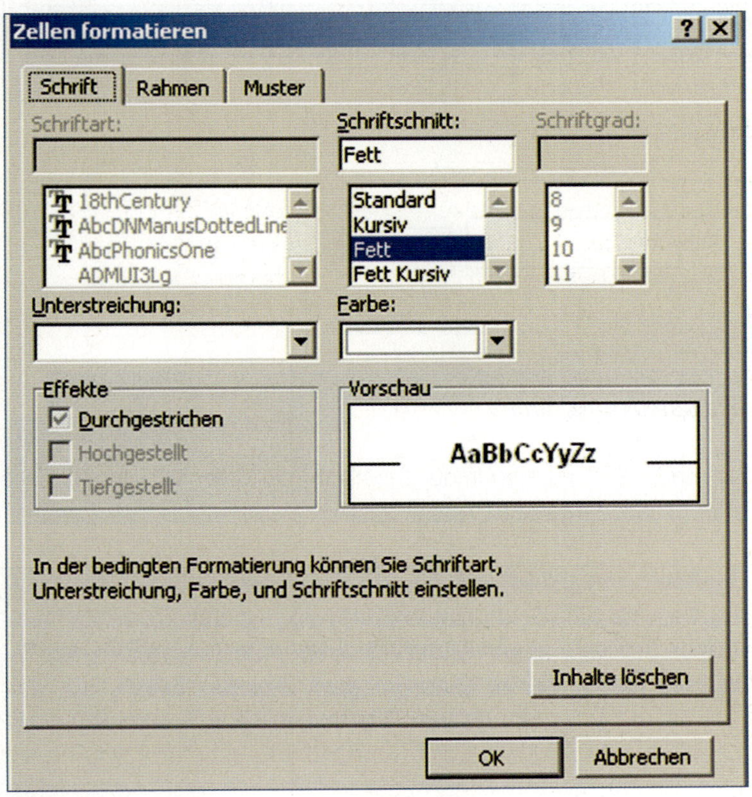

Abbildung 7: *Zellen bedingt formatieren*

Anmerkung:

Durch die Eingabe der Bedingung **=H23=MAX($H$23:$H$26)**, die für die Zelle C23 gilt, wird die Bedingung für die Zellen C24 bis C26 automatisch, wie beim logischen Kopieren, angepasst. Die Bedingung für die bedingte Formatierung in der Zelle C26 lautet somit: **=H26=MAX($H$23:$H$26)**

Die WENN-Funktion muss nicht ausgeschrieben werden. Sie ist genau wie die zwei möglichen Antworten (DANN-Wert = Formatierung; SONST-Wert = keine Formatierung) automatischer Bestandteil der bedingten Formatierung. Es können vielfältige Formatierungen wie **fett**, in **gelber Schriftfarbe** und **grünem Hintergrund** (Registerblatt MUSTER) dargestellt werden. Weiterhin können pro Zelle auch mehrere „bedingte Formatierungen" festgelegt werden. Über die Schaltfläche HINZUFÜGEN >> können neben der BEDINGUNG 1, eine BEDINGUNG 2 und eine BEDINGUNG 3 festgelegt werden.

Neben der zuvor beschriebenen **formelgesteuerten bedingten Formatierung** (siehe in Abbildung 6 BEDINGUNG1: FORMEL IST) lässt sich auch eine Formatierung aufgrund bestimmter **Zellwerte** bzw. Bandbreiten von Zellwerten veranlassen. Soll in der Tabelle in Abbildung 8 ein Gesamtbetrag in den Zellen H23 bis H26 bei über 200,00 EUR **in blauer Schrift** dargestellt werden, so muss ebenfalls der Befehlsweg FORMAT – BEDINGTE FORMATIERUNG gewählt werden.

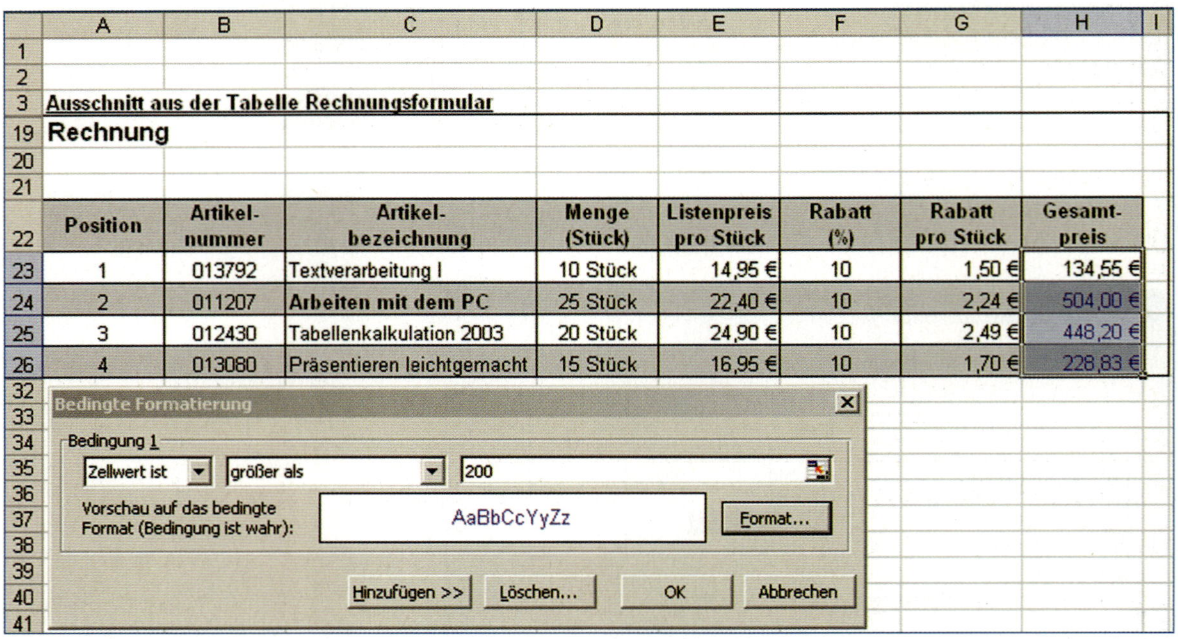

Abbildung 8: *Die zellwertgesteuerte bedingte Formatierung*

Nach erfolgter Erfassung von „größer als" und „200" werden in der Tabelle in den Zellen H23 bis H26 alle Werte – die größer als 200 sind – in blauer Schrift dargestellt.

Arbeitsauftrag 3:

Ergänzen Sie den abgebildeten Ausschnitt der Rechnung um die angegebenen (formel- und zellwertgesteuerten) bedingten Formatierungen. Weiterhin sollen die Zellen mit Mengen größer 10 Stück blau hinterlegt werden.

5.3 Übungsaufgaben

5.3.1 Mietfahrzeuge

Situation:

Sie sind wegen Krankheit eines Kollegen als Unterstützung von Herrn Beck im Bereich Fuhrpark (Abteilung Lager/Versand) eingesetzt. Der Bereich hat in den vergangenen zwölf Monaten den Fuhrpark um vier Mietfahrzeuge ergänzt, um einen zusätzlich aufgetretenen Bedarf an Fahrzeugen decken zu können.

Herr Beck, der bisher die Abrechnung der Kosten für diese Mietfahrzeuge stets manuell erledigt hat, bittet Sie, ihn bei der Kostenermittlung zu unterstützen.

Ihre Aufgabe ist es, mithilfe der nachstehenden Tabellen die Kosten für die vier Fahrzeuge für diesen Monat zu ermitteln.

Kosten der Mietfahrzeuge

Ausgangswerte

Benzinart	Preis pro Liter
Diesel	1,18 €
Normal	1,35 €
Super	1,38 €

Fahrzeugtyp	Grundgebühr	zusätzliche Kosten pro km
A	65,00 €	0,30 €
B	82,50 €	0,25 €
C	47,50 €	0,27 €
D	77,00 €	0,32 €

Berechnung für den Monat Dezember

Fahrzeug	Stand Mietbeginn	Stand Mietende	gefahren	Verbrauch	benötigte Benzinart	verbrauchte Benzinmenge
C	12.800 km	13.650 km		5,9 l/100 km	Super	
B	23.550 km	25.400 km		8,8 l/100 km	Normal	
D	7.600 km	8.075 km		7,6 l/100 km	Super	
A	18.250 km	20.890 km		6,9 l/100 km	Diesel	

Fahrzeug	Grundgebühr	Benzinkosten	zus. Kosten für zurückgelegte km	gesamte Kosten des Fahrzeuges	Rabatt	Rechnungsbetrag (netto)	19 % Umsatzsteuer	Rechnungsbetrag (brutto)
Gesamt								

Abbildung 9: *Mietfahrzeuge*

Arbeitsaufträge:

1. Speichern Sie die Datei unter dem Namen **Mietfahrzeuge** ab. Speichern Sie Ihre Datei regelmäßig – spätestens jedoch alle 5 Minuten – ab.
2. Übernehmen Sie die Tabelle inklusive aller Werte und Formatierungen in Ihr Tabellenblatt 1 und benennen Sie dieses als **Ergebnis**. Beachten Sie, dass abweichend von einer jeweiligen Anzeige (z. B. 12.800 km) nur die Zahlen (z. B. 12800) in den Zellen gespeichert werden.
3. Ermitteln Sie mithilfe von geeigneten Formeln
   a) in den Zellen D16 bis D19 die im Monat Dezember je Fahrzeug gefahrenen Kilometer,
   b) in den Zellen G16 bis G19 die für die erbrachte Kilometerleistung verbrauchte Benzinmenge.
4. Übernehmen Sie in den Zellen A23 bis A26 mithilfe von Zellbezügen die zum Einsatz gekommenen Fahrzeugtypen.

5. Ermitteln Sie unter Anwendung von verschachtelten WENN-Funktionen
   a) in den Zellen B23 bis B26 die Grundgebühr je Fahrzeugtyp,
   b) in den Zellen C23 bis C26 die Benzinkosten für die insgesamt zurückgelegten Kilometer,
   c) in den Zellen D23 bis D26 die zusätzlichen Kosten für die insgesamt zurückgelegten Kilometer.
6. Berechnen Sie in den Zellen E23 bis E26 die gesamten Kosten der zum Einsatz gekommenen Fahrzeugtypen.
7. Ermitteln Sie mithilfe einer geeigneten Funktion in den Zellen F23 bis F26 den Rabatt in EUR je Fahrzeugtyp. Der Rabatt hängt von den gesamten Kosten (Spalte E) je Fahrzeug ab. Ab einem Betrag von 300,00 EUR gewährt der Fahrzeugvermieter einen Rabatt in Höhe von 5 %, ab einem Betrag von 700,00 EUR einen Rabatt in Höhe von 10 % auf die gesamten Kosten.
8. Berechnen Sie mithilfe von geeigneten Formeln
   a) in den Zellen G23 bis G26 den Netto-Rechnungsbetrag je Fahrzeugtyp;
   b) in den Zellen H23 bis H26 den anfallenden Umsatzsteuerbetrag in EUR. Beziehen Sie sich bei der Berechnung auf die Zelle H22, in der der Umsatzsteuersatz von 19 % (mittels einer benutzerdefinierten Formatierung) gespeichert ist;
   c) in den Zellen I23 bis I26 den Brutto-Rechnungsbetrag je Fahrzeugtyp.
9. Berechnen Sie in der Zeile 27 durch geeignete Funktionen die Gesamtwerte der Spalten B bis I.
10. In den Zellen I23 bis I26 sollen sowohl der kleinste als auch der größte Brutto-Rechnungsbetrag gekennzeichnet werden. Der kleinste Rechnungsbetrag soll in roter Schrift und kursiv, der größte Rechnungsbetrag in blauer Schrift und fett dargestellt werden.
11. Formatieren Sie alle Euro-Werte im Format „Währung" (€) mit zwei Nachkommastellen.
12. Kopieren Sie den Inhalt Ihres Tabellenblattes **Ergebnis** in das Tabellenblatt 2 (umbenennen in **Formeln**) und wechseln Sie dort in die Formelansicht. Drucken Sie beide Tabellenblätter so aus, dass diese jeweils im Querformat (das Tabellenblatt **Formeln** auf mindestens 2 Seiten breit einrichten!) und mit den **Zeilen-/Spaltenüberschriften** ausgedruckt werden. Weiterhin sollen beide Ausdrucke in der Kopfzeile **Ihren vollständigen Namen**, den **Dateinamen** und das **heutige Datum** enthalten.

5.3.2 Urlaubspreise

Situation:

Sie sind kurzfristig im Bereich Sekretariat eingesetzt. Die Chefsekretärin, Frau Bär, bittet Sie um Unterstützung. Sie ist für das Angebot von besonderen Leistungen der Bürodesign GmbH an die Mitarbeiter zuständig.

Die Bürodesign GmbH kooperiert mit einem örtlichen Reisebüro, um seinen Mitarbeitern günstige Reisen anbieten zu können. Beim aktuellen Angebot handelt es sich um eine Reise in die Karibik in drei unterschiedlichen Varianten. Die Mitarbeiter der Bürodesign GmbH können innerhalb der drei Varianten auch individuell die Reisedauer (Anzahl der Wochen und mögliche Verlängerungstage) und die Anzahl der Miettage für einen Mietwagen festlegen. Weiterhin können sie auch eine Preisobergrenze für den Urlaub definieren.

Um Frau Bär die Arbeit in Zukunft zu erleichtern, ist es Ihre Aufgabe, die abgebildete „Ermittlung des günstigsten Urlaubspreises" zu automatisieren.

	A	B	C	D	E	F	G
1	**Ermittlung des günstigsten Urlaubspreises**						
2							
3							
4	Kategorie	Flug	Hotelkosten	Verlängerungs-kosten	Kosten für Essen	Kosten für Mietwagen	
5	all-inclusive	659,00 €	299,00 €/Woche	39,00 €/Tag	0,00 €/Woche	0,00 €/Tag	
6	Halbpension	639,00 €	249,00 €/Woche	35,00 €/Tag	99,00 €/Woche	39,00 €/Tag	
7	economic	559,00 €	239,00 €/Woche	32,00 €/Tag	150,00 €/Woche	45,00 €/Tag	
8							
9							
10	**Übersicht über Rabattgewährung**						
11							
12	**Kosten gesamt ab ...**	**Rabatt in %**					
13	1.000,00 €	3					
14	1.300,00 €	4					
15	1.600,00 €	5					
16							
17							
18	**Eingabebereich:**						
19							
20	Wie viele Wochen soll der Urlaub dauern? (mind. 1):			1			
21	Wie viele Verlängerungstage werden gewünscht?			4			
22	Wie viele Tage soll ein Mietwagen genommen werden?			4			
23							
24	Wie teuer darf der Urlaub maximal werden?			1.200,00 €			
25							
26							
27	**Ausgabebereich/Berechnungen:**						
28							
29	Kostenart	**all-inclusive**	**Halbpension**	**economic**			
30	Flugpreis						
31	Hotelkosten (volle W.)					Die günstigste Reisevariante lautet:	
32	Verlängerungsk. ges.						
33	Kosten für Essen ges.					Ihr Preis beträgt insgesamt:	
34	Kosten für Mietwagen						
35	Kosten gesamt					Die teuerste Reisevariante kostet:	
36	Rabatt						
37	Rechnungsbetrag					Die Ersparnis beträgt somit:	

Abbildung 10: *Urlaubspreise*

Arbeitsaufträge:

1. Speichern Sie die Datei unter dem Namen **Urlaubspreise** ab. Speichern Sie Ihre Datei regelmäßig – spätestens jedoch alle 5 Minuten – ab.
2. Übernehmen Sie die obige Tabelle inklusive aller Werte und Formatierungen in Ihr Tabellenblatt 1. Benennen Sie dieses Tabellenblatt **Ergebnis**. Beachten Sie, dass abweichend von einer jeweiligen Anzeige (z. B. 299,00 €/Woche) nur die Zahlen (z. B. 299) in den Zellen gespeichert werden.
3. Vergeben Sie für die Zellen D20, D21, D22 und D24 sinnvolle Namen, die Sie später – wenn möglich – in den Formeln und Funktionen verwenden.
4. Beachten Sie, dass sich die Reihenfolge der Kategorien in den Zellen B29 bis D29 verändern kann! Ermitteln Sie mithilfe von geeigneten Formeln bzw. Funktionen und unter Beachtung der Werte des Eingabebereiches
   a) den Flugpreis,
   b) die Hotelkosten für die vollen Wochen,

c) die gesamten Verlängerungskosten (ausgehend von den gewünschten Verlängerungstagen),
d) die gesamten Kosten für das Essen. Im Falle von Verlängerungstagen sind die Essenskosten bereits in den Verlängerungskosten je Tag (Zellen D5 bis D7) enthalten;
e) die Kosten für den Mietwagen,
f) die „Kosten gesamt",
g) den Rabatt in Euro,
h) den vom Kunden zu zahlenden Rechnungsbetrag,
i) ob die jeweilige Reisevariante für den Kunden ein „interessantes Angebot" darstellt. Dies ist dann gegeben, wenn der Rechnungsbetrag maximal so groß ist, wie der vom Kunden akzeptierte Höchstpreis. Entsprechende Angebote sollen dadurch gekennzeichnet werden, dass der Hintergrund der jeweiligen Zelle gelb erscheint. Die Zellen, deren Beträge den gewünschten Maximalpreis überschreiten, sollen einen roten Hintergrund erhalten;
j) den Namen der günstigsten Reisevariante,
k) den Preis der günstigsten Reisevariante,
l) den Preis der teuersten Reisevariante,
m) die Ersparnis der günstigsten gegenüber der teuersten Reisevariante.

5. Formatieren Sie alle berechneten Euro-Werte im Format „Währung" (€) mit zwei Nachkommastellen.
6. Kopieren Sie den Inhalt Ihres Tabellenblattes **Ergebnis** in das Tabellenblatt 2 (umbenennen in **Formeln**) und wechseln Sie dort in die Formelansicht. Drucken Sie beide Tabellenblätter so aus, dass diese jeweils im **Querformat** und mit den **Zeilen- und Spaltenüberschriften** ausgedruckt werden. Weiterhin sollen beide Ausdrucke in der Kopfzeile **Ihren vollständigen Namen**, den **Dateinamen** und **das heutige Datum** enthalten.

6 Suchfunktionen

6.1 SVERWEIS

Situation:

Wieder zurück im Bereich Rechnungswesen teilt Herr Taube Ihnen mit, dass aufgrund des Drucks der Mitbewerber die Rabattstaffel nochmals überarbeitet werden muss.

Nun soll der Rabattsatz aus einer Hilfstabelle (siehe Abbildung 1: Der SVERWEIS) entsprechend der jeweiligen Menge in das Rechnungsformular eingetragen werden.

Wenn das Tabellenkalkulationsprogramm in Abhängigkeit einer bestimmten Größe (z. B. der Abnahmemenge eines Kunden) zwischen **mehr als zwei verschiedenen Möglichkeiten** wählen soll, kann neben der verschachtelten WENN-Funktion auch die Suchfunktion SVERWEIS gewählt werden!
Syntax der Funktion: **=SVERWEIS(SUCHKRITERIUM;MATRIX;SPALTENINDEX;[BEREICH_VERWEIS])**

Anmerkung:

Der BEREICH_VERWEIS wird im Rahmen des „einfachen" SVERWEIS nicht benötigt und kann weggelassen werden. Aufgrund dessen wird der BEREICH_VERWEIS erst im Rahmen des „erweiterten SVERWEIS" (Kapitel 6.2) thematisiert.

Wie nachfolgend dargestellt, soll in der Spalte F der Rabattsatz des jeweiligen Artikels in Abhängigkeit der Menge ausgegeben werden. Für den Artikel „Textverarbeitung I" wird aufgrund der Menge von 10 Stück ein Rabatt von 10 % gewährt. Für die Zelle F23 gilt die folgende Funktion:

	A	B	C	D	E	F	G	H	I
1									
2									
3	**Ausschnitt aus der Tabelle Rechnungsformular**								
4									
19	**Rechnung**								
20									
21									
22	**Position**	**Artikel-nummer**	**Artikel-bezeichnung**	**Menge (Stück)**	**Listenpreis pro Stück**	**Rabatt (%)**	**Rabatt pro Stück**	**Gesamt-preis**	
23	1	13792	Textverarbeitung I	10	=SVERWEIS(D23;$A$38:$B$42;2)				
24	2	11207	Arbeiten mit dem PC	25	**SVERWEIS**(Suchkriterium; Matrix; Spaltenindex; [Bereich_Verweis])				
25	3	12430	Tabellenkalkulation 2003	20	24,90 €	15			
26	4	13080	Präsentieren leichtgemacht	15	16,95 €	10			
32									
33									
34									
35	**Ausschnitt aus der Tabelle Rabattsätze**								
36									
37	**Menge ab ...**	**Rabattsatz (%)**							
38	0	0							
39	10	10							
40	20	15							
41	50	20							
42	100	30							
43									

Abbildung 1: *Der SVERWEIS*

Das S in der Funktion steht für senkrecht. Der SVERWEIS sucht das SUCHKRITERIUM (Inhalt der Zelle D23) in der angegebenen Matrix bzw. dem angegebenen Suchbereich ($A$38:$B$42) in der 1. Spalte von links, senkrecht von oben nach unten. Dabei geht das Programm wie folgt vor:

Zunächst wird geprüft, ob der Wert des SUCHKRITERIUMS (10) größer oder gleich dem ersten Wert der Matrix bzw. des Suchbereiches (A38) ist. Wenn die Prüfung erfolgreich verläuft, wird geprüft, ob das SUCHKRITERIUM auch größer oder gleich als der zweite Wert des Suchbereiches (A39) ist. Dieses Verfahren wird solange fortgesetzt, bis die Prüfung zu einem negativen Ergebnis führt. Im Beispiel ist das SUCHKRITERIUM D23 (10) größer als der Wert in der Zelle A38 (0) und gleich dem Wert in Zelle A39 (10), aber nicht größer oder gleich dem Wert in der Zelle A40 (20).

Der sogenannte SPALTENINDEX (;2) gibt an, welcher Inhalt der markierten Spalten als Ergebnis ausgegeben werden soll. In diesem Beispiel soll der Rabattsatz ausgegeben werden, sodass als SPALTENINDEX die Zahl 2 eingegeben werden muss. Das Tabellenkalkulationsprogramm wird nun den Wert der Spalte 2 ausgeben, bei dem die Prüfung („Ist die gesuchte Zahl größer oder gleich dem Grenzwert?") das letzte Mal erfolgreich verlaufen ist (hier also den Inhalt der Zelle B39).

Anmerkung:

Als Voraussetzungen für das Funktionieren des SVERWEIS gilt, dass das Suchkriterium nicht unterhalb des kleinsten Wertes der 1. Spalte des Suchbereiches liegen darf, da die Funktion nur prüft, ob das Suchkriterium **größer oder gleich** dem jeweiligen Wert der 1. Spalte des Sachbereiches ist. Weiterhin müssen die Werte der 1. Spalte des Suchbereiches in einer aufsteigenden Reihenfolge (also 0 – 10 – 20 **oder** A – B – C) geordnet sein.

Arbeitsauftrag 1:

Erfassen Sie im Tabellenkalkulationsprogramm den abgebildeten Ausschnitt der Rechnung und sorgen Sie dafür, dass in Abhängigkeit der Menge der jeweilige Rabattsatz ausgegeben wird. Berechnen Sie anschließend den Rabattsatz pro Stück und die jeweiligen Gesamtpreise.

6.2 Erweiterung des SVERWEIS

Situation:

Herr Taube teilt Ihnen mit, dass sich Kunden in der Vergangenheit häufig über falsch geschriebene Namen und Adressen beschwert haben. Teilweise seien Rechnungen gar nicht oder verspätet angekommen.

Herr Taube möchte, dass in einem weiteren Schritt zur Automatisierung der Rechnung – durch Eingabe der Kundennummer in Zelle H15 – der Kundenname und die Adresse im Anschriftenfeld (A7 bis A10) automatisch ausgegeben werden.

Bei dieser Problemstellung muss – abweichend vom Beispiel in Kapitel 6.1 – überprüft werden, ob der Wert, hier die Kundennummer 1019, tatsächlich in der Tabelle Kunden vorhanden ist. Die Kundennummern müssen eindeutig zugeordnet werden. Die Zuordnung zu einem Bereich – z. B. Kundennummer 1019 bis 1023 – wäre hier nicht ausreichend.

Dieses Problem lässt sich durch die Erweiterung des SVERWEIS – um ein zusätzliches Argument – lösen. Der vollständige Aufbau des SVERWEIS lautet:
=SVERWEIS(SUCHKRITERIUM;MATRIX;SPALTENINDEX;**[BEREICH_VERWEIS])**

Der BEREICH_VERWEIS gibt an, ob die zur Matrix gehörenden Werte auf eine genaue Übereinstimmung geprüft werden sollen. Weiterhin können so Werte in einer Matrix überprüft werden, die nicht sortiert sind. Wird als BEREICH_VERWEIS **FALSCH** (oder auch 0) eingetragen, so geht das Programm von der Annahme aus, dass die Werte der ersten Spalte der Matrix auf genaue Übereinstimmung geprüft werden sollen. Der wesentliche Unterschied zum einfachen SVERWEIS besteht darin, dass von der Funktion nun lediglich die Prüfung erfolgt, **ob der gesuchte Wert identisch mit dem Wert in der Matrix ist**. Bei fehlender Übereinstimmung gibt das Tabellenkalkulationsprogramm in der jeweiligen Zelle die Fehlermeldung **#NV** (engl.: non value – übersetzt: der gesuchte Wert ist nicht vorhanden) aus. Die vollständige Funktion für die Zelle A7 lautet: **=SVERWEIS($H$15;$A$37:$E$41;2;FALSCH)**

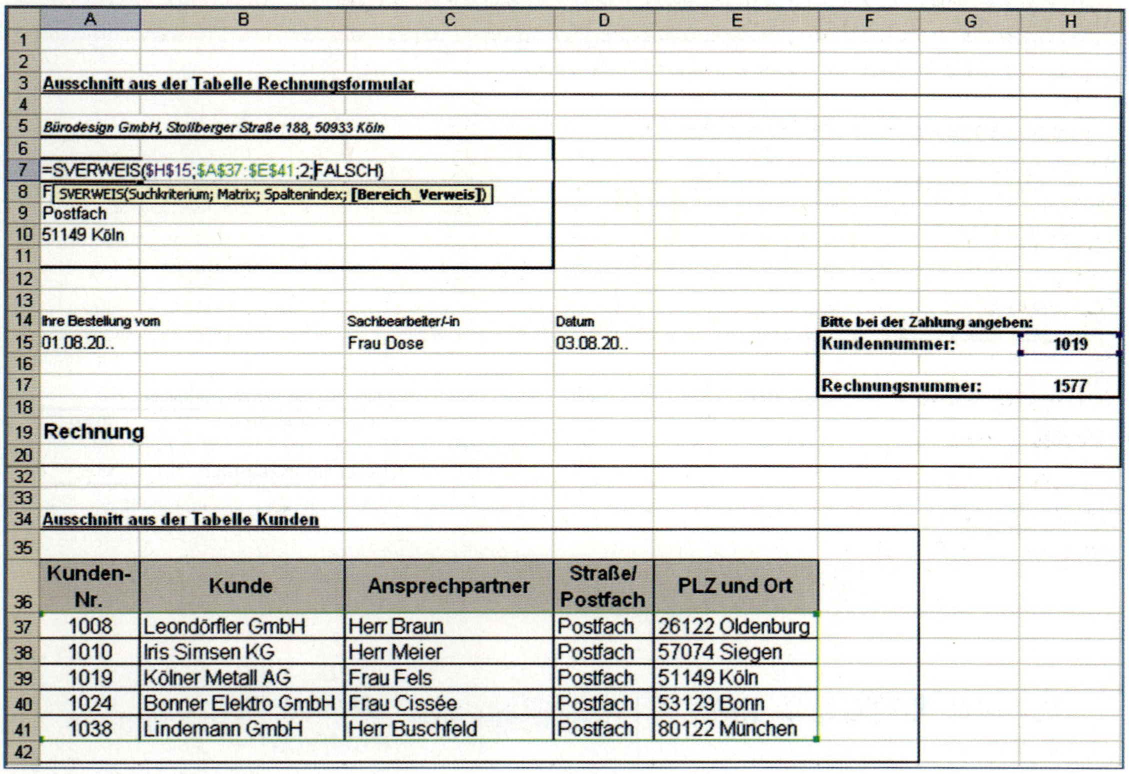

	A	B	C	D	E	F	G	H
1								
2								
3	Ausschnitt aus der Tabelle Rechnungsformular							
4								
5	Bürodesign GmbH, Stollberger Straße 188, 50933 Köln							
6								
7	=SVERWEIS($H$15;$A$37:$E$41;2;FALSCH)							
8	F SVERWEIS(Suchkriterium; Matrix; Spaltenindex; [Bereich_Verweis])							
9	Postfach							
10	51149 Köln							
11								
12								
13								
14	Ihre Bestellung vom		Sachbearbeiter/-in	Datum		Bitte bei der Zahlung angeben:		
15	01.08.20..		Frau Dose	03.08.20..		Kundennummer:		1019
16								
17						Rechnungsnummer:		1577
18								
19	Rechnung							
20								
32								
33								
34	Ausschnitt aus der Tabelle Kunden							
35								
36	Kunden-Nr.	Kunde	Ansprechpartner	Straße/ Postfach	PLZ und Ort			
37	1008	Leondörfler GmbH	Herr Braun	Postfach	26122 Oldenburg			
38	1010	Iris Simsen KG	Herr Meier	Postfach	57074 Siegen			
39	1019	Kölner Metall AG	Frau Fels	Postfach	51149 Köln			
40	1024	Bonner Elektro GmbH	Frau Cissée	Postfach	53129 Bonn			
41	1038	Lindemann GmbH	Herr Buschfeld	Postfach	80122 München			
42								

Abbildung 2: *Die Erweiterung des SVERWEIS*

Anmerkung:
Sind die Werte in der Matrix sortiert und soll ein Bereich überprüft werden (siehe einfacher SVERWEIS), so kann dies durch die Angabe **WAHR** als BEREICH-VERWEIS angegeben werden. Wird keine entsprechende Angabe gemacht, so geht das Programm ebenfalls von dieser Annahme aus.

Arbeitsauftrag 2:

Übernehmen Sie die Ausschnitte aus den Tabellen **Rechnung** und **Kunden** in ein Tabellenblatt und sorgen Sie dafür, dass die Adresse (Zelle A7 bis A10) durch Eintragen der Kundennummer in Zelle H15 automatisch ausgegeben wird. Beachten Sie, dass die Zellen des Suchbereiches (MATRIX) – hier $A$37:$E$41 – und in diesem Fall auch das Suchkriterium – hier $H$15 – festgesetzt werden müssen, da dieser Bereich für alle Zeilen des Anschriftenfeldes gilt. Ändern Sie lediglich den Spaltenindex.

Exkurs: Anwendungen mit mehreren Tabellenblättern

In komplexen Aufgabenstellungen sind der Rechenbereich und die zugehörigen Hilfstabellen häufig in unterschiedlichen Tabellenblättern untergebracht. Hieraus ergibt sich das Problem, dass bei der Eingabe der Matrix (mithilfe der Maus) zwischen dem Tabellenblatt 1 und dem Tabellenblatt 2 gewechselt werden muss. Nachfolgend sind zwei Tabellenblätter abgebildet:

	A	B	C	D	E	F	G	H
1								
2								
3	**Ausschnitt aus der Tabelle Rechnungsformular**							
4								
5	*Bürodesign GmbH, Stollberger Straße 188, 50933 Köln*							
6								
7	Kölner Metall AG							
8	Frau Fels							
9	Postfach							
10	51149 Köln							
11								
12								
13								
14	Ihre Bestellung vom		Sachbearbeiter/-in	Datum		**Bitte bei der Zahlung angeben:**		
15	01.08.20..		Frau Dose	03.08.20..		**Kundennummer:**		**1019**
16								
17						**Rechnungsnummer:**		**1577**
18								
19	**Rechnung**							
20								

Abbildung 3: *Tabellenblatt „Rechnung"*

	A	B	C	D	E
1	**Kunden-Nr.**	**Kunde**	**Ansprechpartner**	**Straße/ Postfach**	**PLZ und Ort**
2	1008	Leondörfler GmbH	Herr Braun	Postfach	26122 Oldenburg
3	1010	Iris Simsen KG	Herr Meier	Postfach	57074 Siegen
4	1019	Kölner Metall AG	Frau Fels	Postfach	51149 Köln
5	1024	Bonner Elektro GmbH	Frau Cissée	Postfach	53129 Bonn
6	1038	Lindemann GmbH	Herr Buschfeld	Postfach	80122 München

Abbildung 4: *Tabellenblatt „Kunden"*

Wenn in der Zelle A7 des Tabellenblattes **Rechnung** die Funktion SVERWEIS angewendet werden soll, so muss für den Bezug auf den Suchbereich (MATRIX) in das Tabellenblatt **Kunden** gewechselt werden. Dieser Wechsel wird vom Programm in der Funktion angezeigt. Im folgenden Beispiel geschieht dies, indem der Name des Tabellenblattes in Hochkomma gesetzt und anschließend ein Ausrufezeichen ausgegeben wird. Der SVERWEIS wird nach dem Wechsel auf das Tabellenblatt Kunden und dem Markieren des Zellbereichs von A2 bis E6 wie folgt angezeigt:
=SVERWEIS($H$15;'Kunden'!$A$2:$E$6

Anmerkung:

Die Angabe des Tabellenblatts erfolgt, damit der Nutzer zu einem späteren Zeitpunkt nachvollziehen kann, in welchem Tabellenblatt das Programm die Hilfstabelle durchsucht hat. **Damit der SVERWEIS ordnungsgemäß funktioniert, muss – während sich auf dem Tabellenblatt Kunden befunden wird – an dieser Stelle das Semikolon gesetzt werden.** Wird ansonsten wieder in das Tabellenblatt Rechnung gewechselt, so verschwindet der Bezug auf die Tabelle. Stattdessen wird in der Funktion der Name des Tabellenblattes Rechnung erscheinen [=SVERWEIS($H$15;'Rechnung'!$A$2:$E$6]. Dementsprechend würde das Programm davon ausgehen, dass sich die Hilfstabelle im Tabellenblatt Rechnung befindet und so später kein (sinnvolles) Ergebnis ausgeben.

Nach dem Setzen des Semikolons [=SVERWEIS($H$15;'Kunden'!$A$2:$E$6;] kann in das Tabellenblatt **Rechnung** zurückgekehrt werden, um die Funktion zu vervollständigen. Bei einem Blick in die Funktionszeile fällt allerdings auf, dass auch das aktuelle Tabellenblatt angezeigt wird:
=SVERWEIS($H$15;'Kunden'!$A$2:$E$6;'Rechnung'!

Durch dieses Beispiel wird deutlich, dass der ansonsten sehr übersichtliche SVERWEIS durch die Tabellenblattbezeichnungen unübersichtlich werden kann. Die Lösung für dieses Problem besteht in der Nutzung der **Adressierung von Zellen** durch sinnvolle Namen (vgl. Kapitel 3.4 Zelladressierung durch Namen). Weist man beispielsweise den Zellen A2 bis E6 des Tabellenblatts Kunden den Namen **Kunden** zu, so muss das Tabellenblatt Rechnung gar nicht verlassen werden. Möglich wird dies dadurch, dass pro Datei jeder Name nur **einmal** vergeben werden kann. Wie bereits kennengelernt, kann der Name während der Funktionserstellung einfach per Hand eingeben oder mit der Taste <F3> aufgerufen werden. Die Funktion in Zelle A7 des Tabellenblatts Rechnung würde somit wie folgt lauten:
=SVERWEIS($H$15;Kunden;2;FALSCH)

Arbeitsauftrag 3:

Übernehmen Sie die Ausschnitte aus den Tabellen **Rechnung** und **Kunden** in jeweils ein Tabellenblatt und benennen Sie diese Tabellenblätter entsprechend. Sorgen Sie dafür, dass die vollständige Adresse in den Zellen A7 bis A10 durch Eintragen der Kundennummer in Zelle H15 automatisch ausgegeben wird. Vergeben Sie für den Bereich der Kundendaten einen Zellnamen.

6.3 Übungsaufgaben zum SVERWEIS

6.3.1 Onlineversand

Situation:

Sie sind in der Abteilung Absatz eingesetzt. Der Abteilungsleiter, Herr Werner, möchte es den Kunden der Bürodesign GmbH ermöglichen, neben der klassischen schriftlichen Bestellung auch Bücher, Software und andere Medienprodukte online zu bestellen. Der Kunde erhält einige Minuten später eine Rückantwort per E-Mail, in der er nochmals seine bestellten Artikel, den Rechnungspreis sowie das voraussichtliche Zustellungsdatum entnehmen kann.

Ihre Aufgabe ist es, mittels der nachfolgend abgebildeten Tabellenblätter ein Formular für die Aufnahme der Onlinebestellungen zu automatisieren.

	A	B	C	D	E	F	G	H	I	J	K
1	**Online-Versand**										
2											
3											
4											
5	Kunden-Nr.	3492		Bestellungseingang:							
6											
7											
8											
9											
10											
11	Lfd. Nr (max. 7)	Art.-Nr.	Menge	Artikel	Listenpreis/ Stück	Rabatt/ Stück	Nettopreis/ Stück	Umsatzsteuer-satz	Umsatzsteuer/ Stück	Bruttopreis/ Stück	Bruttopreis für Bestellmenge
12	1	12430	4								
13	2	23500	1								
14	3	20093	7								
15	4	10683	2								
16	5	13080	1								
17	6	14257	4								
18	7	13792	3								
19										Gesamt-Brutto	
20										zzgl. Versand	
21	Die Ware wird bei Ihnen voraussichtlich am				eintreffen.					Rechnungsbetrag	

Abbildung 5: *Onlineversand; Tabellenblatt „Formular"*

	A	B	C	D
1	**Kundenübersicht**			
2				
3	Kunden-Nr.	Kunde	Kundenklasse	Anschrift
4	3486	Beckertz, Armin	A	53111 Bonn
5	3489	Dahlbruch, Kerstin	B	26113 Oldenburg
6	3490	Hoffenstedt, Anita	B	57074 Siegen
7	3492	Kaiser, Jürgen	A	96442 Coburg
8	3498	Wilms, Ingo	B	80332 München
9	3451	Zopfner, Sabine	B	20446 Hamburg

Abbildung 6: *Onlineversand; Tabellenblatt „Kunden"*

	A	B	C	D
1	**Übersicht über die Artikel und deren Preise**			
2				
3	Art.-Nr.	Artikel	Listenpreis	
4	10235	Das Office Buch	24,95 €	
5	10683	MS Excel 2000	17,98 €	
6	11207	Arbeiten mit dem PC	22,40 €	
7	11874	Internet für Anfänger	12,90 €	
8	12430	MS Excel 2003	24,90 €	
9	13080	Präsentieren leichtgemacht	16,95 €	
10	13792	Textverarbeitung I	14,95 €	
11	14257	Textverarbeitung II	14,95 €	
12	20093	Prüfungswissen Bürokaufleute CD	42,78 €	
13	21147	Deutschland sucht... Kalender	12,50 €	
14	21348	Entspannungsmusik - 2 CD's	14,99 €	
15	22994	Best of Cinema - 12 DVD's	123,98 €	
16	23249	Der virtuelle Jahreskalender - CD	17,98 €	
17	23500	Die große Spielesammlung	17,00 €	

Abbildung 7: *Onlineversand; Tabellenblatt „Artikel"*

Arbeitsaufträge:

1. Speichern Sie Ihre Datei unter dem Namen **Onlineversand**. Speichern Sie Ihre Datei regelmäßig – spätestens jedoch alle 5 Minuten – ab.
2. Übernehmen Sie die Tabellen inklusive aller Werte und Formatierungen in Ihre Arbeitsmappe und benennen Sie die Tabellenblätter wie angegeben.
3. Vergeben Sie auch den Hilfstabellen (Zellbereichen) die Namen „Kunden" und „Artikel". Arbeiten Sie – sofern möglich – mit diesen Namen in den späteren Formeln und Funktionen.
4. Geben Sie in der Zelle B5 des Tabellenblattes **Formular** die Kundennummer 3492 ein.
5. Ermitteln Sie mithilfe einer Suchfunktion in den Zellen B7 und B8 den Kundennamen sowie den Wohnort des Kunden.
6. Geben Sie in der Zelle E5 mithilfe einer geeigneten Funktion das aktuelle Datum im Format TT.MM.JJJJ aus.
7. Ermitteln Sie mithilfe von geeigneten Formeln bzw. Funktionen
   a) in den Zellen der Spalte D den jeweils bestellten Artikel,
   b) in der Spalte E den zugehörigen Listenpreis je Artikel in EUR,
   c) in der Spalte F den Rabatt pro Stück in EUR. Hierbei ist zu beachten, dass der Rabatt in Abhängigkeit von der bestellten Menge gewährt wird. Bei Mengen ab 4 Stück wird ein Rabatt in Höhe von 10 % gewährt;
   d) den Nettopreis je Artikel in EUR,
   e) den auf den jeweiligen Artikel anzuwendenden Umsatzsteuersatz. Berücksichtigen Sie an dieser Stelle, dass für Artikel mit einer Art.-Nr. bis 19.999 nur 7 %, bei Artikeln mit einer Art.-Nr. ab 20.000 hingegen 19 % fällig werden. Formatieren Sie als „Prozent" ohne Nachkommastellen;
   f) die Umsatzsteuer pro Stück in EUR,
   g) den Bruttopreis pro Stück in EUR,
   h) den Bruttopreis in EUR für die gesamte Bestellmenge,
   i) in der Zelle K19 den gesamten Brutto-Betrag in EUR,
   j) die vom Kunden zu zahlenden Versandkosten in EUR. Bis zu einem Bestellwert von unter 200,00 EUR zahlen die Kunden 4,90 EUR. Ab 200,00 EUR Bestellwert zahlen die Kunden nur noch 2,50 EUR und ab einem Bestellwert von 500,00 EUR trägt der Verkäufer die gesamten Versandkosten;
   k) den endgültigen Rechnungsbetrag in EUR.
8. Ermitteln Sie mithilfe einer Formel in der Zelle D21 das Datum, an dem der Kunde die Lieferung voraussichtlich erhalten wird. Hierfür gilt die Regel, dass die Ware zwei Tage nach dem Eingang der Bestellung beim Kunden ankommt. Formatieren Sie den Wert als Datum (TT.MM.JJ).
9. Formatieren Sie alle Euro-Werte im Format „Währung" (€) mit zwei Nachkommastellen.
10. Kopieren Sie das Tabellenblatt **Formular** in das von Ihnen neu zu erstellende Tabellenblatt **Formeln** und schalten Sie dann auf die Formelansicht um. Passen Sie alle Spalten so an, dass sämtliche Formeln und Funktionen vollständig lesbar sind.
11. Drucken Sie abschließend die Tabellenblätter **Formular** und **Formeln** aus. Beide Tabellen sind **im Querformat** und unter Angabe **des Dateinamens, des aktuellen Datums** und **Ihres Namens** in der jeweiligen Kopfzeile auszudrucken. Weiterhin sollen beide Tabellen die **Zeilen- und Spaltenüberschriften** enthalten. Beim Tabellenblatt Formeln ist weiterhin zu beachten, dass dieses auf zwei Seiten breit ausgedruckt wird.

6.3.2 Getränkebestellung

Situation:

Die Bürodesign GmbH organisiert im Rahmen der Personalentwicklung regelmäßig Seminare für ihre Mitarbeiter, die im eigenen Hause durchgeführt werden. Der u. a. für die Bewirtung der Seminarteilnehmer zuständige Bereich „Seminarvorbereitung" überprüft täglich die Lagerbestände an Getränken.

Mithilfe einer Tabelle sollen Sie Frau Ferl unterstützen, indem Sie eine Aufstellung der benötigten Getränke erstellen, die an den Einkauf (Abteilung Beschaffung) weitergeleitet wird. Neben der Bestellmenge sollen hier auch bereits die Preise der Getränke ermittelt werden, um der Abteilung Einkauf die Arbeit zu erleichtern. Ihre Aufgabe ist es, mit den nachfolgend abgebildeten Tabellenblättern das Formular für die Getränkebestellung zu automatisieren.

Web

	A	B	C	D	E	F
1	**Bürodesign GmbH**					
2						
3						
4	**Bedarfsmeldung**					
5						
6	an:	Abteilung Einkauf				
7						
8	von:	Abteilung Seminarvorbereitung				
9						
10						
11						
12	Sehr geehrte Frau Liebig,					
13						
14	für das Seminar "Angewandtes Marketing unter besonderer Berücksichtigung des Produktportfolios"					
15	in der kommenden Woche benötigen wir noch die unten aufgeführten Getränke!					
16						
17	Auch dieses Mal haben wir die hierfür anfallenden Kosten im Voraus berechnet und hoffen, Ihnen hiermit					
18	behilflich gewesen zu sein!					
19						
20	Mit freundlichen Grüßen					
21						
22						
23						
24	Artikel-Nr.	Bezeichnung	Bestellung notwendig?	Bestellmenge	Einzelpreis netto	Gesamtpreis netto
25						
26						
27						
28						
29						
30						
31						
32						
33						
34						
35						
36						
37						
38						
39						
40						
41						
42						
43					Listeneinkaufspreis	
44					Rabatt	
45					Zieleinkaufspreis	
46						
47						
48	Bei Inanspruchnahme von 2 % Skonto vermindert sich der Zieleinkaufspreis nochmals um					
49						
50	Der Bareinkaufspreis würde somit auf insgesamt				reduziert.	

Abbildung 8: *Getränkebestellung; Tabellenblatt „Bestellformular"*

	A	B	C	D	E	F
1	**Ergebnis der monatlichen Inventur im Küchenbereich**					
2						
3	**Artikel-Nr.**	**Artikelbezeichnung**	**aktueller Lagerbestand**	**Meldebestand**	**Mindestbestand**	**Höchstbestand**
4	10101	stilles Wasser	8	9	6	15
5	10102	Mineralwasser	9	9	8	15
6	10201	grüner Tee	9	7	5	10
7	10202	Assam-Tee	8	9	7	12
8	10203	Jasmin-Tee	8	7	5	10
9	10301	Kaffee, koffeinfrei	11	12	10	25
10	10302	Kaffee	13	12	10	25
11	10303	Cappucino	6	7	5	10
12	10304	Espresso	7	5	3	10
13	10401	Coca-Cola	12	13	10	25
14	10402	Pepsi-Cola	11	13	10	25
15	10403	Fanta	14	10	8	20
16	10404	Sprite	15	10	8	20
17	10501	Kölsch	6	7	5	15
18	10502	Pilsener	6	7	5	15
19	10601	Rotwein	8	8	6	12
20	10602	Weißwein	10	8	6	12

Abbildung 9: *Getränkebestellung; Tabellenblatt „Bestandsdaten"*

	A	B	C	D	E	F	G
1	**Preisliste des Getränke-Lieferanten**					**Rabattstaffel**	
2							
3							
4	Artikel-Nr.	Artikelbezeichnung	Preis pro Einheit			ab ... Bestellwert	Gewährung von .. % Rabatt
5	10101	stilles Wasser	6,20 €			50,00 €	5,0
6	10102	Mineralwasser	6,10 €			250,00 €	7,5
7	10201	grüner Tee, 250 g.	4,50 €			600,00 €	10,0
8	10202	Assam-Tee, 500 g.	5,60 €				
9	10203	Jasmin-Tee, 250 g.	5,10 €				
10	10301	Kaffee, koffeinfrei	3,50 €				
11	10302	Kaffee, 500 g.	3,60 €				
12	10303	Cappucino	4,20 €				
13	10304	Espresso	4,60 €				
14	10401	Coca-Cola	6,50 €				
15	10402	Pepsi-Cola	6,40 €				
16	10403	Fanta	6,30 €				
17	10404	Sprite	6,30 €				
18	10501	Kölsch	10,10 €				
19	10502	Pilsener	9,80 €				
20	10601	Rotwein	24,20 €				
21	10602	Weißwein	22,50 €				

Abbildung 10: *Getränkebestellung; Tabellenblatt „Preisliste"*

Arbeitsaufträge:

1. Speichern Sie Ihre Datei unter dem Namen **Getränkebestellung**. Speichern Sie Ihre Datei regelmäßig – spätestens jedoch alle 5 Minuten – ab.
2. Übernehmen Sie die Tabellen inklusive aller Werte und Formatierungen in Ihre Arbeitsmappe und benennen Sie die Tabellenblätter wie angegeben.
3. Vergeben Sie für die Tabellen (Zellbereiche) der Tabellenblätter **Bestandsdaten** und **Preisliste** die Namen „Inventur", „Artikel" und „Rabatt". Verwenden Sie diese Namen – sofern möglich – in den jeweiligen Funktionen.
4. In der Zelle F4 Ihres Tabellenblattes **Bestellformular** soll mithilfe einer geeigneten Funktion das heutige Datum ausgegeben werden.
5. Übernehmen Sie in den Spalten A und B des Bestellformulars (per Zellbezug) die Artikel-Nr. und die Artikelbezeichnung aus der Tabelle Inventur.

Hinweis:
Für die nachfolgenden Arbeitsanweisungen gilt jeweils: Nur wenn für das jeweilige Getränk eine Bestellung erforderlich ist, sollen die Zellen der Spalten C – F ausgefüllt werden. Ansonsten sollen diese Zellen leer bleiben.

6. Ermitteln Sie mittels einer geeigneten Funktion in der Spalte C, ob für das jeweilige Getränk eine Bestellung notwendig ist. Dies ist dann der Fall, wenn der aktuelle Lagerbestand kleiner bzw. gleich dem Meldebestand ist. Eine Bestellung soll durch die Ausgabe eines „X" gekennzeichnet werden.
7. In der Spalte D soll die Bestellanzahl ausgewiesen werden. Für die Bestellmenge wird davon ausgegangen, dass durch die Bestellung der jeweilige Höchstbestand erreicht wird.
8. Durch die Verwendung geeigneter Funktionen soll in den Spalten E und F der jeweilige Einzelpreis des bestellten Getränkes bzw. der Gesamtpreis ermittelt werden.
9. Ermitteln Sie mithilfe geeigneter Funktionen
   a) den Listeneinkaufspreis in EUR,
   b) den Rabatt in EUR. Beachten Sie, dass die Tabelle Rabattstaffel nicht bei 0,00 EUR sondern bei 50,00 EUR beginnt;
   c) den Zieleinkaufspreis in EUR.
10. Ermitteln Sie formel- bzw. funktionsgesteuert in der Zelle F48 die Höhe des möglichen Skontoabzuges und in der Zelle D50 den sich aus dem Skontoabzug ergebenden Bareinkaufspreis.
11. Formatieren Sie alle Euro-Werte im Format „Währung" (€) mit zwei Nachkommastellen.
12. Fügen Sie in Ihre Datei ein neues Tabellenblatt ein. Versehen Sie dieses mit dem Namen **Formeln**. Kopieren Sie den Inhalt des Tabellenblattes **Bestellformular** in dieses neue Tabellenblatt und wechseln Sie in die Formelansicht. Stellen Sie beim Ausdrucken dieser Tabelle sicher, dass alle Funktionen vollständig lesbar sind und die Tabelle auf **zwei DIN-A4-Seiten im Querformat** mit **Ihrem Namen, dem Dateinamen, dem aktuellen Datum** und **Zeilen- und Spaltenüberschriften** ausgedruckt wird.

6.3.3 Vertreterprovision

Situation:
Sie sind zurzeit bei der Abteilungsleiterin der Verwaltung, Frau Berg, eingesetzt. Sie ist für die Berechnung der Jahresprovisionen der im Ausland tätigen Vertreter verantwortlich.

Frau Berg teilt Ihnen mit, dass die Bürodesign GmbH in den USA sieben Vertreter beschäftigt. Für die steuerliche Berücksichtigung in Deutschland müssen allerdings die entsprechenden Jahresgehälter in EUR umgerechnet werden. Mit den nachfolgenden Tabellen sollen Sie die Höhe der Gehälter in EUR ermitteln.

Vertreterprovision für den Zeitraum von 01 bis 05

Rechenbereich

Vertreter	Jahresumsatz im Jahr 05 in US-$	Provision im Jahr 05 in US-$	Anteil an der Gesamtprovision	Anzahl der im Jahr 05 gewonnenen Neukunden	Zulage für Neukunden in US-$	Sonderzulage in US-$	Einkommen im Jahr 05 in US-$	Einkommen im Jahr 05 in EUR	Liegt überdurchschnittl. Jahreseinkommen vor?
Albers	185.600,00			8					
Düker	192.400,00			12					
Heinemann	154.800,00			24					
Markowski	136.800,00			32					
Nietzke	122.800,00			16					
Oswald	147.900,00			4					
Zanker	162.300,00			41					
Gesamt									

Übersicht über die Gehaltsentwicklung von 01 bis 05 in EUR

Vertreter	Gehalt 01	Gehalt 02	Gehalt 03	Gehalt 04	Gehalt 05	Durchschnitt
Albers	26.300,00 €	34.000,00 €	29.300,00 €	31.200,00 €		
Düker	23.400,00 €	27.400,00 €	26.400,00 €	30.900,00 €		
Heinemann	36.100,00 €	33.200,00 €	31.200,00 €	29.400,00 €		
Markowski	42.300,00 €	37.400,00 €	33.900,00 €	31.600,00 €		
Nietzke	27.600,00 €	32.300,00 €	34.700,00 €	29.700,00 €		
Oswald	27.400,00 €	33.600,00 €	35.500,00 €	35.600,00 €		
Zanker	34.900,00 €	29.800,00 €	32.400,00 €	29.400,00 €		

Abbildung 11: *Vertreterprovision; Tabellenblatt „Rechenbereich"*

Hilfstabelle Provision

Jahresumsatz ab US-$	Provision
0,00	8%
30.000,00	10%
60.000,00	12%
80.000,00	14%
100.000,00	16%

Hilfstabelle Neukundenzulage

Anzahl von Neukunden (ab...)	Neukundenzulage in US-$
5	1.250,00
10	1.750,00
20	2.500,00
30	3.500,00

Hilfstabelle Wechselkurs/Sonderzulage

Wechselkurs EUR/US-Dollar	
1 EUR =	1,40 US-$
Sonderzulage:	1.000,00 US-$

Abbildung 12: *Vertreterprovision; Tabellenblatt „Hilfstabellen"*

Web

Arbeitsaufträge:

1. Speichern Sie Ihre Datei unter dem Namen **Vertreterprovision**. Speichern Sie Ihre Datei regelmäßig – spätestens jedoch alle 5 Minuten – ab.
2. Übernehmen Sie die vorgegebenen Tabellen inklusive aller Werte und Formatierungen und benennen Sie die Tabellenblätter wie angegeben.
3. Vergeben Sie den Hilfstabellen sinnvolle Namen und verwenden Sie diese – sofern möglich – in den späteren Formeln und Funktionen.

Hinweis:
Ermitteln Sie für die Aufgabenstellungen 4 a) bis 4 f) jeweils sofort nach Bearbeitung der Teilaufgabe den Gesamtwert in Zeile 15.

4. Ermitteln Sie mithilfe von geeigneten Funktionen
   a) die Provision je Vertreter für das Jahr 05 in US-Dollar;
   b) den prozentualen Anteil je Vertreter an der – vom Unternehmen an alle Vertreter gezahlten – Gesamtprovision, Formatierung in „Prozent" mit zwei Nachkommastellen;
   c) die Höhe der Neukundenzulage je Vertreter in US-Dollar. Die Höhe dieser Zulage ist der entsprechenden Hilfstabelle zu entnehmen. Beachten Sie, dass die Hilfstabelle mit dem Wert 5 beginnt;
   d) die Höhe der Sonderzulage in US-Dollar. Diese wird für den Fall gewährt, dass der jeweilige Vertreter im letzten Jahr mindestens 20 Prozent mehr Neukunden gewonnen hat als der Durchschnitt aller Vertreter;
   e) die Höhe des gesamten Einkommens je Vertreter in US-Dollar;
   f) die Höhe des gesamten Einkommens je Vertreter für das vergangene Jahr in EUR;
   g) ob der jeweilige Vertreter im vergangenen Jahr somit ein überdurchschnittliches Einkommen erzielt hat. Sofern dies der Fall ist, soll die Ausgabe **Ja** erfolgen. Ansonsten soll die jeweilige Zelle leer bleiben;
   h) Formatieren Sie die berechneten Werte im Format „Zahl" mit zwei Nachkommastellen und 1.000er-Trennpunkt.
5. Übernehmen Sie in den Zellen F22 bis F28 durch Zellbezüge das jeweilige Jahreseinkommen der Vertreter in EUR.
6. Ermitteln Sie mithilfe geeigneter Funktionen
   a) das durchschnittliche Jahreseinkommen der Vertreter von 01 bis 05;
   b) die vom Unternehmen geleisteten gesamten Einkommenszahlungen für die Jahre 01 bis 05;
   c) das durchschnittlich vom Unternehmen gezahlte Einkommen pro Vertreter für die Jahre 01 bis 05;
   d) Formatieren Sie alle Euro-Werte als „Währung" (€) mit zwei Nachkommastellen.
7. Fügen Sie unterhalb der Tabelle im Tabellenblatt Rechenbereich ein Textfeld ein. Analysieren Sie die Auswirkungen eines schwankenden Wechselkurses auf die Einkommen der Vertreter. Begründen Sie Ihre Entscheidung mithilfe der berechneten Werte. Formulieren Sie in ganzen Sätzen und achten Sie auf eine gute Ausdrucksweise.
8. Erstellen Sie ein weiteres Tabellenblatt, welches Sie mit dem Namen **Formeln** versehen. Kopieren Sie in dieses Tabellenblatt den Inhalt des Tabellenblattes **Rechenbereich** hinein und wechseln Sie in die Formelansicht.
9. Drucken Sie abschließend die Tabellenblätter **Rechenbereich** und **Formeln** aus. Beachten Sie hierbei unbedingt, dass neben den **Zeilen-/Spaltenüberschriften** alle Tabellen mit Ihrem **Namen, dem Dateinamen** und dem **heutigen Datum** in der Kopfzeile versehen sind. Sorgen Sie dafür, dass das Tabellenblatt **Rechenbereich** auf einer Seite und das Tabellenblatt **Formeln** auf zwei Seiten im **Querformat** ausgedruckt wird.

6.4 WVERWEIS

Situation:
Im Rahmen der Automatisierung der Rechnung in der Abteilung Rechnungswesen soll (wie beim SVERWEIS) der Rabattsatz aus einer Hilfstabelle entsprechend der jeweiligen Menge in das Rechnungsformular eingetragen werden. Herr Taube teilt Ihnen mit, dass die Hilfstabelle allerdings nicht wie beim SVERWEIS senkrecht, sondern in Zukunft **waagerecht** angeordnet werden soll.

Mit der Funktion SVERWEIS wurde durch die Eingabe von drei Argumenten ein gewünschter Wert innerhalb einer Hilfstabelle gesucht und der zugehörige Wert/Name etc. ausgegeben. Voraussetzungen für den SVERWEIS sind zum einen die **aufsteigende Reihenfolge** der Werte innerhalb der Hilfstabelle und zum anderen, dass die Hilfstabelle **senkrecht** aufgebaut ist. Das **S** im Funktionsnamen SVERWEIS besagt demnach, dass in einer **s**enkrechten Hilfstabelle gesucht wird.

Ist die Hilfstabelle nicht senkrecht, sondern waagerecht dargestellt (siehe Abbildung 13), so ist die Verwendung der Funktion SVERWEIS nicht möglich. Alternativ dazu muss die Funktion **WVERWEIS** verwendet werden, die analog aufgebaut ist. Das **W** steht hier für **waagerecht**. Die Syntax der Funktion lautet:
=WVERWEIS(SUCHKRITERIUM;MATRIX;ZEILENINDEX;[BEREICH_VERWEIS])

	A	B	C	D	E	F	G	H	I
1									
2									
3	Ausschnitt aus der Tabelle Rechnungsformular								
4									
19	Rechnung								
20									
21									
22	Position	Artikel-nummer	Artikel-bezeichnung	Menge (Stück)	Listenpreis pro Stück	Rabatt (%)	Rabatt pro Stück	Gesamt-preis	
23	1	13792	Textverarbeitung I	10	=WVERWEIS(D23;$B$37:$F$38;2)				
24	2	11207	Arbeiten mit dem PC	25	WVERWEIS(Suchkriterium; Matrix; Zeilenindex; [Bereich_Verweis])				
25	3	12430	Tabellenkalkulation 2003	20	24,90 €				
26	4	13080	Präsentieren leichtgemacht	15	16,95 €				
32									
33									
34									
35	Ausschnitt aus der Tabelle Rabattsätze								
36									
37	Menge ab ...	0	10	20	50	100			
38	Rabattsatz (%)	0	10	15	20	30			

Abbildung 13: *Der WVERWEIS*

Für die Zelle F23 gilt die folgende Funktion: =WVERWEIS(D23;$B$37:$F$38;2)

Anmerkung:

Der BEREICH_VERWEIS wird im Rahmen des „einfachen" WVERWEIS nicht benötigt und kann weggelassen werden. Aufgrund dessen wird der BEREICH_VERWEIS erst im Rahmen des "erweiterten WVERWEIS" (Kapitel 6.5) thematisiert.

Wie beim SVERWEIS sucht auch der **WVERWEIS** den gewünschten Wert (d. h. die Zahl 10 aus der Zelle D23) in der Matrix (Suchbereich) ($B$37:$F$38). Da das Suchkriterium 10 zwar größer ist als die kleinste Zahl des Suchbereiches (hier die Zahl 0) und genau so groß ist wie die nächste Zahl 10, jedoch kleiner als die Zahl 20 ist, wird als Ausgabewert der Inhalt der Zelle C38 ermittelt.

Anmerkung:

Der WVERWEIS unterliegt den selben Einschränkungen wie der SVERWEIS. Damit eine fehlerfreie Funktionsweise gewährleistet ist, muss neben einer **aufsteigenden Reihenfolge innerhalb der MATRIX** auch sichergestellt sein, dass sich das **SUCHKRITERIUM nicht unterhalb der untersten Grenze des Suchbereiches** befindet. D. h. der Wert –1 würde vom WVERWEIS nicht verarbeitet werden, da die Funktion die Suche erst ab der Zahl 0 durchführen kann. Auch die Fragestellung „Ist der gesuchte Wert größer oder gleich dem Grenzwert?" entspricht der des SVERWEIS.

Arbeitsauftrag 4:

Erfassen Sie im Tabellenkalkulationsprogramm den abgebildeten Ausschnitt der Rechnung und sorgen Sie dafür, dass in Abhängigkeit der Menge der jeweilige Rabattsatz ausgegeben wird. Berechnen Sie anschließend die jeweiligen Rabatte pro Stück und Gesamtpreise.

6.5 Erweiterung des WVERWEIS

Wie beim SVERWEIS kann durch das Hinzufügen des vierten Kriteriums – des **BEREICH_VERWEIS** – der WVERWEIS dazu veranlasst werden, eine ungeordnete Reihenfolge innerhalb der Matrix zu ignorieren. Voraussetzung ist hier allerdings auch, dass der gesuchte Wert in der Matrix vorhanden ist (siehe Beispiel).

In diesem erweiterten WVERWEIS (mit BEREICH_VERWEIS) wird in der Matrix die genaue Übereinstimmung geprüft. Dies wird durch die Ergänzung der Angabe FALSCH (alternativ: 0) durchgeführt. Diese Angabe verändert – genau wie beim SVERWEIS – die Fragestellung von „ist der gesuchte Wert größer bzw. gleich" in „ist der gesuchte Wert identisch" mit dem jeweiligen Wert in der Matrix. Allerdings können somit nur die genauen Werte überprüft werden. Die Eingabe der Kundennummer 1020 in der Zelle H15 führt zu der Fehlermeldung **#NV** (engl.: **n**on **v**alue), was lediglich bedeutet, dass der gesuchte Wert nicht in der Matrix (Suchbereich) vorhanden ist. Die Fehlermeldung ist in diesem Fall gewünscht, da so die Eingabe einer falschen Kundennummer zu keiner Adressanzeige führt!

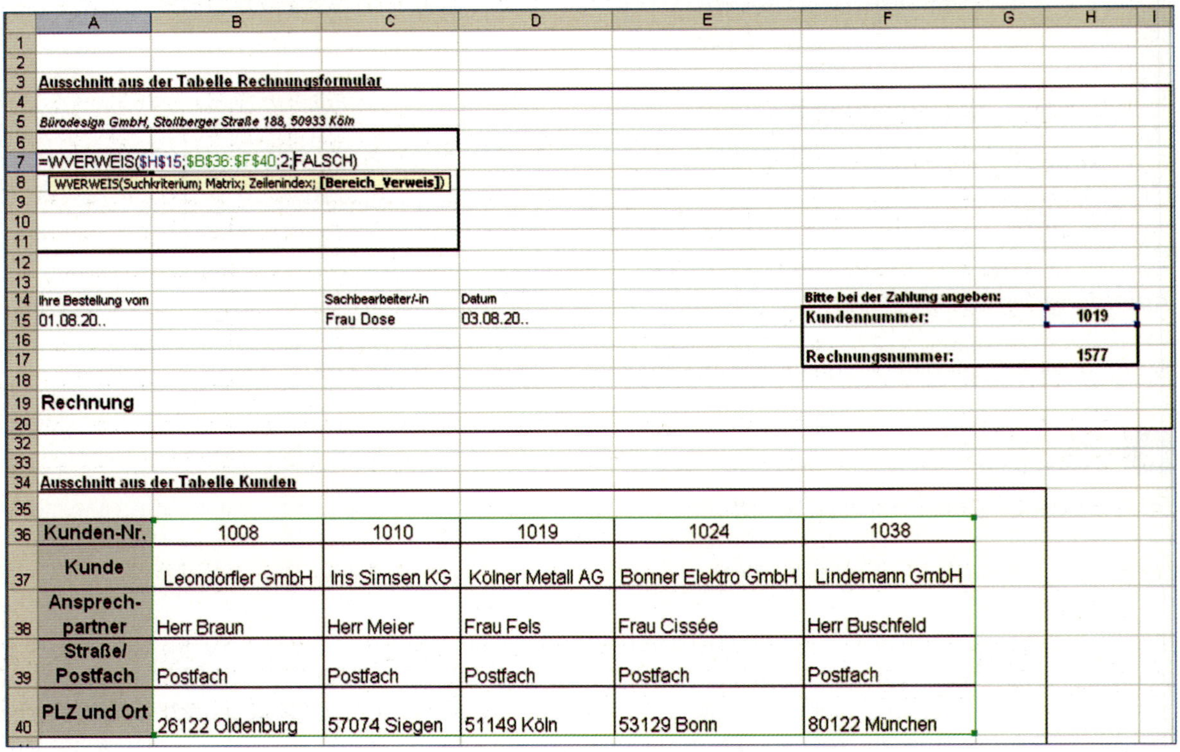

Abbildung 14: *Die Erweiterung des WVERWEIS*

Arbeitsauftrag 5:

Übernehmen Sie die Ausschnitte aus den Tabellen **Rechnung** und **Kunden** in ein Tabellenblatt und sorgen Sie dafür, dass die Adresse (Zelle A7 bis A10) durch Eintragen der Kundennummer in Zelle H15 automatisch ausgegeben wird. Beachten Sie, dass die Zellen festgesetzt (absolut adressiert) werden müssen, da dieser Bereich für alle Zeilen des Anschriftfeldes gilt. Ändern Sie lediglich den ZEILENINDEX.

6.6 Übungsaufgaben zum WVERWEIS

6.6.1 Prämiensystem

Situation:

Da Sie in der Abteilung Personal einen guten Eindruck hinterlassen haben, hat Frau Ferl Sie für die Auswertung des Prämiensystems für die neuen Reisenden angefordert.
Sie teilt Ihnen mit, dass die Bürodesign GmbH für den deutschen Markt fünf Reisende eingestellt hat. Das Entgelt der Reisenden besteht aus einem Fixum. Zusätzlich erhalten die Reisenden eine vom Umsatz abhängige Prämie sowie eine umsatzabhängige Provision. Mit den nachfolgenden Tabellen sollen Sie eine Auswertung des Prämiensystems für den vergangenen Abrechnungszeitraum durchführen.

	A	B	C	D	E	F	G
1	**Auswertung eines Prämiensystems für die neuen Reisenden**						
2							
3							
4	Reisender	Fixum (EUR)	Umsatz (EUR)	Provision (in EUR)	Prämie (in EUR)	gesamte Vergütung (in EUR)	Prämienanteil an Gesamtvergütung
5	Ebeler	1.800,00	18.000,00				
6	Helmig	1.500,00	22.000,00				
7	Köster	2.000,00	20.500,00				
8	Naomi	1.500,00	24.500,00				
9	Walther	1.700,00	23.000,00				
10							
11	Gesamt						

Abbildung 15: *Prämiensystem; Tabellenblatt „Auswertung"*

	A	B	C	D
1	**Provision**			
2				
3	Umsatz ab EUR	0	10.000	20.000
4	Provisionssatz	5,00%	7,00%	10,00%

Abbildung 16: *Prämiensystem; Tabellenblatt „Provision"*

	A	B	C	D
1	**Prämie**			
2				
3	Umsatz ab EUR	0	12.000	23.000
4	Prämie auf die Provision	17,00%	25,00%	35,00%

Abbildung 17: *Prämiensystem; Tabellenblatt „Prämie"*

Arbeitsaufträge:

1. Speichern Sie Ihre Datei unter dem Namen **Prämiensystem**. Speichern Sie Ihre Datei regelmäßig – spätestens jedoch alle 5 Minuten – ab.
2. Übernehmen Sie die vorgegebenen Tabellen inklusive aller Werte und Formatierungen und benennen Sie die Tabellenblätter wie angegeben.
3. Vergeben Sie den Hilfstabellen (Zellbereiche) sinnvolle Namen und verwenden Sie diese – sofern möglich – in den späteren Formeln und Funktionen.
4. Ermitteln Sie mithilfe von geeigneten Funktionen
   a) in Spalte D die Provision je Reisenden,
   b) in Spalte E die Prämie je Reisenden,

c) in Spalte F die Höhe der gesamten Vergütung je Reisenden,
d) in Spalte G den Prämienanteil an der Gesamtvergütung pro Reisenden. Geben Sie den Anteil als Prozentzahl mit zwei Nachkommastellen an;
e) in Zeile 11 die jeweiligen Summen.

5. Formatieren Sie alle Euro-Werte im Format „Zahl" mit zwei Nachkommastellen und 1.000er-Trennpunkt.
6. Erstellen Sie ein weiteres Tabellenblatt, welches Sie mit dem Namen **Formeln** versehen. Kopieren Sie in dieses Tabellenblatt die Werte des Tabellenblattes **Auswertung** hinein und wechseln Sie in die Formelansicht. Sorgen Sie dafür, dass die Formeln und Funktionen vollständig lesbar sind.
7. Drucken Sie abschließend das Tabellenblatt **Formeln** aus. Beachten Sie hierbei unbedingt, dass neben den **Zeilen-/Spaltenüberschriften** die Tabelle mit Ihrem **Namen, dem Dateinamen** und dem **heutigen Datum** in der Kopfzeile versehen ist. Sorgen Sie ebenfalls dafür, dass das Tabellenblatt auf einer Seite im **Querformat** ausgedruckt wird.

6.6.2 Angebotsvergleich 3

Situation:

Bei Ihrer momentanen Tätigkeit in der Abteilung Beschaffung ergibt sich folgende Situation: Herr Hussel aus der Abteilung Lager meldet, dass aufgrund des Abverkaufs des Faxgerätes „Multifax 0912" der Meldebestand von 30 Stück unterschritten ist. Der aktuelle Bestand dieser Handelsware beträgt 25 Stück, der Höchstbestand 100 Stück. Die Bürodesign GmbH muss 75 Stück des Faxgerätes bestellen und sendet Anfragen an drei Lieferer.
Nach Ankunft der Angebote muss ein Angebotsvergleich durchgeführt werden, um den günstigsten Anbieter zu ermitteln. Frau Pfeiffer bittet Sie, die notwendigen Arbeiten zu erledigen. Ihre Aufgabe ist es, anhand der nachfolgend abgebildeten Tabellenblätter einen automatisierten Angebotsvergleich durchzuführen.

	A	B	C	D	E
1	Ermittlung des günstigsten Lieferanten				
2					
3					
4	Bestellmenge	75			
5					
6					
7	Durchführung des Angebotsvergleichs:				
8					
9					
10		Jansen OHG	Brüggemann GmbH	Deppendorf KG	
11	**Lieferbedingung**				
12	Listeneinkaufspreis/ Stück				
13	Listeneinkaufspreis/ gesamt				
14	Rabatt				
15	Zieleinkaufspreis				
16	Skonto				
17	Bareinkaufspreis				
18	Bezugskosten				
19	Bezugspreis gesamt				
20	Bezugspreis/Stück				
21					
22					
23	Der günstigste Lieferant heißt				
24					
25	Die Ersparnis zwischen dem teuersten und dem günstigsten Lieferanten beträgt:				

Abbildung 18: *Angebotsvergleich 3; Tabellenblatt „Berechnung"*

	A	B	C	D	E
1	**Übersicht über anfallende Bezugskosten**				
2					
3					
4		Jansen OHG	Brüggemann GmbH	Deppendorf KG	
5	Rollgeld I	4,80 €	5,00 €	6,10 €	
6	Ladegebühr	2,10 €	3,60 €	2,00 €	
7	Fracht	30,00 €	40,00 €	35,00 €	
8	Entladegebühr	3,50 €	5,00 €	0,00 €	
9	Rollgeld II	7,00 €	6,20 €	4,80 €	
10					
11					
12	**Nebenrechnung zur Ermittlung der Bezugskosten**				
13					
14	Beförderungs-bedingung	Jansen OHG	Brüggemann GmbH	Deppendorf KG	
15	ab Werk				
16	unfrei				
17	frei Waggon				
18	frachtfrei				
19	frei Haus				

Abbildung 19: *Angebotsvergleich 3; Tabellenblatt „Bezugskosten"*

	A	B	C	D	E
1	**Übersicht über die Grunddaten unserer Lieferanten**				
2					
3					
4		Jansen OHG	Brüggemann GmbH	Deppendorf KG	
5	Listenpreis/Stück	35,80 €	37,20 €	34,95 €	
6	Skonto	3%	2%	0%	
7	Rabatt	15%	20%	10%	
8	Rabattgewährung ab ... Stück	80	50	30	
9	Beförderungs-bedingung	unfrei	frachtfrei	frei Haus	

Abbildung 20: *Angebotsvergleich 3; Tabellenblatt „Grunddaten"*

Arbeitsaufträge:

1. Speichern Sie Ihre Datei unter dem Namen **Angebotsvergleich_3**. Speichern Sie Ihre Datei regelmäßig – spätestens alle 5 Minuten – ab.
2. Übernehmen Sie die Tabellen inklusive aller Werte und Formatierungen und benennen Sie die Tabellenblätter wie angegeben. Vergeben Sie für die Hilfstabellen (Zellbereiche) sinnvolle Namen.
3. Ermitteln Sie mithilfe von Formeln im Tabellenblatt **Bezugskosten** die jeweiligen Bezugskosten für alle aufgeführten Lieferbedingungen und Lieferanten.
4. Ermitteln Sie im Tabellenblatt **Berechnung** mithilfe von Formeln und Funktionen für alle drei Lieferer
   a) die jeweilige Lieferbedingung (Suchfunktion verwenden),
   b) den Listeneinkaufspreis je Stück und Listeneinkaufspreis insgesamt,
   c) den vom jeweiligen Lieferanten gewährten Rabatt in EUR (Suchfunktion verwenden),
   d) den Zieleinkaufspreis,
   e) den gewährten Skontoabzug in EUR (Suchfunktion verwenden),
   f) den Bareinkaufspreis,
   g) die Bezugskosten (verwenden Sie hierfür u. a. eine Suchfunktion),
   h) den Bezugspreis für die gesamte Bestellmenge,
   i) den Bezugspreis für ein Stück,
   j) den Namen des günstigsten Lieferanten,
   k) die Ersparnis zwischen dem günstigsten und dem teuersten Angebot für die gesamte Bezugsmenge in Prozent (unter Angabe von zwei Nachkommastellen). Beachten Sie hierbei, dass die Funktion auch den Umstand berücksichtigen muss, dass der derzeit günstigste Lieferant auch der teuerste sein könnte.
5. Formatieren Sie alle Euro-Werte im Format „Währung" (€) mit zwei Nachkommastellen.
6. Fügen Sie unterhalb der Tabelle im Tabellenblatt Berechnung ein Textfeld ein. Entscheiden Sie sich für einen Lieferanten und begründen Sie Ihre Entscheidung mithilfe der berechneten Werte. Formulieren Sie in ganzen Sätzen und achten Sie auf eine gute Ausdrucksweise.
7. Erstellen Sie ein weiteres Tabellenblatt, welches Sie mit dem Namen **Formeln** versehen. Kopieren Sie in dieses Tabellenblatt die Werte des Tabellenblattes **Berechnung** hinein und wechseln Sie in die Formelansicht.

8. Drucken Sie anschließend das Tabellenblatt **Formeln** aus. Beachten Sie hierbei unbedingt, dass neben den **Zeilen- und Spaltenüberschriften** der Ausdruck mit Ihrem **Namen, dem Dateinamen** und dem **heutigen Datum** in der Kopfzeile versehen ist. Sorgen Sie ebenfalls dafür, dass das Tabellenblatt auf **drei Seiten** im **Querformat** ausgedruckt wird.

6.6.3 Flugtickets

Situation:

Während Ihres Einsatzes in der Geschäftsführung bekommen Sie mit, dass Herr Marlies sechs seiner Mitarbeiter zu einer Fachmesse nach Tokio schicken möchte.

Da die Mitarbeiter – entsprechend ihrer Stellung im Unternehmen – unterschiedliche Wünsche hinsichtlich des Komforts (von **economy** bis **first-class**) haben, wurden Angebote der Fluggesellschaften A und B eingeholt.

Da alle Mitarbeiter Mitglieder in sogenannten Prämiensystemen sind, muss unter Umständen kein Preis für die Ausstellung eines Tickets bezahlt werden. Die Angaben über die vom jeweiligen Mitarbeiter angesammelten „Meilen" und die für die Ausstellung eines Freitickets notwendigen Bonusmeilen finden Sie innerhalb der unten abgebildeten Tabellen.

Herr Marlies beauftragt Sie, eine automatisierte Ermittlung der notwendigen Ausgaben für Flugtickets zu erstellen.

Web

	A	B	C	D	E	F	G	H
1	Ermittlung der notwendigen Ausgaben für Flugtickets							
2								
3								
4								
5	Fluggesellschaft A							
6								
7	Buchungsklasse	1	2	3	4			
8	Preis pro Ticket	3.299,00 €	2.469,00 €	1.799,00 €	1.239,00 €			
9	notwendige Bonusmeilen	100.000	80.000	60.000	40.000			
10								
11								
12	Fluggesellschaft B							
13								
14	Buchungsklasse	1	2	3	4			
15	Preis pro Ticket	3.149,00 €	2.369,00 €	1.399,00 €	1.239,00 €			
16	notwendige Bonusmeilen	110.000	85.000	55.000	40.000			
17								
18								
19								
20								
21	Konferenzteilnehmer	gewünschte Fluggesellschaft	gewünschte Buchungsklasse	Preis/Ticket	derzeitige Bonusmeilen	notwendige Bonusmeilen	Ticketkauf notwendig?	notwendige Ausgabe
22	Brandt, Jürgen	B	2		45.000			
23	Hekendorf, Tanje	B	1		130.000			
24	Klaas, Andrea	A	2		32.000			
25	Nadler, Joachim	B	3		46.000			
26	Poschmann, Patrick	A	4		52.000			
27	Rheinhardt, Jochen	B	2		18.000			
28								
29								
30	gesamte Ticketkosten:							
31	durchschnittlicher Ticketpreis:							

Abbildung 21: *Flugtickets; Tabellenblatt „Berechnung"*

Arbeitsaufträge:

1. Speichern Sie Ihre Datei unter dem Namen **Flugtickets**. Speichern Sie Ihre Datei regelmäßig – spätestens jedoch alle 5 Minuten – ab.
2. Übernehmen Sie die Tabelle inklusive aller Werte und Formatierungen und benennen Sie das Tabellenblatt wie angegeben.

Hinweis:

Beachten Sie, dass ungültige Eingaben bei der gewünschten Fluggesellschaft bzw. der gewünschten Buchungsklasse zur Ausgabe des Hinweises „Fehleingabe" bzw. „#NV" führen sollen.

3. Vergeben Sie den Hilfstabellen sinnvolle Namen und verwenden Sie diese – sofern möglich – in den späteren Formeln und Funktionen.
4. Ermitteln Sie mithilfe von geeigneten Formeln und Funktionen
   a) in den Zellen D22 bis D27 in Abhängigkeit von der gewünschten Fluggesellschaft und der Buchungsklasse den Preis für ein Ticket,
   b) in den Zellen F22 bis F27 die für die Ausstellung eines kostenlosen Tickets notwendigen Bonusmeilen,
   c) in den Zellen G22 bis G27, ob ein Ticketkauf notwendig ist,
   Hier gehen Sie bitte davon aus, dass ein Ticketkauf nur notwendig ist, wenn die bisher gesammelten Bonusmeilen nicht zur Ausstellung eines Freitickets ausreichen. Je nach Antwort soll entweder ein JA oder ein NEIN ausgegeben werden;
   d) in den Zellen H22 bis H27 den Preis für das auszustellende Ticket. Im Fall der Ausstellung eines Freitickets ist als Preis der Wert 0,00 EUR auszugeben;
   e) in der Zelle B30 die tatsächlichen gesamten Kosten für alle sechs Tickets;
   f) in der Zelle B31 die tatsächlichen durchschnittlichen Kosten pro Ticket. Grundlage für diesen Wert sind ebenfalls alle sechs Tickets.
5. Kopieren Sie den Inhalt des Tabellenblattes Berechnung in ein neues Tabellenblatt und wechseln Sie dort in die Formelansicht. Benennen Sie das neue Tabellenblatt **Formeln**.
6. Richten Sie die Tabellenblätter **Berechnung** und **Formeln** so ein, dass diese **Zeilen- und Spaltenüberschriften** enthalten und die Ausdrucke auf **einer Seite** (Tabellenblatt Berechnung) bzw. **zwei Seiten** (Tabellenblatt Formeln) im Querformat ausgedruckt werden. Sämtliche Formeln und Funktionen sollen vollständig lesbar sein. Weiterhin sollen beide Tabellenblätter in der Kopfzeile Ihren **Namen,** den **Dateinamen** und das **aktuelle Datum** enthalten.

7 Diagramme

7.1 Erstellen von Diagrammen am Beispiel eines Säulendiagramms

Situation:

Herr Thorsten Klein aus der Abteilung Rechnungswesen/Statistik möchte für die nächste Ausgabe der Betriebszeitung eine Übersicht über die Absatz- sowie die Umsatzzahlen des vergangenen Geschäftsjahres erstellen. Um die reinen Zahlen etwas anschaulicher zu gestalten, soll mithilfe des Tabellenkalkulationsprogramms zunächst eine Gegenüberstellung der Bruttoerlöse und der Nettoerlöse der gängigsten Artikel erstellt werden.

Arbeitsauftrag 1:

Übernehmen Sie die in der Abbildung 1 stehende Tabelle in Ihr Tabellenblatt 1. Lesen Sie sich die nachfolgenden Seiten sorgfältig durch und vollziehen Sie die aufgezeigten Schritte nach.

Als Ausgangsbasis für die zu erstellenden Diagramme dient die folgende Tabelle:

	A	B	C	D	E	F	G
1	**Übersicht über den Absatz und den Umsatz des vergangenen Jahres**						
2							
3							
4		verkaufte Stückzahlen					
5	Artikel	1. Halbjahr	2. Halbjahr	Verkaufspreis	Bruttoerlöse gesamt	Rabatt gesamt	Nettoerlöse gesamt
6	Das Office Buch	380	420	24,95 €	19.960,00 €	998,00 €	18.962,00 €
7	MS Excel 2007	680	650	17,98 €	23.913,40 €	1.195,67 €	22.717,73 €
8	Arbeiten mit dem PC	420	370	22,40 €	17.696,00 €	884,80 €	16.811,20 €
9	Internet für Anfänger	830	850	12,90 €	21.672,00 €	2.167,20 €	19.504,80 €
10	Präsentieren leichtgemacht	490	590	16,95 €	18.306,00 €	1.372,95 €	16.933,05 €
11	Textverarbeitung I	940	1020	14,95 €	29.302,00 €	2.197,65 €	27.104,35 €
12	Textverarbeitung II	860	870	14,95 €	25.863,50 €	2.586,35 €	23.277,15 €

Abbildung 1: *Ausgangsdaten für die nachfolgend zu erstellenden Diagramme*

In dem zu erstellenden Diagramm sollen die Werte Bruttoerlöse gesamt (Spalte E) sowie Nettoerlöse gesamt (Spalte G) für alle Artikel in Form eines **Säulendiagramms** dargestellt werden, da dies den direkten Vergleich unterschiedlicher Werte ermöglicht.

Im ersten Schritt müssen die Werte markiert werden, aus denen das Programm später die Säulen erstellen soll. Im vorliegenden Fall sind dies die Zellen E6 bis E12 sowie G6 bis G12. Da hier ein nicht zusammenhängender Zellbereich vorliegt, empfiehlt es sich, zunächst die Zellen der Spalten E zu markieren. Bei anschließend festgehaltener **STRG-Taste** können die Zellen der Spalte G markiert werden. Die Werte, die später auf der X-Achse stehen werden (hier die Artikelbezeichnungen), werden an dieser Stelle bewusst **nicht** mitmarkiert. Der markierte Bereich hat folgendes Aussehen:

	A	B	C	D	E	F	G
1	**Übersicht über den Absatz und den Umsatz des vergangenen Jahres**						
2							
3							
4		verkaufte Stückzahlen					
5	Artikel	1. Halbjahr	2. Halbjahr	Verkaufspreis	Bruttoerlöse gesamt	Rabatt gesamt	Nettoerlöse gesamt
6	Das Office Buch	380	420	24,95 €	19.960,00 €	998,00 €	18.962,00 €
7	MS Excel 2007	680	650	17,98 €	23.913,40 €	1.195,67 €	22.717,73 €
8	Arbeiten mit dem PC	420	370	22,40 €	17.696,00 €	884,80 €	16.811,20 €
9	Internet für Anfänger	830	850	12,90 €	21.672,00 €	2.167,20 €	19.504,80 €
10	Präsentieren leichtgemacht	490	590	16,95 €	18.306,00 €	1.372,95 €	16.933,05 €
11	Textverarbeitung I	940	1020	14,95 €	29.302,00 €	2.197,65 €	27.104,35 €
12	Textverarbeitung II	860	870	14,95 €	25.863,50 €	2.586,35 €	23.277,15 €

Abbildung 2: *Für das Säulendiagramm notwendiges Zahlenmaterial*

Um aus diesen Werten ein Diagramm erstellen zu können, wird mit der Maus das Symbol für den **Diagramm-Assistent** angeklickt bzw. der Assistent wird mit dem Befehlsweg EINFÜGEN – DIAGRAMM gestartet.

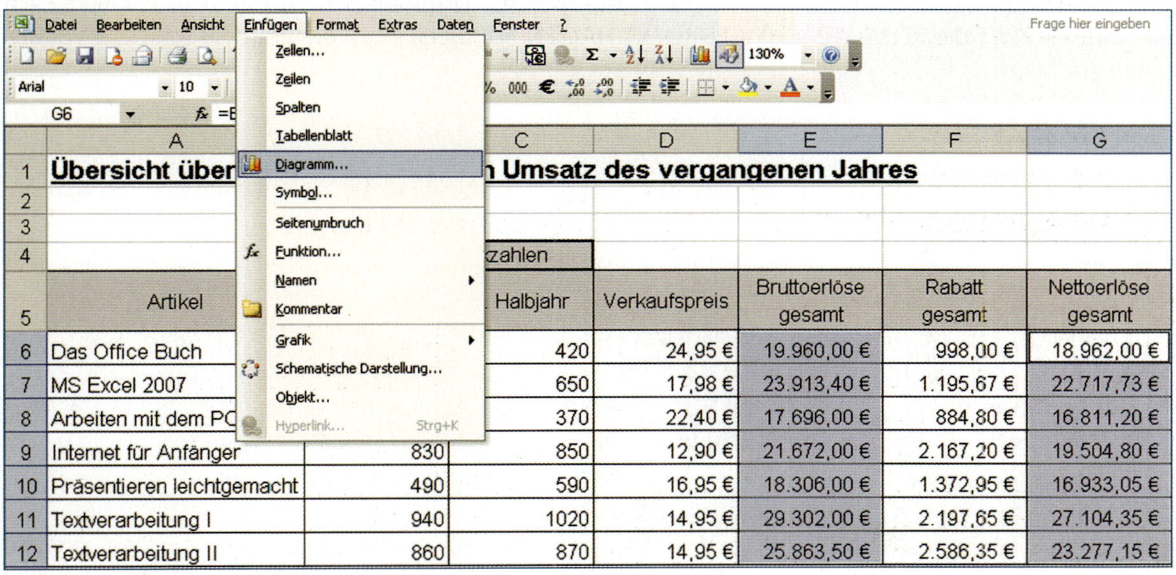

Abbildung 3: *Starten des Diagramm-Assistent*

Im aktivierten Diagramm-Assistent muss im ersten Schritt eine bestimmte Diagrammkategorie und anschließend ein entsprechender Diagrammuntertyp gewählt werden. Hier wird innerhalb des Diagrammtyps SÄULE der Diagrammuntertyp GRUPPIERTE SÄULEN ausgewählt.

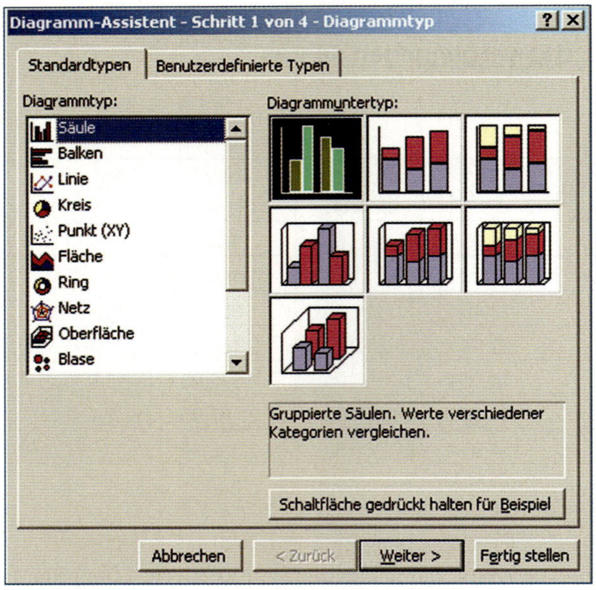

Abbildung 4: *Auswahl des Diagrammuntertyps GRUPPIERTE SÄULEN*

Um eine Vorstellung des ungefähren Aussehens des späteren Diagramms zu bekommen, empfiehlt sich ein Mausklick auf die SCHALTFLÄCHE GEDRÜCKT HALTEN FÜR BEISPIEL, woraufhin die folgende Vorausschau erscheint:

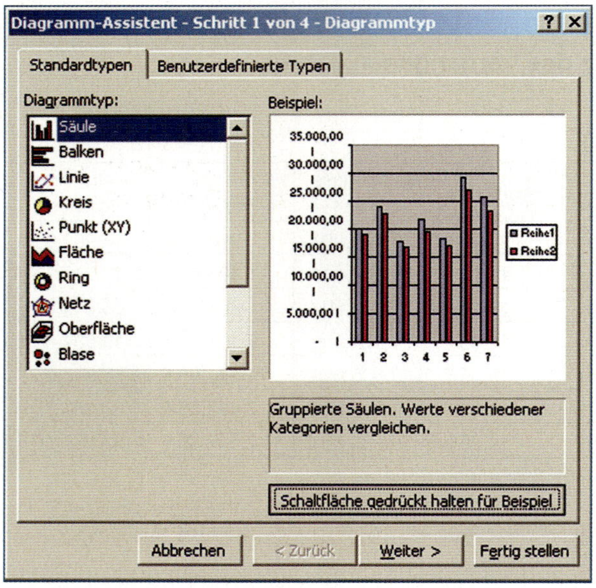

Abbildung 5: *Beispielhafte Darstellung des Säulendiagramms*

Wenn die Vorausschau den Wünschen entspricht, wird die Auswahl des Diagrammtyps mit der Schaltfläche WEITER bestätigt. In der nächsten Ansicht zeigt das Programm die spätere Darstellung der markierten Werte, wenn diese spaltenweise (REIHE IN – SPALTEN) verarbeitet werden.

Arbeitsauftrag 2:

Probieren Sie aus, ob eine zeilenweise Verarbeitung der Werte sinnvoll erscheint. Wechseln Sie anschließend wieder auf die **spaltenweise Verarbeitung** der Werte.

Der Darstellung ist zu entnehmen, dass das vorläufige Diagramm zwei grundlegende Probleme aufweist. Zum einen enthält die Legende lediglich die Bezeichnungen REIHE1 und REIHE2. Zum anderen ist die Beschriftung der X-Achse falsch, da hier statt der Zahlen eins bis sieben sinnvollerweise die Artikelbezeichnungen stehen sollten.

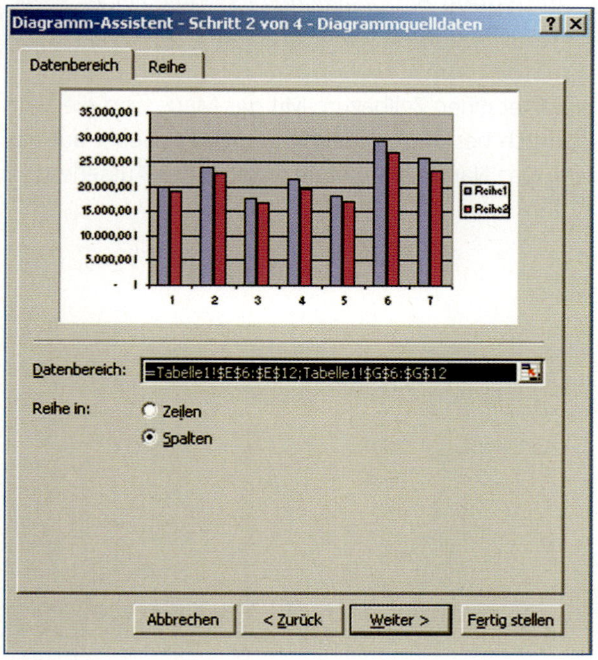

Abbildung 6: *Vorläufiges Diagramm mit ungeeigneter X-Achsenbezeichnung und ungeeigneter Legende*

Beide Probleme lassen sich in der Kategorie REIHE beheben. Wird diese mit der Maus angeklickt, erscheint die folgende Übersicht. In dieser Übersicht zeigt das Programm im Bereich WERTE an, dass die bislang als REIHE1 dargestellten Werte aus dem Tabellenblatt 1 und hier aus den Zellen E6 bis E12 stammen.

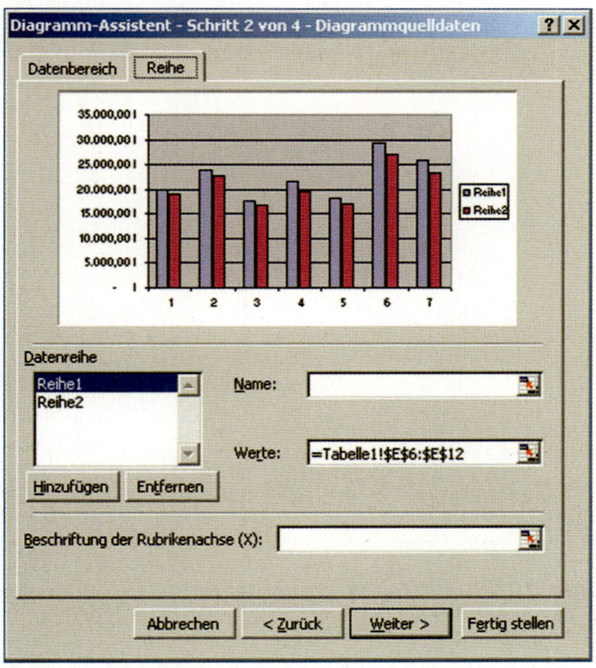

Abbildung 7: *Menüpunkt zum Ändern der Legende und der X-Achse mit ausgewählter Reihe1*

Direkt über dem Wertebereich existiert ein bislang nicht gefüllter Bereich NAME. In diesen Bereich kann entweder per Hand der sinnvolle Legendentext eingegeben oder der Text aus dem Tabellenblatt hinein-

Diagramme

kopiert werden. Wie dem Zellbereich E6 bis E12 entnommen werden kann, stellen die abgebildeten Werte die „Bruttoerlöse gesamt" dar. Mit der Maus wird an dieser Stelle in das Feld NAME und weiterhin auf die Schaltfläche am rechten Ende des Namenfeldes geklickt.

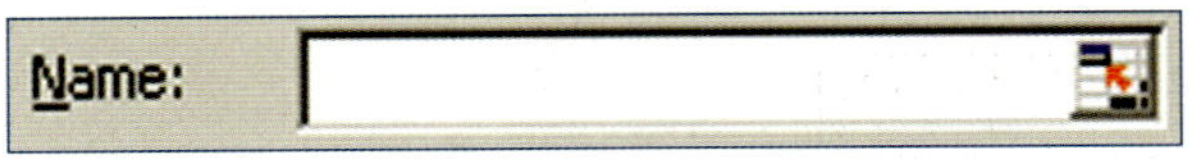

Abbildung 8: *Darstellung des Namenfeldes sowie der Schaltfläche, um in die Tabelle zu wechseln*

Das Programm zeigt jetzt das Tabellenblatt 1 an und erwartet einen Zellbezug. Mit der Maus wird die Zelle E5 des Tabellenblattes 1 angeklickt und die Auswahl dadurch bestätigt, dass mit der Maus wieder auf das Symbol am rechten Ende des Eingabefeldes geklickt wird. Das Namenfeld hat jetzt folgendes Aussehen:

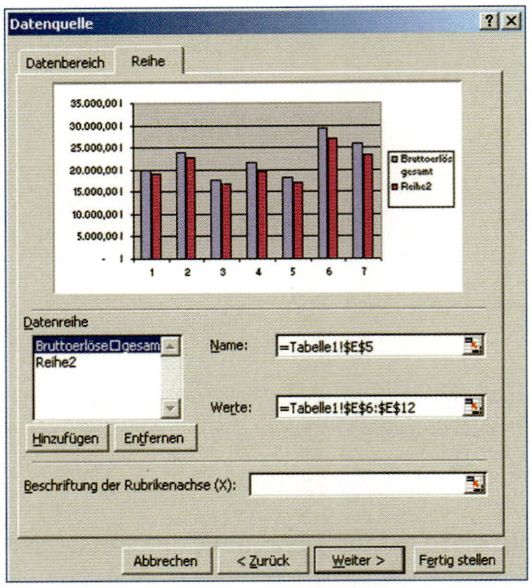

Abbildung 9: *Durch Zellbezug vorgenommene Änderung der Reihe1*

Die Datenreihe 1 wurde durch den Zellinhalt aus dem Tabellenblatt 1 (hier die Zelle E5) ersetzt. Um die nach wie vor „falsche" REIHE2 zu ersetzen, wird im Bereich DATENREIHE die REIHE2 angeklickt, um dann das oben geschilderte Vorgehen anzuwenden. Das Ergebnis sieht wie folgt aus:

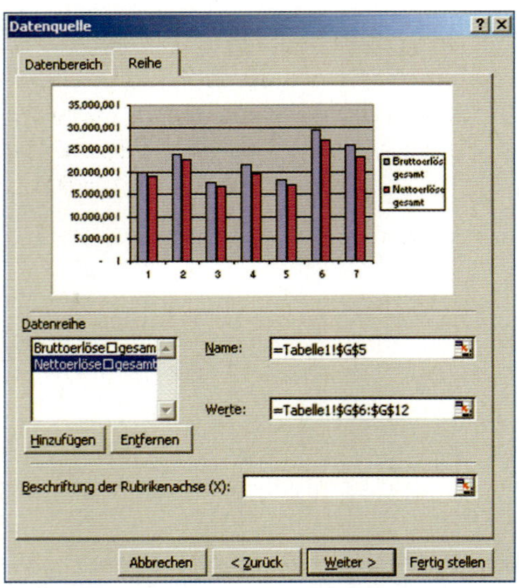

Abbildung 10: *Durch Zellbezug vorgenommene Änderung der Reihe2*

Das erste Problem ist gelöst. Zu beheben ist noch die fehlerhafte Beschriftung der X-Achse. Da zu Beginn ganz bewusst nur die Werte der Spalten E und G markiert worden sind, hat das Programm von sich aus eine automatische Nummerierung von eins bis sieben vorgenommen.

Die Umbenennung der X-Achse funktioniert ähnlich wie die Umbenennung der Datenreihen 1 und 2. In dem unteren Teil der Ansicht existiert ein noch nicht gefüllter Bereich BESCHRIFTUNG DER RUBRIKENACHSE (X). Mit der Maus wird in diesen Bereich und hinterher auf die Schaltfläche am rechten Ende des Bereichs geklickt.

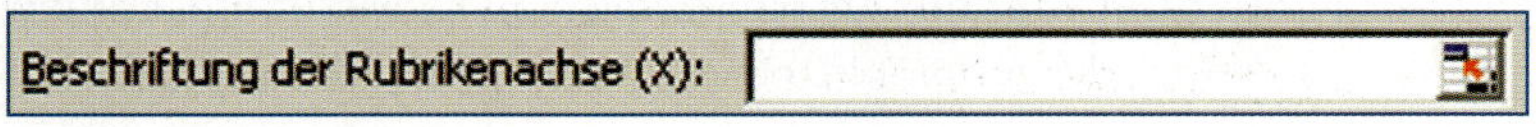

***Abbildung 11**: Darstellung der X-Achsenbeschriftung sowie der Schaltfläche, um in die Tabelle zu wechseln*

Anschließend werden mit der Maus die Zellen A6 bis A12 des Tabellenblattes 1 markiert. Nachdem die Auswahl auf dem bekannten Wege bestätigt worden ist, hat das Diagramm folgendes Aussehen:

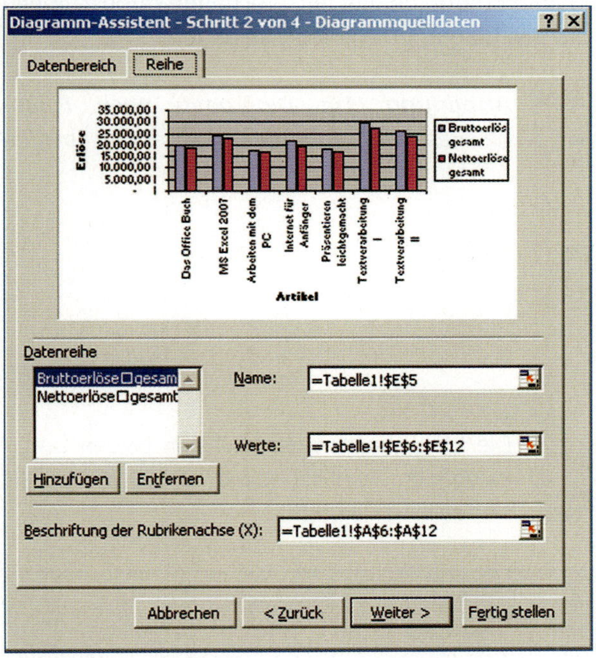

***Abbildung 12:** Durch Zellbezüge vorgenommene Änderung der X-Achse*

Die derzeit etwas überproportional große Schreibweise der Artikelbezeichnungen ist dadurch bedingt, dass das Diagramm im Augenblick verkleinert dargestellt wird. In der späteren – endgültigen – Darstellung löst sich das Problem entweder automatisch oder kann durch entsprechende Formatierungen behoben werden. Da an dieser Stelle keine weiteren Änderungen vorgenommen werden müssen, wird die Schaltfläche WEITER betätigt. Im dritten Schritt des Diagramm-Assistenten ist zu beachten, dass dieser Schritt aus sechs Unterkategorien besteht.

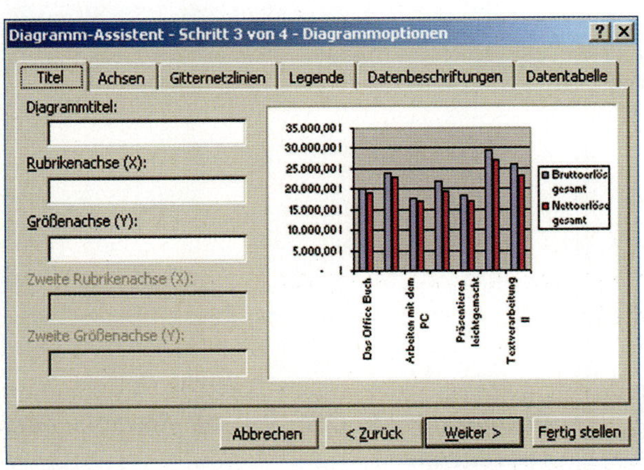

***Abbildung 13:** Darstellung der sechs Kategorien zur Formatierung des Diagramms*

Von großer Bedeutung ist der DIAGRAMMTITEL. Fehlt dieser bzw. ist nicht aussagekräftig, kann die Aussagekraft des Diagramms stark beeinträchtigt werden. Beim Diagrammtitel ist zu beachten, dass ein externer Betrachter durch das Lesen des Titels grundsätzlich wissen muss, was durch das Diagramm dargestellt wird. Im Regelfall sollen die Fragen **was?** (Bruttoerlöse und Netterlöse), **wer?** (unsere Erzeugnisse), **wann?** (für das vergangene Jahr) im Diagrammtitel beantwortet werden. Als ein möglicher Diagrammtitel kommt z. B. folgende Formulierung infrage, die in das entsprechende Feld eingetragen wird: „Darstellung der Brutto- und der Nettoerlöse unserer Erzeugnisse im vergangenen Jahr".
Weiterhin kann an dieser Stelle auch eine Beschriftung für die X-Achse und die Y-Achse eingegeben werden. Zu beachten ist, dass es hier nicht um die Werte/Angaben geht, die bereits an den Achsen stehen. Hier können ergänzende bzw. unterstützende Angaben gemacht werden. Für die X-Achse kommt beispielsweise der Hinweis **Artikel** und für die Y-Achse der Hinweis **Erlöse** infrage. Allerdings kann der Sinn dieser Angaben kritisch hinterfragt werden, da der Diagrammtitel bereits entsprechende Informationen enthält. Bei entsprechender Eingabe aller Angaben wird das Diagramm wie folgt aussehen:

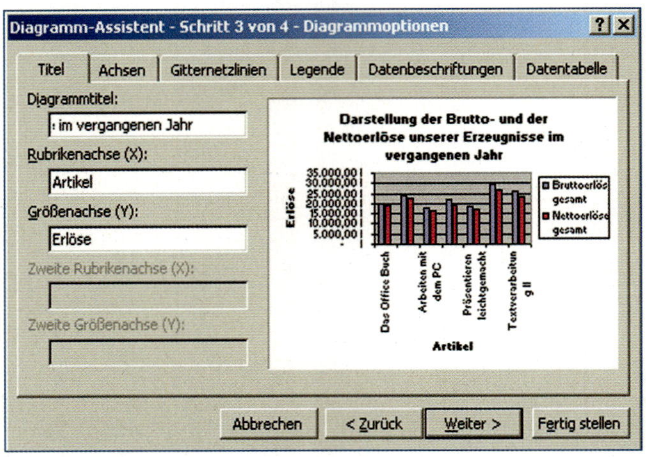

Abbildung 14: *Diagramm nach Eingabe des Diagrammtitels sowie der beiden Achsenbeschriftungen*

Die Möglichkeiten der nächsten beiden Unterkategorien ACHSEN sowie GITTERNETZLINIEN sind selbsterklärend.

Arbeitsauftrag 3:

Wechseln Sie nacheinander in diese beiden Kategorien und aktivieren bzw. deaktivieren Sie die einzelnen Optionen, um so die jeweiligen Einstellungsmöglichkeiten kennenzulernen.

Häufig von Bedeutung ist der vierte Unterpunkt LEGENDE. Hier kann der Anwender aus einigen fest vorgegebenen Positionen die spätere Lage der Legende aussuchen. Zu erwähnen ist an dieser Stelle, dass diese Wahl nicht endgültig ist. Sie kann auch nach Fertigstellung des Diagramms verändert werden. Für dieses Diagramm soll die Position für die Legende OBEN liegen.

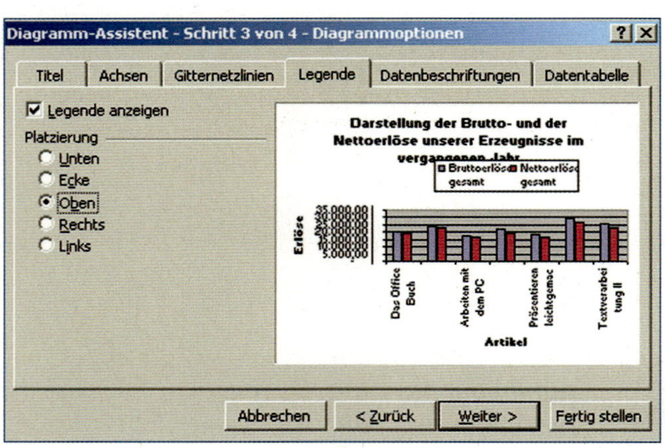

Abbildung 15: *Optionen zur Positionierung der Legende*

Innerhalb der fünften Unterkategorie DATENBESCHRIFTUNGEN können – in Abhängigkeit vom gewählten Diagrammtyp – unterschiedliche Einstellungen vorgenommen werden. Bei dem hier gewählten Diagramm ist zumindest die Option BESCHRIFTUNG ANZEIGEN nicht sinnvoll. Die Option WERT ANZEIGEN ist dann ggf. von Bedeutung, wenn der Anwender an den exakten Beträgen für die Brutto- sowie die Nettoerlöse interessiert ist. Für das aktuelle Diagramm bleibt die Einstellung bei KEINE.
In der letzten Unterkategorie DATENTABELLE kann das gerade angesprochene Problem gelöst werden, indem der Anwender die in dem Diagramm verarbeiteten Werte zusätzlich zu den farbigen Säulen anzeigen lässt. Es ist jedoch ratsam zu überlegen, ob die folgende Darstellung wirklich sinnvoll ist:

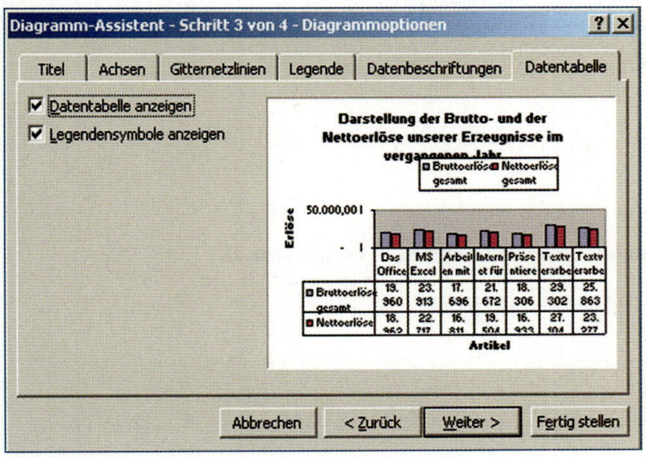

Abbildung 16: *Diagramm mit angezeigter Datentabelle*

Wenn das Diagramm ohne Tabelle angezeigt werden soll, muss die Option DATENTABELLE ANZEIGEN deaktiviert und anschließend die Schaltfläche WEITER betätigt werden.

Im abschließenden vierten Schritt erwartet das Programm eine Entscheidung, ob das fertige Diagramm z. B. gemeinsam mit der ursprünglichen Tabelle in einem Tabellenblatt (hier das Tabellenblatt 1) erscheinen soll, oder auf einem neuen Tabellenblatt erstellt werden soll. Das Problem bei der Einstellung ALS OBJEKT IN (vgl. Abbildung 17) besteht darin, dass ggf. noch einige Formatierungsarbeiten durchgeführt werden müssen, bevor der Anwender eine befriedigende Ansicht erhält. Die Ansicht kann wie folgt ausfallen:

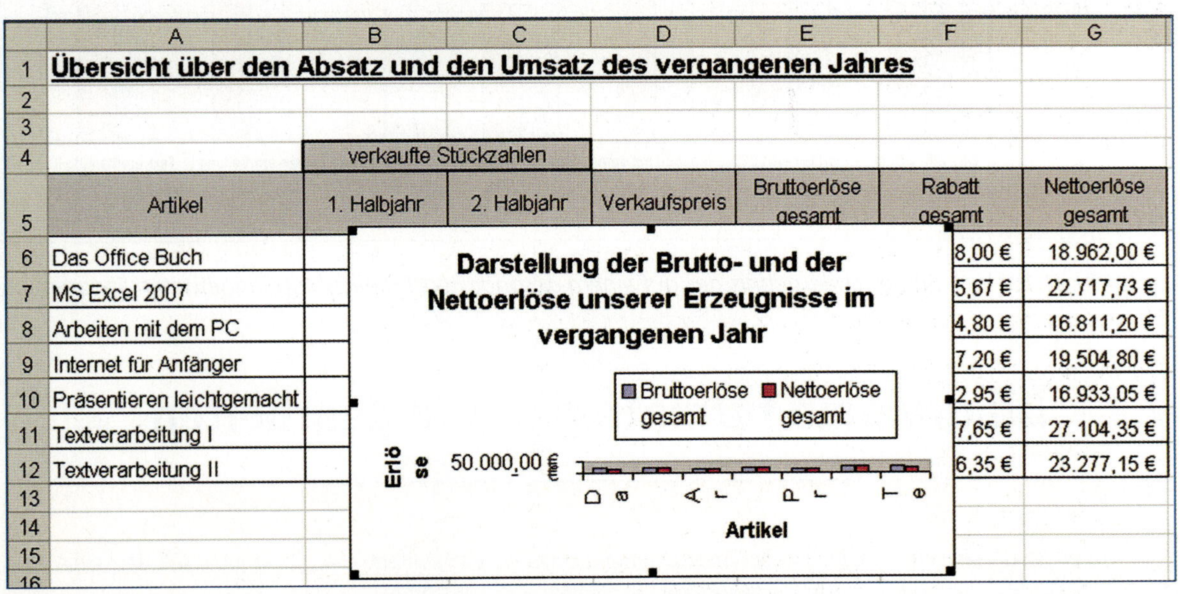

Abbildung 17: *In das bestehende Tabellenblatt eingefügtes Diagramm*

Die im Regelfall sinnvollere Möglichkeit für eine „problemlose" Diagrammerstellung besteht in der Wahl der Option ALS NEUES BLATT. Bei dieser Option kann zudem im entsprechenden Feld ein Name für das zu erstellende Tabellenblatt vergeben werden (vgl. Abbildung 18).

Abbildung 18: *Option, um das Diagramm in ein neues Tabellenblatt einzufügen*

Das Programm erstellt nun das neue Tabellenblatt „Brutto- und Nettoerlöse" und füllt dieses vollständig mit dem Diagramm aus (vgl. Abbildung 19).

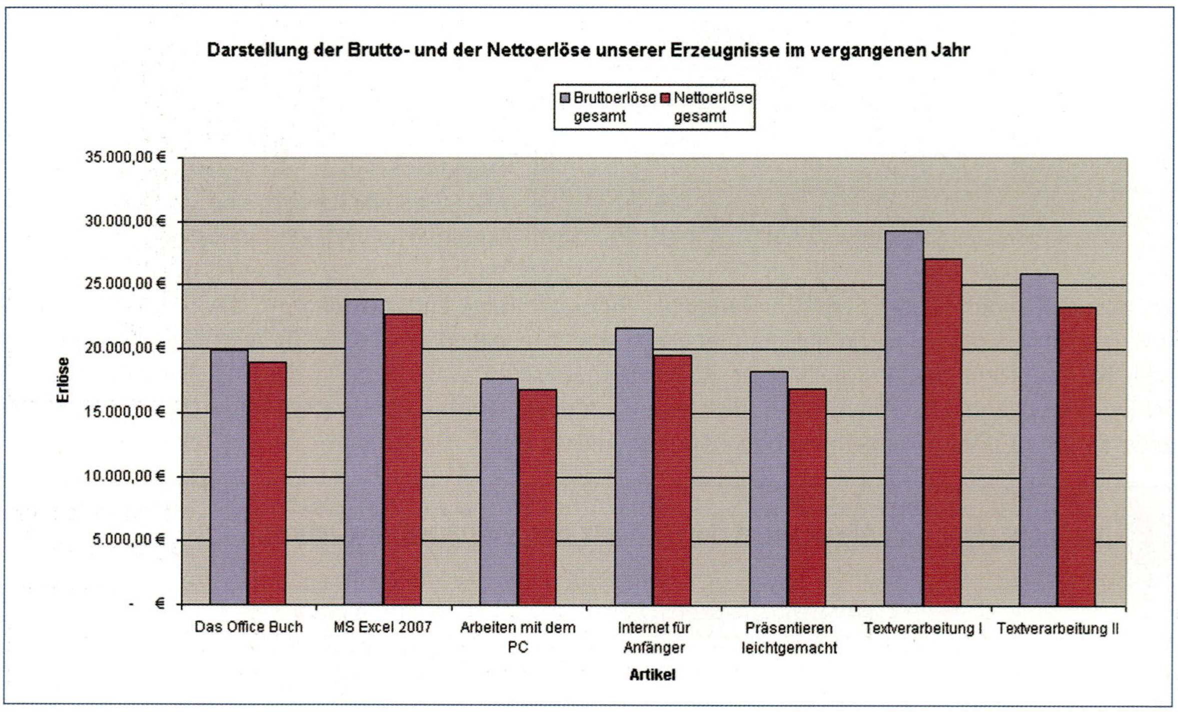

Abbildung 19: *Vorläufiges Endergebnis des auf einem gesonderten Tabellenblatt eingefügten Diagramms*

7.2 Diagramme formatieren und bearbeiten

Situation:

Um das vorstehende Diagramm in der Betriebszeitung angemessen veröffentlichen zu können, will Herr Klein abschließende „Feineinstellungen" am Diagramm vornehmen. Hierzu gehören:

1. Veränderung der Schriftgröße der Überschrift und der Y-Achse.
2. Anpassung der Y-Achse dahingehend, dass diese bei 10.000,00 EUR beginnt, bei 30.000,00 EUR endet und das Hauptintervall in 2.500,00 EUR-Schritten dargestellt wird.

Arbeitsauftrag 4:
Lesen Sie sich die nachfolgenden Seiten sorgfältig durch und vollziehen Sie die aufgezeigten Schritte nach.

Ausgangspunkt für die Formatierungen ist das im Kapitel 7.1 erstellte Diagramm, welches bislang folgendes Aussehen hat:

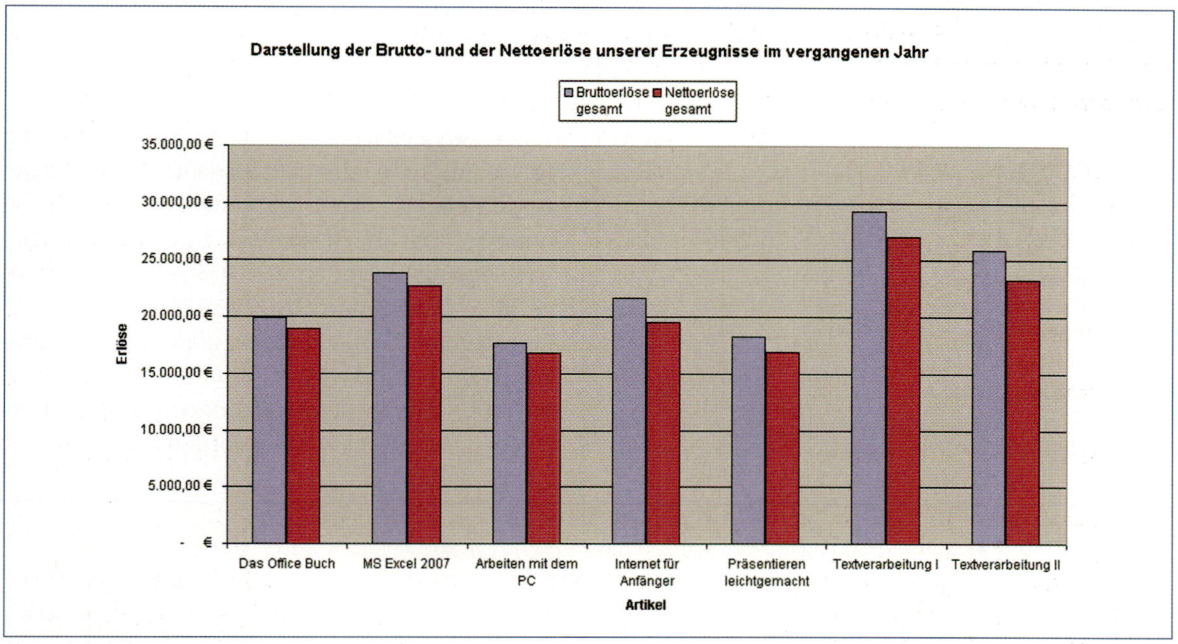

Abbildung 20: *Ausgangspunkt für die weiterführenden Formatierungen*

Für alle vorzunehmenden Änderungen gilt das Prinzip, dass mit der Maus auf den zu verändernden Teil des Diagramms ein Doppelklick ausgeführt wird. Umgesetzt wird dieses Prinzip zuerst beim Diagrammtitel.

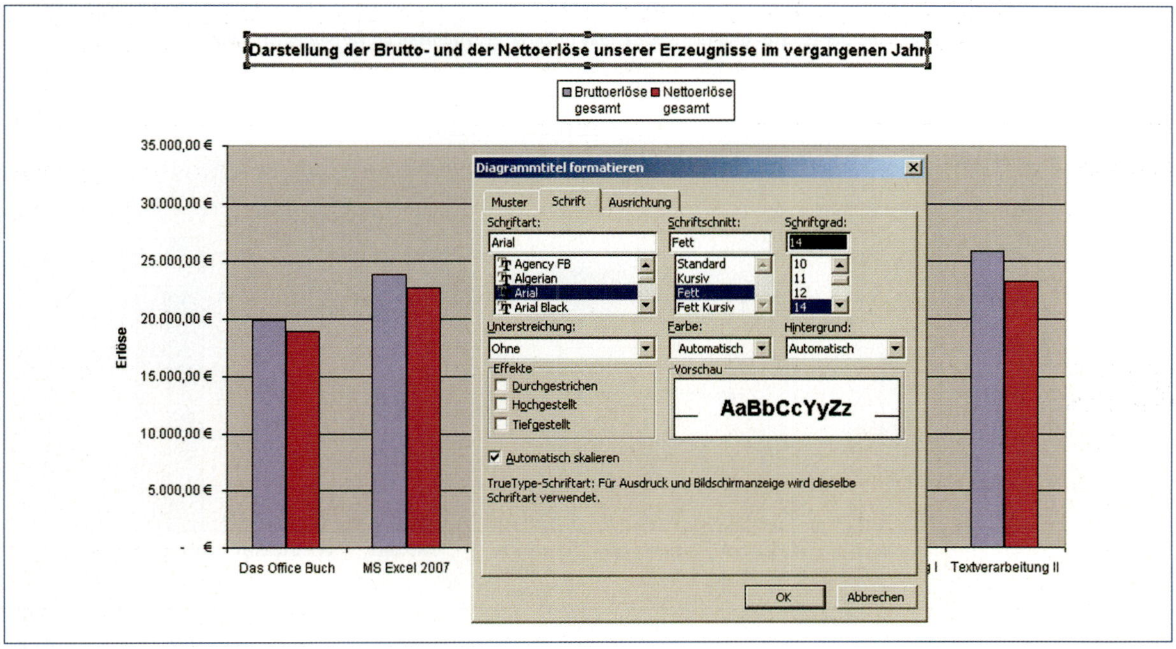

Abbildung 21: *Durch Doppelklick ausgewählte Überschrift, um den Schriftgrad zu ändern*

Diagramme

In dem sich nun öffnenden Menü wird die Option SCHRIFT gewählt, um hier den SCHRIFTGRAD auf den Wert 14 einzustellen. Für die Anpassung der Y-Achse wird entsprechend vorgegangen. Nachdem auf einer beliebigen Stelle der Y-Achse (empfehlenswert ist es, ein paar Millimeter links der Achse den Doppelklick durchzuführen) ein Doppelklick ausgeführt worden ist, wird dem Anwender folgendes Menü angezeigt:

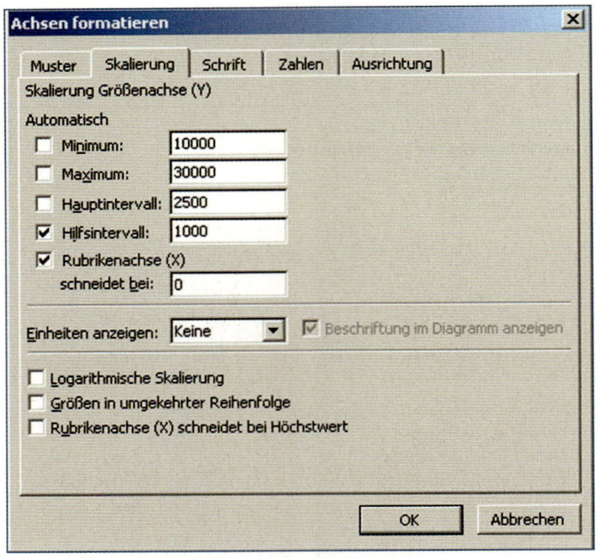

Abbildung 22: *Menüpunkt für die Formatierung der Achsen*

Neben den jeweiligen Optionen für die Einstellung der Schriftgröße, der Textausrichtung etc. ist an dieser Stelle vor allen Dingen die SKALIERUNG von Interesse. Das Programm ist zunächst von den naheliegenden Werten (MINIMUM = 0, MAXIMUM = 35.000 und HAUPTINTERVALL = 5.000) ausgegangen. Da in dem Diagramm die Y-Achse jedoch erst ab dem Wert 10.000 angezeigt werden soll, muss in dem zugehörigen Kästchen bei MINIMUM die Zahl 10.000 eintragen werden.

Anmerkung:

In dem Augenblick, in dem hier eine Änderung vorgenommen wird, verschwindet das Häkchen vor dem Wort Minimum. Dieses Häkchen darf nicht mehr aktiviert werden, da das Programm ansonsten wieder von seinen naheliegenden Werten (siehe oben) ausgehen wird.

Nachdem die Eingabe der 3 Werte (vgl. Abbildung 22) mithilfe der OK-Schaltfläche abgeschlossen wird, hat das Diagramm folgendes Aussehen:

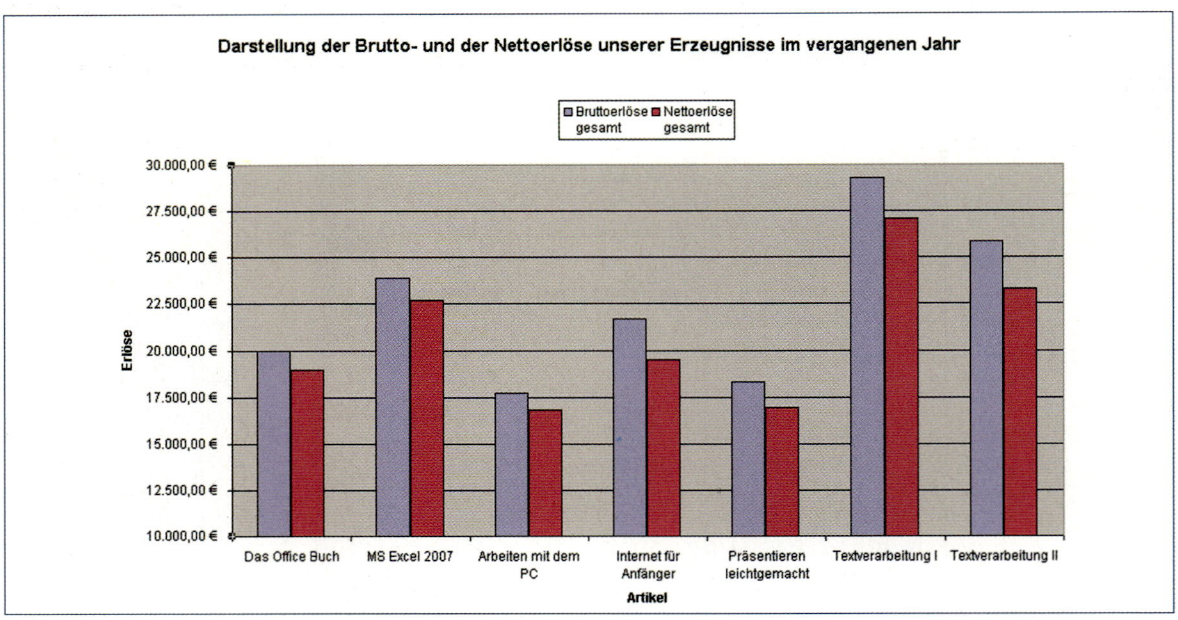

Abbildung 23: *Diagramm nach den vorgenommenen Formatierungen*

Sollen nach Fertigstellung des Diagramms noch Änderungen (z. B. Position der Legende unterhalb des Diagramms) vorgenommen werden, so ist hierfür kein vollständiger Neubeginn notwendig. Es reicht vielmehr aus, wenn mit der Maus das gesamte Diagramm markiert wird. Dies geschieht, wenn mit der Maus an einer beliebigen Stelle in die weiße Fläche des Diagramms geklickt wird.

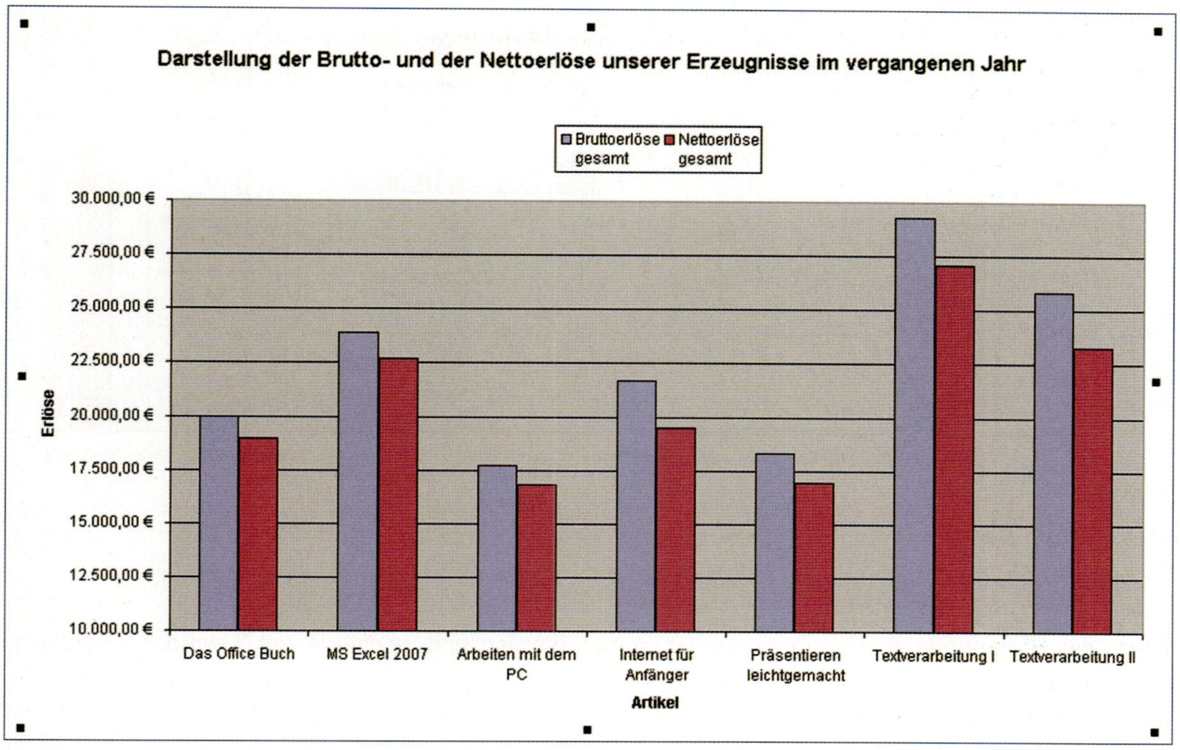

Abbildung 24: *Markiertes Diagramm, um erneut den Diagramm-Assistent starten zu können*

Die acht Markierungen, die um das Diagramm herum angeordnet sind, zeigen an, dass derzeit das gesamte Diagramm markiert ist. Die Aktivierung des Diagramm-Assistenten (entweder mithilfe des Befehlsweges EINFÜGEN – DIAGRAMM oder durch Verwendung des entsprechenden Symbols) führt zu dessen Neustart.

Anmerkung:

Es ist nicht notwendig, die bislang gewählten Arbeitsschritte zu wiederholen. Lediglich die zu ändernde Einstellung ist vorzunehmen. Wenn beispielsweise lediglich die Position der Legende geändert werden soll, werden die ersten zwei Arbeitsschritte einfach mit der Schaltfläche WEITER bestätigt, um im dritten Arbeitsschritt die Änderung vorzunehmen.

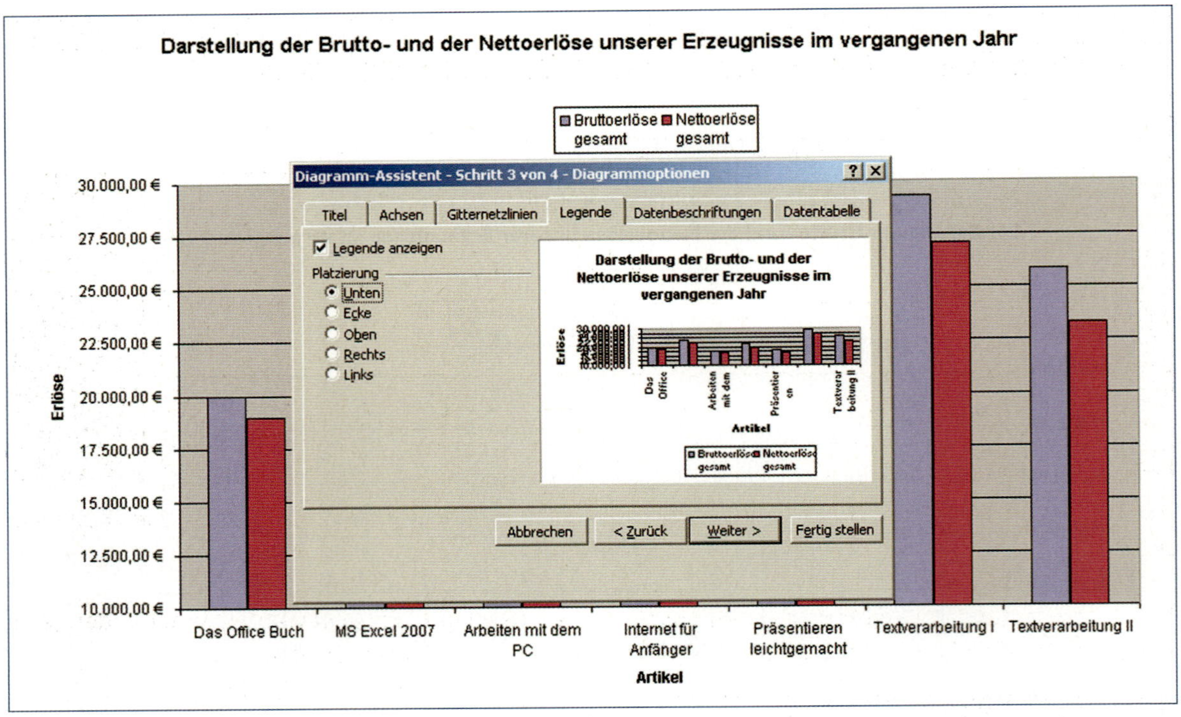

Abbildung 25: *Erneut geöffneter Diagrammassistent zur Änderung der Legendenposition*

Wenn die Änderungen am Diagramm vorgenommen worden sind, reicht ein Anklicken der Schaltfläche FERTIG STELLEN, um zum Endergebnis zu gelangen.

7.3 Erstellen eines Kreisdiagramms

Situation:
Neben der Darstellung der Brutto- und Nettoerlöse will Herr Klein auch eine Übersicht über den prozentualen Anteil der unterschiedlichen Artikel an den gesamten Nettoerlösen im vergangenen Geschäftsjahr in der Betriebszeitung veröffentlichen.

Um die prozentuale Verteilung aufzuzeigen, empfiehlt sich ein **Kreisdiagramm**. Da es bei der Erstellung eines Kreisdiagramms einen wesentlichen Unterschied zu dem eingangs dargestellten Säulendiagramm gibt, werden die wichtigsten Schritte zur Erstellung eines Kreisdiagramms nachfolgend kurz dargestellt.

Arbeitsauftrag 5:
Wechseln Sie in das bereits erstellte Tabellenblatt 1. Lesen Sie sich die nachfolgenden Seiten sorgfältig durch und vollziehen Sie die aufgezeigten Schritte nach.

Da es um den Anteil der unterschiedlichen Artikel an den gesamten Nettoerlösen geht, müssen die entsprechenden Werte aus den Zellen G6 bis G12 markiert werden. Empfehlenswert ist es an dieser Stelle, auch die zugehörigen Bezeichnungen in den Zellen A6 bis A12 mit zu markieren (→ Taste STRG gedrückt halten und mit der Maus die Zellen markieren). Dies ist jedoch auch zu einem späteren Zeitpunkt möglich.

	A	B	C	D	E	F	G
1	**Übersicht über den Absatz und den Umsatz des vergangenen Jahres**						
2							
3							
4		verkaufte Stückzahlen					
5	Artikel	1. Halbjahr	2. Halbjahr	Verkaufspreis	Bruttoerlöse gesamt	Rabatt gesamt	Nettoerlöse gesamt
6	Das Office Buch	380	420	24,95 €	19.960,00 €	998,00 €	18.962,00 €
7	MS Excel 2007	680	650	17,98 €	23.913,40 €	1.195,67 €	22.717,73 €
8	Arbeiten mit dem PC	420	370	22,40 €	17.696,00 €	884,80 €	16.811,20 €
9	Internet für Anfänger	830	850	12,90 €	21.672,00 €	2.167,20 €	19.504,80 €
10	Präsentieren leichtgemacht	490	590	16,95 €	18.306,00 €	1.372,95 €	16.933,05 €
11	Textverarbeitung I	940	1020	14,95 €	29.302,00 €	2.197,65 €	27.104,35 €
12	Textverarbeitung II	860	870	14,95 €	25.863,50 €	2.586,35 €	23.277,15 €

Abbildung 26: *Für das Kreisdiagramm notwendiges Zahlenmaterial sowie die zugehörige Legendenbeschriftung*

Im jetzt zu startenden Diagramm-Assistent wird der Diagrammtyp KREIS angewählt und der in der nachfolgenden Darstellung markierte Diagrammuntertyp (einfacher) KREIS ausgewählt.

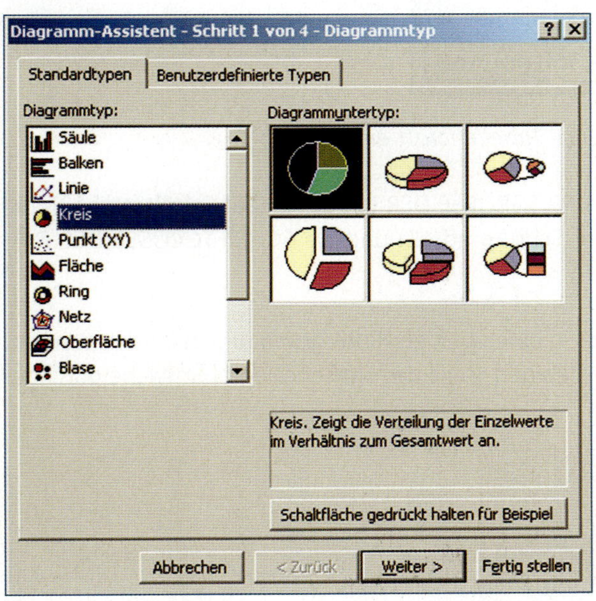

Abbildung 27: *Auswahl des Diagrammuntertyps (einfacher) KREIS*

Anmerkung:
Die später darzustellenden prozentualen Anteile brauchen für die Erstellung des Diagramms nicht vorzuliegen. Das Programm ermittelt diese Angaben – ausgehend von den absoluten Zahlen und der vom Programm selbstständig gebildeten Summe dieser Zahlen – automatisch.

Im nun folgenden Fenster ist – wenn zuvor die Zellen A6 bis A12 mit markiert worden sind – keine weitere Einstellung vorzunehmen. Sollte dieser Schritt zuvor versäumt worden sein, kann in der Kategorie REIHE die Option RUBRIKENACHSENBESCHRIFTUNG gewählt werden, um hier die genannten Zellen aus dem Tabellenblatt 1 zu kopieren.

Nachdem mithilfe der Schaltfläche WEITER der zweite Schritt abgeschlossen worden ist, wartet im dritten Schritt das bereits bekannte Menü zur Gestaltung der Diagrammoptionen. Im Gegensatz zum Säulendiagramm gibt es – aufgrund der fehlenden Achsen – beim Kreisdiagramm nur drei Unterkategorien.

In der Unterkategorie TITEL soll der Titel „Prozentualer Anteil an den gesamten Nettoerlösen je Artikel für das vergangene Geschäftsjahr" stehen. In der Unterkategorie LEGENDE soll die Einstellung erfolgen, dass die Legende unterhalb des Diagramms erscheint und in der Unterkategorie DATENBESCHRIFTUNGEN soll sichergestellt werden, dass die PROZENTE ANGEZEIGT werden.

Nach Bestätigung der Auswahl mithilfe der Schaltfläche WEITER wird im abschließenden vierten Schritt ausgewählt, dass das Diagramm als NEUES TABELLENBLATT erstellt werden soll, welches die Bezeichnung ANTEIL AN DEN NETTOERLÖSEN trägt.

Abbildung 28: *Option, um das Diagramm in ein neues Tabellenblatt einzufügen*

Nach erfolgter Fertigstellung sollen weiterhin die SCHRIFTGRÖSSE DER LEGENDE (auf Schriftgrad 12), die SCHRIFTGRÖSSE DER PROZENTZAHLEN (ebenfalls auf Schriftgrad 12) und die SCHRIFTGRÖSSE DES DIAGRAMMTITELS (auf Schriftgrad 14) verändert werden.

Abschließend soll die weiße Fläche des Tabellenblattes in einen gelben Hintergrund umgewandelt werden. Hierfür wird mit der Maus ein Doppelklick an einer beliebigen Stelle der weißen Diagrammfläche durchgeführt, sodass sich das folgende Fenster öffnet:

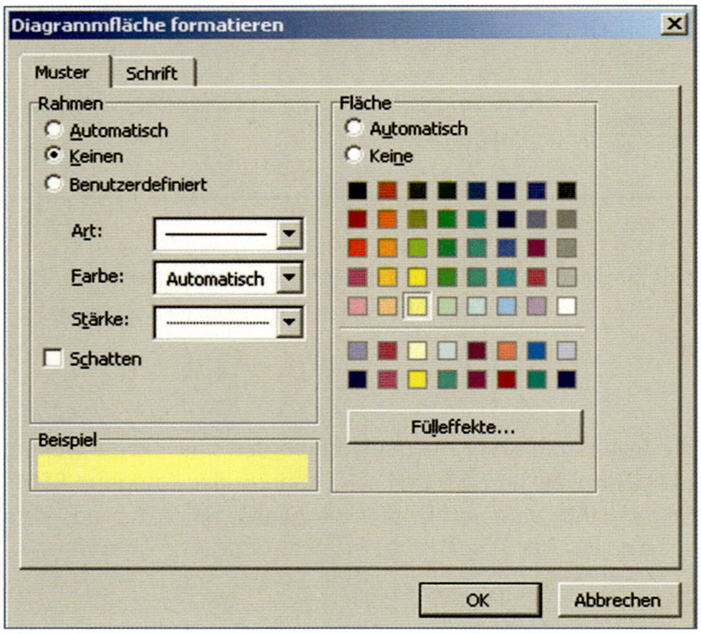

Abbildung 29: *Formatierung der Diagrammfläche auf eine hellgelbe Farbe*

In der Kategorie MUSTER wird die gewünschte Farbe für die Fläche ausgesucht – im dargestellten Beispiel ein helles Gelb.
Nach Fertigstellung der zuvor dargestellten Arbeitsschritte wird auf dem Monitor folgendes Diagramm angezeigt:

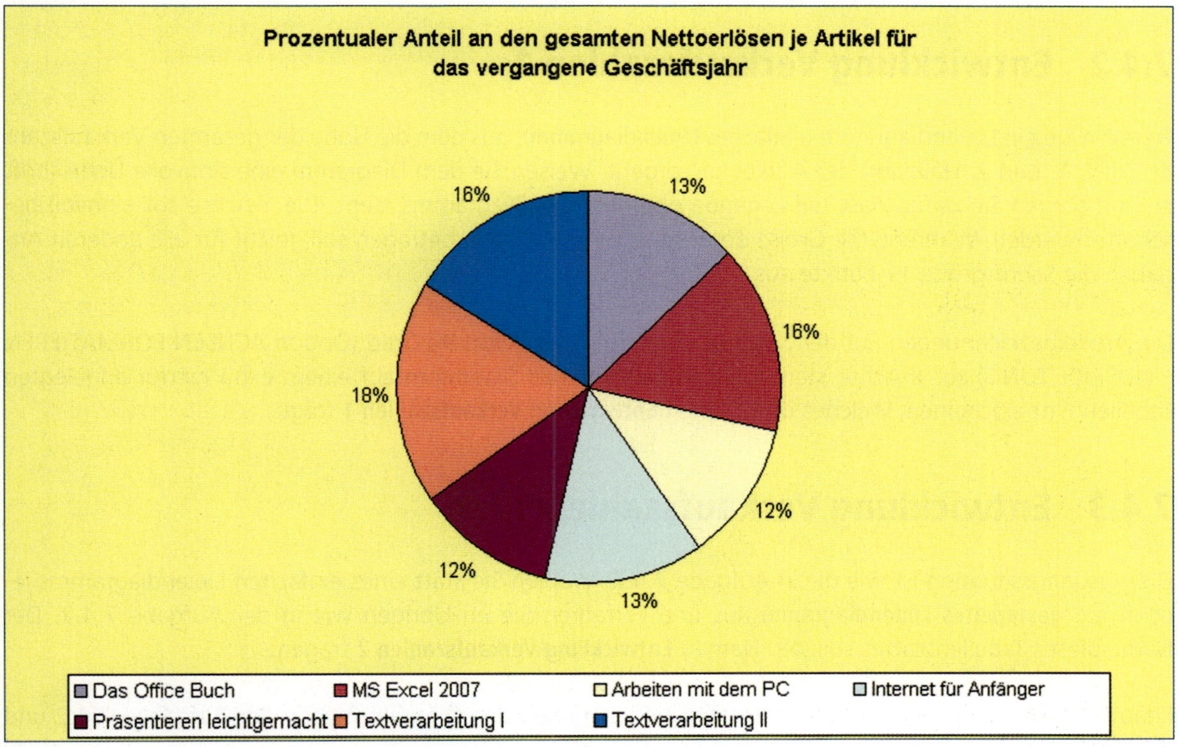

Abbildung 30: *Diagramm nach den vorgenommenen Formatierungen des Diagramms*

7.4 Übungsaufgaben

Arbeitsauftrag:

Herr Thorsten Klein benötigt für den zu erstellenden Zeitungsartikel weitere Diagramme. Er beauftragt Sie, anhand der nachstehend beschriebenen Aufgaben jeweils ein Diagramm zu erstellen. Beachten Sie nicht nur den zu wählenden Diagrammtyp, sondern auch die detaillierten Hinweise im Aufgabentext.

7.4.1 Verkaufszahlen gesamt

Erstellen Sie ein Säulendiagramm (**Gestapelte Säulen**), aus dem die Höhe der gesamten Verkaufszahlen (d. h. 1. und 2. Halbjahr) der Artikel hervorgeht. Weisen Sie dem Diagramm eine sinnvolle Überschrift zu und sorgen Sie dafür, dass die Legende oberhalb des Diagramms steht. Zusätzlich sollen die jeweiligen Werte in den Säulen aufgeführt werden.

Die Y-Achse soll sinnvoll beschriftet werden. Die Werte auf der Y-Achse sollen bei 300 anfangen und der Abstand des Hauptintervalls soll bei jeweils 100 Stück liegen. Während die Größe der Überschrift 14 Punkte betragen soll, reicht für alle anderen Angaben die Schriftgröße 11 Punkte aus. Schließlich soll das Diagramm auf einem extra hierfür angelegten Tabellenblatt erscheinen, welches den Namen **Verkaufszahlen gesamt** trägt.

7.4.2 Entwicklung Verkaufszahlen 1

Erstellen Sie ein Liniendiagramm (**einfaches Liniendiagramm**), aus dem die Höhe der gesamten Verkaufszahlen (d. h. 1. und 2. Halbjahr) der Artikel hervorgeht. Weisen Sie dem Diagramm eine sinnvolle Überschrift zu und sorgen Sie dafür, dass die Legende oberhalb des Diagramms steht. Die Y-Achse soll sinnvoll beschriftet werden. Während die Größe der Überschrift 14 Punkte betragen soll, reicht für alle anderen Angaben die Schriftgröße 11 Punkte aus.

Die Artikelbezeichnungen auf der X-Achse sollen im Winkel von 90 Grad (Option ACHSEN FORMATIEREN – AUSRICHTUNG) zur X-Achse stehen. Schließlich soll das Diagramm auf einem extra hierfür angelegten Tabellenblatt erscheinen, welches den Namen **Entwicklung Verkaufszahlen 1** trägt.

7.4.3 Entwicklung Verkaufszahlen 2

Die Ausgangssituation ist wie die in Aufgabe 7.4.2. Wählen Sie statt eines einfachen Liniendiagramms jedoch ein **gestapeltes Liniendiagramm** aus und verfahren Sie im Übrigen wie in der Aufgabe 7.4.2. Der Name dieses Tabellenblattes soll den Namen **Entwicklung Verkaufszahlen 2** tragen.

Erläutern Sie, worin der wesentliche Unterschied zwischen den Diagrammtypen der Aufgaben 7.4.2 und 7.4.3 besteht.

7.4.4 Rabatte und Nettoerlöse

Erstellen Sie ein Diagramm, aus dem neben dem gewährten Rabatt je Artikel auch die jeweiligen Nettoerlöse hervorgehen. Da aufgrund der großen Zahlenunterschiede (gewährter Rabatt zum Teil < 900,00 EUR; Nettoerlöse gesamt > 16.900,00 EUR) eine vernünftige Darstellung in einem „einfachen" Diagramm unmöglich ist, wählen Sie hierfür im ersten Schritt des Diagramm-Assistenten die oben stehende Kategorie **Benutzerdefinierte Typen** und als Diagrammtyp **Linie – Säule auf zwei Achsen**.

Versehen Sie das Diagramm mit einem aussagekräftigen Diagrammtitel. Die Achsen sollen jeweils sinnvoll beschriftet werden. Die Legende soll unterhalb des Diagramms stehen. Außerdem soll das Diagramm auf einem extra hierfür angelegten Tabellenblatt erscheinen, welches den Namen **Rabatte und Nettoerlöse** trägt.

8 Zeit- und Datumsfunktionen

8.1 Zeitfunktionen (STUNDE und MINUTE)

Situation:

Frau Inga Yilmaz aus der Abteilung Absatz unterbreitet einem Kunden ein Angebot für das Aufstellen von drei zu liefernden Kopiergeräten und die ausführliche Einweisung in den Umgang mit den Geräten. Die Höhe des Angebotes hängt vom Zeitaufwand für die Arbeiten ab. Die Berechnung der Kosten soll minutengenau erfolgen.

Bislang wurden bei der Arbeit mit dem Tabellenkalkulationsprogramm keine Berechnungen mit Uhrzeiten durchgeführt. Im Umgang mit Uhrzeiten gibt es einige Besonderheiten. Im nachstehend dargestellten Angebot soll in der Spalte F zunächst der geschätzte Zeitaufwand für die unterschiedlichen Arbeiten berechnet werden:

	A	B	C	D	E	F	G
5	*Bürodesign GmbH, Stollberger Str. 188, 50933 Köln*						
6							
7	**Falo Bonn GmbH**						
8	**Erzbergerufer 10**						
9	**53111 Bonn**						
10							
11							
12							
13	**Angebot Nr. 1050/2010**					Datum:	01.12.2010
14							
15	**Position**	**Beschreibung**	**Preis/ Stunde**	**Beginn der Leistung**	**Ende der Leistung**	**Zeitaufwand**	**Gesamt-preis**
16	01	Installation Kopiergeräte	60,00 €	08:30	10:00		
17	02	ausführliche Einweisung	50,00 €	10:00	11:30		
18							
19						**Gesamt (netto)**	
20						**+ 19 % USt.**	
21						**Gesamt (brutto)**	

***Abbildung 1:** Ausschnitt aus dem Angebotsformular*

Die im Tabellenkalkulationsprogramm durch einen Doppelpunkt gekennzeichneten Uhrzeiten können – wie bei allen anderen gängigen Formaten – problemlos subtrahiert oder addiert werden. In der Zelle F16 wird beispielsweise die Formel =E16-D16 zum richtigen Ergebnis führen (vgl. Abbildung 2).

	A	B	C	D	E	F	G
5	*Bürodesign GmbH, Stollberger Str. 188, 50933 Köln*						
6							
7	**Falo Bonn GmbH**						
8	**Erzbergerufer 10**						
9	**53111 Bonn**						
10							
11							
12							
13	**Angebot Nr. 1050/2010**					Datum:	01.12.2010
14							
15	**Position**	**Beschreibung**	**Preis/ Stunde**	**Beginn der Leistung**	**Ende der Leistung**	**Zeitaufwand**	**Gesamt-preis**
16	01	Installation Kopiergeräte	60,00 €	08:30	10:00	01:30	
17	02	ausführliche Einweisung	50,00 €	10:00	11:30		
18							
19						**Gesamt (netto)**	
20						**+ 19 % USt.**	
21						**Gesamt (brutto)**	

***Abbildung 2:** Angebotsformular – Berechnung des Zeitaufwandes*

Zu beachten ist lediglich die Schreibweise des Ergebnisses. Entweder wird das Ergebnis als 01:30 oder als 1:30 ausgegeben. Die gewünschte Schreibweise kann durch eine **Benutzerdefinierte Formatierung** den jeweiligen Vorstellungen angepasst werden.

> **Anmerkung:**
> In der Benutzerdefinierten Formatierung werden **Stunden** durch ein kleines **h** abgekürzt. Die **Minuten** werden hingegen durch ein kleines **m** gekennzeichnet. Nachstehend werden die 2 gängigen Formatierungen dargestellt:
> **hh:mm** → das Ergebnis lautet 01:30
> **h:mm** → das Ergebnis lautet 1:30

Problematisch wird es bei der Berechnung des Gesamtpreises in der Spalte G. Die Formel in der Zelle G16 (=C16*F16) müsste eigentlich zum Ergebnis 90,00 EUR (1,5 Stunden x 60,00 EUR/Stunde) führen. Das Programm weist hingegen 3,75 aus (vgl. Abbildung 3).

Um dieses Ergebnis nachvollziehen zu können, muss die besondere Darstellung von Uhrzeiten im Programm verstanden werden. Die hier zugrunde liegende Uhrzeit (01:30 = 1,50 Stunden) wird nicht als Zahl „1,50" gespeichert. Vielmehr verbirgt sich hinter der genannten Uhrzeit für das Programm die Zahl 0,0625. Diese kann „sichtbar" gemacht werden, indem die Zelle F16 angeklickt wird, um dann durch den Befehlsweg FORMAT – ZELLEN – ZAHLEN – KATEGORIE (STANDARD) die für das Programm relevante Zahl ablesen zu können (vgl. Abbildung 3).

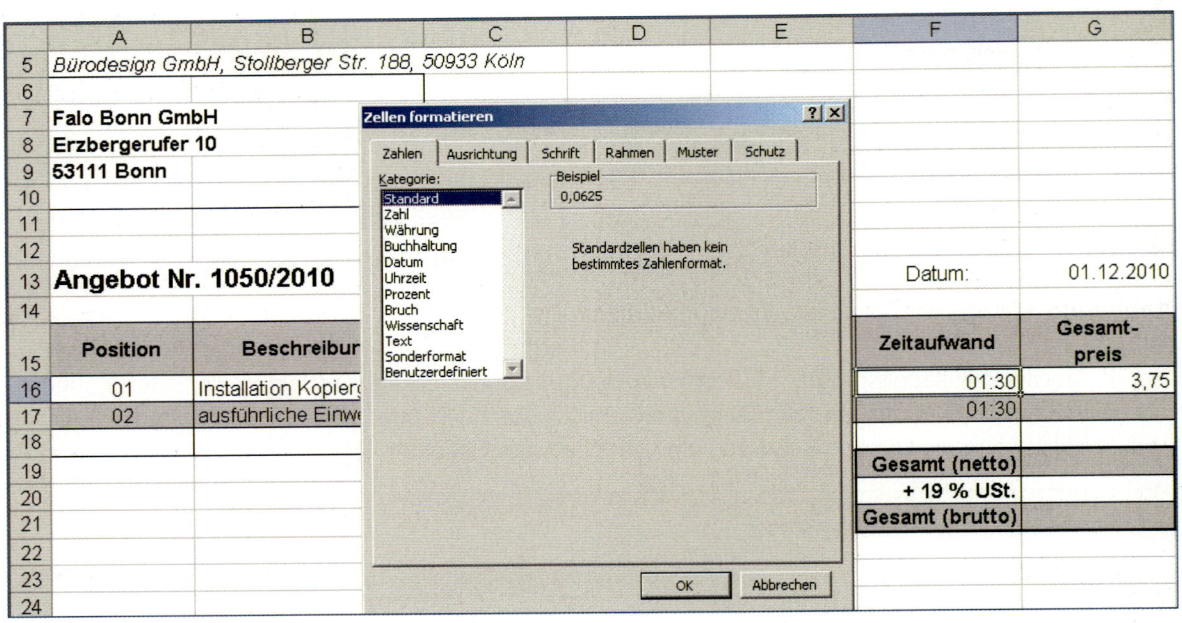

Abbildung 3: *Angebotsformular – Umwandlung der Uhrzeit in eine Standardzahl*

Der Grund für diese Darstellung ist der, dass das Programm die **Uhrzeiten als Zahlen zwischen 0 und 1 darstellt.** Einige Beispiele für – in Zahlen umgewandelte – Uhrzeiten lauten wie folgt:

Uhrzeit	umgewandelte Zahl für das Programm	Uhrzeit	umgewandelte Zahl für das Programm
06:00	0,25 (25 % eines Tages)	16:00	0,666666667 (2/3 eines Tages)
12:00	0,50 (50 % eines Tages)	23:59	0,999305556 (nahezu ein ganzer Tag)

Um aus Uhrzeiten für das Programm richtig interpretierbare Zahlen zu erstellen, mit denen gearbeitet werden kann, existieren zwei Funktionen. Dieses sind die Funktionen **=STUNDE(ZAHL)** und **=MINUTE(ZAHL)**. Bei beiden Funktionen ist darauf zu achten, dass anstatt „ZAHL" ein Zellbezug zu der entsprechenden Uhrzeit bzw. zu den entsprechenden Zellen hergestellt wird.

Die Funktion =STUNDE erstellt aus der Zahl **vor dem Doppelpunkt** die entsprechende Zahl. Im nachfolgenden Beispiel wird erkenntlich, dass die eingegebene Funktion =STUNDE(F16) zunächst die Zahl 1 als Ergebnis liefert (vgl. Abbildung 4).

G16 fx =STUNDE(F16)

	A	B	C	D	E	F	G
5	*Bürodesign GmbH, Stollberger Str. 188, 50933 Köln*						
6							
7	**Falo Bonn GmbH**						
8	**Erzbergerufer 10**						
9	**53111 Bonn**						
10							
11							
12							
13	**Angebot Nr. 1050/2010**					Datum:	01.12.2010
14							
15	**Position**	**Beschreibung**	**Preis/ Stunde**	**Beginn der Leistung**	**Ende der Leistung**	**Zeitaufwand**	**Gesamt-preis**
16	01	Installation Kopiergeräte	60,00 €	08:30	10:00	01:30	1
17	02	ausführliche Einweisung	50,00 €	10:00	11:30	01:30	
18							
19						**Gesamt (netto)**	
20						**+ 19 % USt.**	
21						**Gesamt (brutto)**	

Abbildung 4: *Angebotsformular – Umwandlung der Uhrzeit 01:30 in die Zahl 1*

Wird die Funktion um die Multiplikation „*C16" ergänzt, wird das mathematisch genaue Ergebnis von zunächst 60,00 EUR für die volle Stunde ausgegeben (vgl. Abbildung 5).

G16 fx =STUNDE(F16)*C16

	A	B	C	D	E	F	G
5	*Bürodesign GmbH, Stollberger Str. 188, 50933 Köln*						
6							
7	**Falo Bonn GmbH**						
8	**Erzbergerufer 10**						
9	**53111 Bonn**						
10							
11							
12							
13	**Angebot Nr. 1050/2010**					Datum:	01.12.2010
14							
15	**Position**	**Beschreibung**	**Preis/ Stunde**	**Beginn der Leistung**	**Ende der Leistung**	**Zeitaufwand**	**Gesamt-preis**
16	01	Installation Kopiergeräte	60,00 €	08:30	10:00	01:30	60,00 €
17	02	ausführliche Einweisung	50,00 €	10:00	11:30	01:30	
18							
19						**Gesamt (netto)**	
20						**+ 19 % USt.**	
21						**Gesamt (brutto)**	

Abbildung 5: *Angebotsformular – Berechnung des Ergebnisses für die volle Stundenzahl*

Das Vorgehen für die verbleibenden 30 Minuten ist nahezu identisch. Um auf eine Besonderheit hinzuweisen, wird zunächst die bislang dargestellte Funktion =STUNDE(F16)*C16 gelöscht. Statt dessen wird in der Zelle G16 die Funktion =MINUTE(F16)*C16 eingegeben. Statt der erwarteten 30,00 EUR (0,5 Stunden x 60,00 EUR/Stunde) wird allerdings ein Ergebnis von 1.800,00 EUR ausgegeben (vgl. Abbildung 6).

G16 ▾ fx =MINUTE(F16)*C16

	A	B	C	D	E	F	G
5	*Bürodesign GmbH, Stollberger Str. 188, 50933 Köln*						
6							
7	**Falo Bonn GmbH**						
8	**Erzbergerufer 10**						
9	**53111 Bonn**						
10							
11							
12							
13	**Angebot Nr. 1050/2010**					Datum:	01.12.2010
14							
15	**Position**	**Beschreibung**	**Preis/ Stunde**	**Beginn der Leistung**	**Ende der Leistung**	**Zeitaufwand**	**Gesamt-preis**
16	01	Installation Kopiergeräte	60,00 €	08:30	10:00	01:30	1.800,00 €
17	02	ausführliche Einweisung	50,00 €	10:00	11:30	01:30	
18							
19						**Gesamt (netto)**	
20						**+ 19 % USt.**	
21						**Gesamt (brutto)**	

Abbildung 6: *Angebotsformular – Berechnung des „falschen" Ergebnisses für 30 Minuten (0,5 Stunden)*

Das noch zu behebende Problem liegt darin begründet, dass das Programm durch die Funktion =MINUTE(F16) die Zahl 30 ermittelt hat. Diese Zahl wird laut Formel mit dem Wert 60 (Zelle C16) multipliziert, sodass der ausgegebene Wert in Höhe von 1.800,00 EUR mathematisch korrekt ist. Da sich der Wert 60,00 EUR jedoch auf eine Stunde – und somit letztendlich 60 Minuten – bezieht, muss die Funktion lediglich durch den zusätzlichen Funktionsbestandteil „/60" ergänzt werden. Die vollständige Funktion lautet somit: =STUNDE(F16)*C16+MINUTE(F16)*C16/60

Das Ergebnis lautet korrekterweise 90,00 EUR (vgl. Abbildung 7).

G16 ▾ fx =STUNDE(F16)*C16+MINUTE(F16)*C16/60

	A	B	C	D	E	F	G
5	*Bürodesign GmbH, Stollberger Str. 188, 50933 Köln*						
6							
7	**Falo Bonn GmbH**						
8	**Erzbergerufer 10**						
9	**53111 Bonn**						
10							
11							
12							
13	**Angebot Nr. 1050/2010**					Datum:	01.12.2010
14							
15	**Position**	**Beschreibung**	**Preis/ Stunde**	**Beginn der Leistung**	**Ende der Leistung**	**Zeitaufwand**	**Gesamt-preis**
16	01	Installation Kopiergeräte	60,00 €	08:30	10:00	01:30	90,00 €
17	02	ausführliche Einweisung	50,00 €	10:00	11:30	01:30	
18							
19						**Gesamt (netto)**	
20						**+ 19 % USt.**	
21						**Gesamt (brutto)**	

Abbildung 7: *Angebotsformular – Vollständige Funktion zur Ermittlung des Ergebnisses*

Arbeitsauftrag 1:

Übernehmen Sie die in Abbildung 1 dargestellte Tabelle in ein leeres Tabellenblatt. Vollziehen Sie die neuen Funktionen nach und ermitteln Sie die fehlenden Ergebnisse mithilfe von geeigneten Funktionen und Formeln.

8.2 Datumsfunktionen

8.2.1 Arbeiten mit Datumsangaben

Situation:

Frau Inga Yilmaz möchte das Angebotsformular dahin gehend erweitern, dass die Bindungsfrist des Angebotes in der Zelle D23 (vgl. Abbildung 8) formelgesteuert ermittelt werden soll. Für die in der Zelle D23 zu ermittelnde Bindungsfrist an das Angebot soll gelten, dass dieses 15 Tage lang – ausgehend vom Erstellungsdatum des Angebotes – gültig ist.

Ausgangspunkt für die notwendigen Arbeitsschritte ist das nachstehende Angebotsformular:

	A	B	C	D	E	F	G
5	*Bürodesign GmbH, Stollberger Str. 188, 50933 Köln*						
6							
7	**Falo Bonn GmbH**						
8	**Erzbergerufer 10**						
9	**53111 Bonn**						
10							
11							
12							
13	**Angebot Nr. 1050/2010**					Datum:	01.12.2010
14							
15	**Position**	**Beschreibung**	**Preis/ Stunde**	**Beginn der Leistung**	**Ende der Leistung**	**Zeitaufwand**	**Gesamt-preis**
16	01	Installation Kopiergeräte	60,00 €	08:30	10:00	01:30	90,00 €
17	02	ausführliche Einweisung	50,00 €	10:00	11:30	01:30	75,00 €
18							
19						**Gesamt (netto)**	165,00 €
20						**+ 19 % USt.**	31,35 €
21						**Gesamt (brutto)**	196,35 €
22							
23	An dieses Angebot halten wir uns gebunden bis zum						

***Abbildung 8:** Angebotsformular – erweitert um die Bindungsfrist*

Ähnlich wie bei Uhrzeiten ist es auch bei Datumsangaben notwendig, die Vorgehensweise des Programms bei der Verwendung von Datumsangaben zu kennen.

Anmerkung:

Das Programm geht für seine Datumsberechnung vom 01. Januar 1900 als Startpunkt aus. Jeder darauffolgende Tag erhält eine um 1 erhöhte Zahl zugeordnet. Der 31. Dezember 1900 entspricht somit z. B. der Zahl 366, da das Jahr 1900 ein Schaltjahr war. Die sich hinter dem jeweiligen Datum befindlichen Zahlen können über den Befehlsweg FORMAT – ZELLEN – ZAHLEN – STANDARD abgelesen werden.

In der nachfolgenden Abbildung 9 wurde die Zelle G13 mithilfe der Maus angeklickt und der in der vorstehenden Anmerkung beschriebene Befehlsweg vollzogen. Das Programm zeigt an, dass der 01.12.2010 der insgesamt 40.513. Tag der DV-internen Zeitrechnung ist.

Nur durch den Umstand, dass jedes Datum einen individuellen Wert zugewiesen bekommt, sind Additionen und Subtraktionen unterschiedlicher Kalenderdaten möglich.

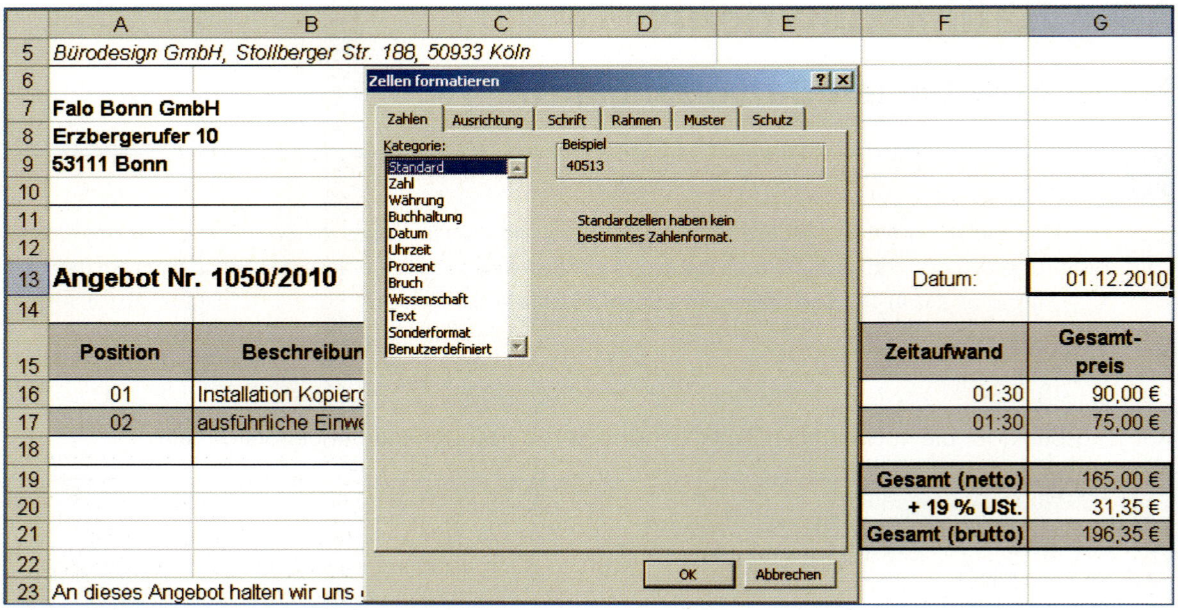

Abbildung 9: *Angebotsformular – DV-interne Darstellung eines Datums*

Für die ausstehende Formel in der Zelle D23 bedeutet dies, dass die Formel =G13+15 zum richtigen Ergebnis führt (vgl. Abbildung 10).

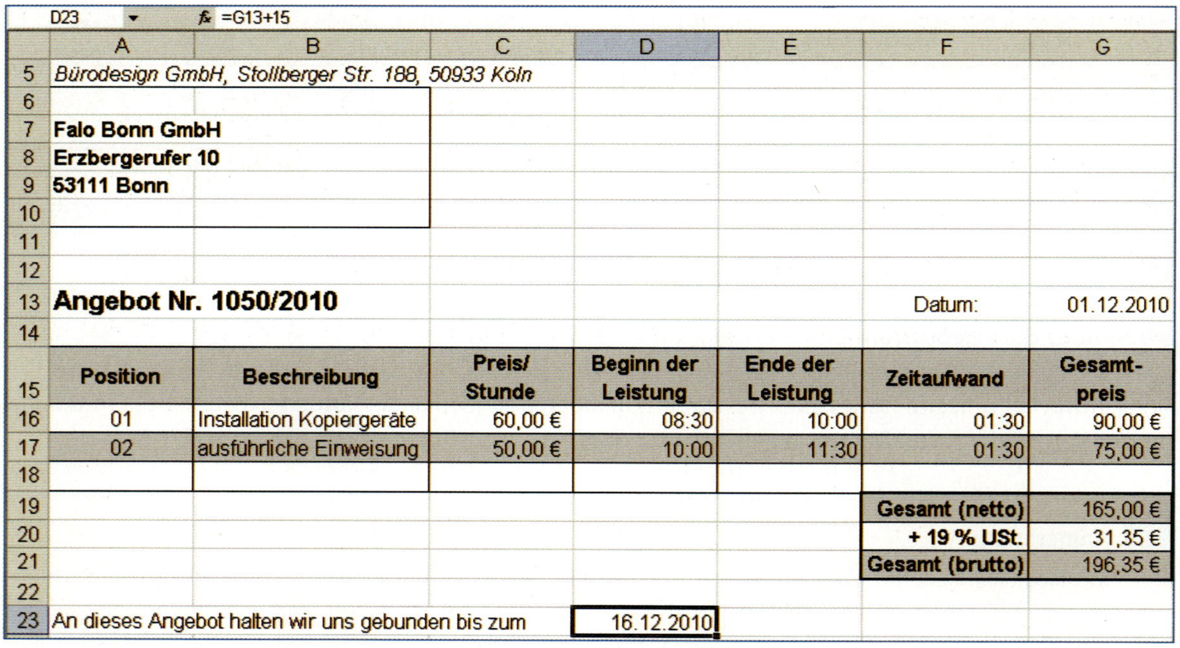

D23 fx =G13+15

	A	B	C	D	E	F	G
5	Bürodesign GmbH, Stollberger Str. 188, 50933 Köln						
6							
7	**Falo Bonn GmbH**						
8	**Erzbergerufer 10**						
9	**53111 Bonn**						
10							
11							
12							
13	**Angebot Nr. 1050/2010**					Datum:	01.12.2010
14							
15	**Position**	**Beschreibung**	**Preis/ Stunde**	**Beginn der Leistung**	**Ende der Leistung**	**Zeitaufwand**	**Gesamt-preis**
16	01	Installation Kopiergeräte	60,00 €	08:30	10:00	01:30	90,00 €
17	02	ausführliche Einweisung	50,00 €	10:00	11:30	01:30	75,00 €
18							
19						**Gesamt (netto)**	165,00 €
20						**+ 19 % USt.**	31,35 €
21						**Gesamt (brutto)**	196,35 €
22							
23	An dieses Angebot halten wir uns gebunden bis zum			16.12.2010			

Abbildung 10: *Angebotsformular – Formelgesteuerte Berechnung der Bindungsfrist*

Ähnlich wie bei den Uhrzeiten kann auch bei Datumsangaben die gewünschte Schreibweise durch eine **Benutzerdefinierte Formatierung** eingestellt werden.

Anmerkung:

Die Kennzeichnungen für Tag, Monat und Jahr lauten wie folgt:

T:	einstellige Tage werden ohne die vorangestellte 0 dargestellt (z. B. 9)
TT:	einstellige Tage werden als zweistellige Ziffern dargestellt (z. B. 09)
TTT:	Tage werden als Abkürzung des jeweiligen Wochentags ausgegeben (z. B. Mo)
TTTT:	Tage werden als vollständiger Wochentag ausgegeben (z. B. Montag)
M:	einstellige Monate werden ohne die vorangestellte 0 dargestellt (z. B. 2)
MM:	einstellige Monate werden als zweistellige Ziffern dargestellt (z. B. 02)
MMM:	Monate werden als Abkürzung des jeweiligen Monats ausgegeben (z. B. Feb)
MMMM:	Monate werden vollständig ausgeschrieben (z. B. Februar)
JJ:	Das Jahr wird als zweistellige Ziffer ausgegeben (z. B. 10)
JJJJ:	Das Jahr wird als vierstellige Ziffer ausgegeben (z. B. 2010)

Arbeitsauftrag 2:

Übernehmen Sie in Ihr bereits bestehendes Tabellenblatt den in der Zeile 23 stehenden Text. Sorgen Sie dafür, dass die Zelle D23 für die später einzufügende Formel leer bleibt. Vollziehen Sie anschließend die zuvor dargestellten Arbeitsschritte nach.

8.2.2 Die Funktion WOCHENTAG

Situation:

Frau Yilmaz schlägt vor, dass die Kunden als zusätzliche Information den Wochentag mitgeteilt bekommen, an dem die angebotenen Arbeiten ausgeführt werden. Die Umwandlung des in der Zelle F24 stehenden Datums (06.01.2011) in den zugehörigen Wochentag soll vom Programm automatisch ermittelt werden.

Die hierfür notwendige Funktion heißt =WOCHENTAG(ZAHL).

Übertragen auf die geforderte Anforderung an das Angebotsformular heißt die Funktion somit =WOCHENTAG(F24). Wie in der nachstehenden Abbildung 11 allerdings zu ersehen ist, liefert das Programm statt des ausgeschriebenen Wochentags „Donnerstag" die Zahl 5.

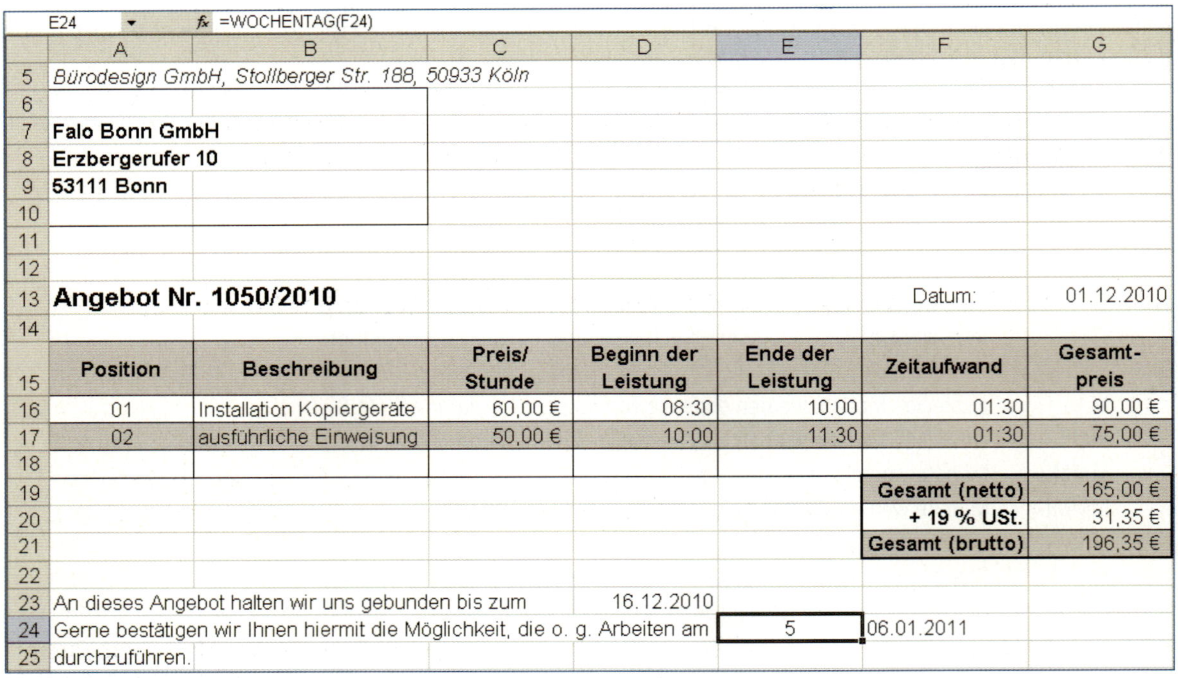

	A	B	C	D	E	F	G
5	*Bürodesign GmbH, Stollberger Str. 188, 50933 Köln*						
6							
7	**Falo Bonn GmbH**						
8	**Erzbergerufer 10**						
9	**53111 Bonn**						
10							
11							
12							
13	**Angebot Nr. 1050/2010**					Datum:	01.12.2010
14							
15	**Position**	**Beschreibung**	**Preis/ Stunde**	**Beginn der Leistung**	**Ende der Leistung**	**Zeitaufwand**	**Gesamt-preis**
16	01	Installation Kopiergeräte	60,00 €	08:30	10:00	01:30	90,00 €
17	02	ausführliche Einweisung	50,00 €	10:00	11:30	01:30	75,00 €
18							
19						**Gesamt (netto)**	165,00 €
20						**+ 19 % USt.**	31,35 €
21						**Gesamt (brutto)**	196,35 €
22							
23	An dieses Angebot halten wir uns gebunden bis zum			16.12.2010			
24	Gerne bestätigen wir Ihnen hiermit die Möglichkeit, die o. g. Arbeiten am				5	06.01.2011	
25	durchzuführen.						

Abbildung 11: *Erweitertes Angebotsformular – Wochentag*

Hier ist erneut das Wissen notwendig, dass die DV-Zeitrechnung vom 01. Januar 1900 als Startpunkt ausgeht. Da der 01. Januar 1900 auf einen Sonntag fiel, ist dem Sonntag die Zahl 1, dem Montag die Zahl 2 usw. und letztlich dem Samstag die Zahl 7 zugewiesen worden. Diese Systematik gilt für alle mithilfe des Programms umzurechnenden Kalenderdaten. Das ausgegebene Ergebnis „5" entspricht somit dem Wochentag „Donnerstag". Damit dieses Ergebnis ausgewiesen wird, muss die Zelle entsprechend benutzerdefiniert formatiert werden. Wie bereits dargestellt, werden die Tage in der **Benutzerdefinierten Formatierung** durch ein bis vier große „T" dargestellt. Die Formatierung der Zelle E24 auf „TTTT" führt zur gewünschten Schreibweise (vgl. Abbildung 12).

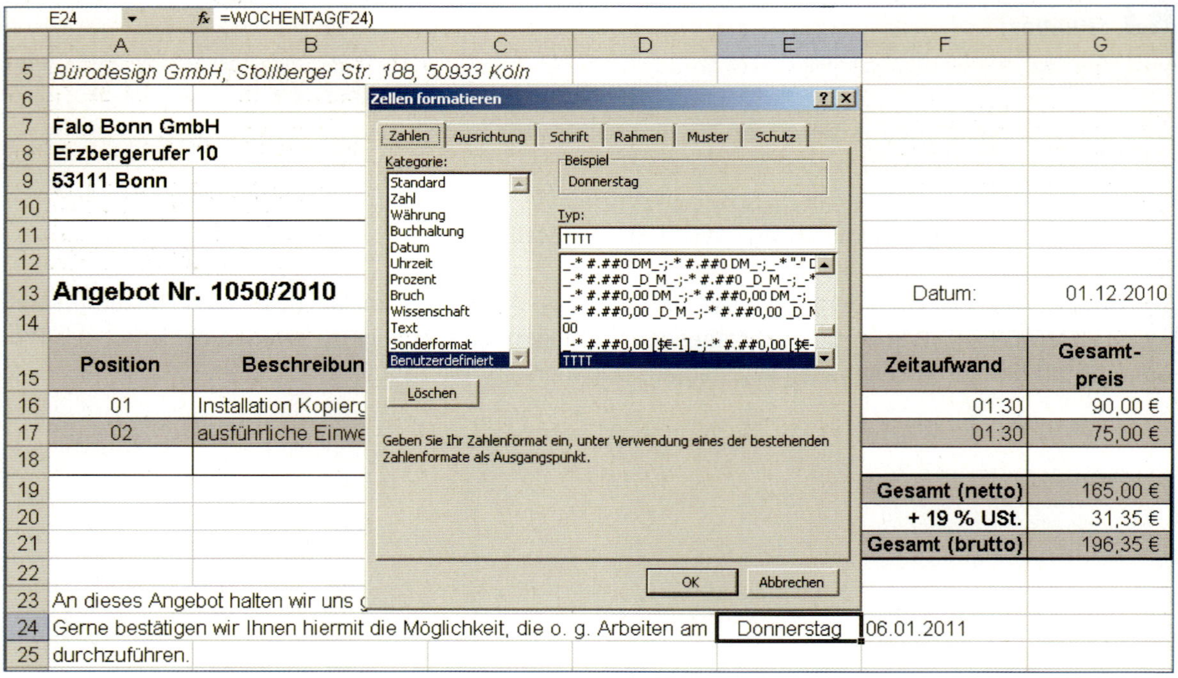

Abbildung 12: *Erweitertes Angebotsformular – ausgeschriebener Wochentag*

Arbeitsauftrag 3:

Übernehmen Sie in Ihr bereits bestehendes Tabellenblatt den in den Zeilen 24 und 25 stehenden Text. Sorgen Sie dafür, dass die Zelle E24 für die später einzufügende Funktion leer bleibt. Vollziehen Sie anschließend die zuvor dargestellten Arbeitsschritte nach. Stellen Sie zusätzlich durch eine Benutzerdefinierte Formatierung sicher, dass hinter dem Wochentag in der Zelle E24 ein Komma erscheint.

8.2.3 Weitere Datumsfunktionen (TAG, MONAT und JAHR)

Situation:

Als weitere Marketingmaßnahme zur Kundenbindung will Frau Yilmaz den Kunden der Bürodesign GmbH das Angebot unterbreiten, dass bei Annahme des vorliegenden Angebotes alle Inspektionen bis zum Ende des folgenden Kalenderjahres kostenlos sind. Das per Funktion zu berechnende Kalenderjahr soll in der Zelle F27 ausgegeben werden.

Im Gegensatz zu den bisherigen Situationen zu Datumsfunktionen reicht die Umwandlung des Datums „01.12.2010" in eine Zahl nicht aus. Vielmehr interessiert hier lediglich die Jahreszahl „2010". Wie im Gliederungspunkt 8.2.1 dargestellt, verbirgt sich hinter dem Kalenderdatum jedoch nicht die Zahl „2010", sondern die Zahl 40.513.

	A	B	C	D	E	F	G
5	*Bürodesign GmbH, Stollberger Str. 188, 50933 Köln*						
6							
7	**Falo Bonn GmbH**						
8	**Erzbergerufer 10**						
9	**53111 Bonn**						
10							
11							
12							
13	**Angebot Nr. 1050/2010**					Datum:	01.12.2010
14							
15	**Position**	**Beschreibung**	**Preis/ Stunde**	**Beginn der Leistung**	**Ende der Leistung**	**Zeitaufwand**	**Gesamt-preis**
16	01	Installation Kopiergeräte	60,00 €	08:30	10:00	01:30	90,00 €
17	02	ausführliche Einweisung	50,00 €	10:00	11:30	01:30	75,00 €
18							
19						**Gesamt (netto)**	165,00 €
20						**+ 19 % USt.**	31,35 €
21						**Gesamt (brutto)**	196,35 €
22							
23	An dieses Angebot halten wir uns gebunden bis zum			16.12.2010			
24	Gerne bestätigen wir Ihnen hiermit die Möglichkeit, die o. g. Arbeiten am				Donnerstag,	06.01.2011	
25	durchzuführen.						
26							
27	Wenn Sie sich für unser Angebot entscheiden, sind alle Service-Checks bis zum Ende						kostenlos.

Abbildung 13: *Erweitertes Angebotsformular – Jahr*

Um aus einem Kalenderdatum die einzelnen Bestandteile Tag, Monat und Jahr herausfiltern zu können, existieren im Programm drei separate Funktionen. Die Funktionen heißen

=TAG(ZAHL)

=MONAT(ZAHL)

=JAHR(ZAHL)

Bezogen auf die Ausgangssituation wird in der Zelle F27 zunächst durch die Funktion =JAHR(G13) aus dem Datum die Zahl „2010" herausgefiltert. Um dieses Ergebnis auf die Zahl „2011" zu bringen, muss die Funktion lediglich noch um den Teil „+1" erweitert werden.

Wie der nachfolgenden Abbildung 14 zu entnehmen ist, führt die Funktion =JAHR(G13)+1 noch nicht zum gewünschten Ergebnis, da standardmäßig wieder die normale Datumsformatierung TT.MM.JJJJ vorliegt.

Gemäß dem im Gliederungspunkt 8.2.1 dargestellten Ursprungsdatum (01.01.1900 = Zahl 1) entspricht die Zahl 2011 (= 2011 Tage) dem in der Abbildung 14 angezeigten Datum „03.07.1905".

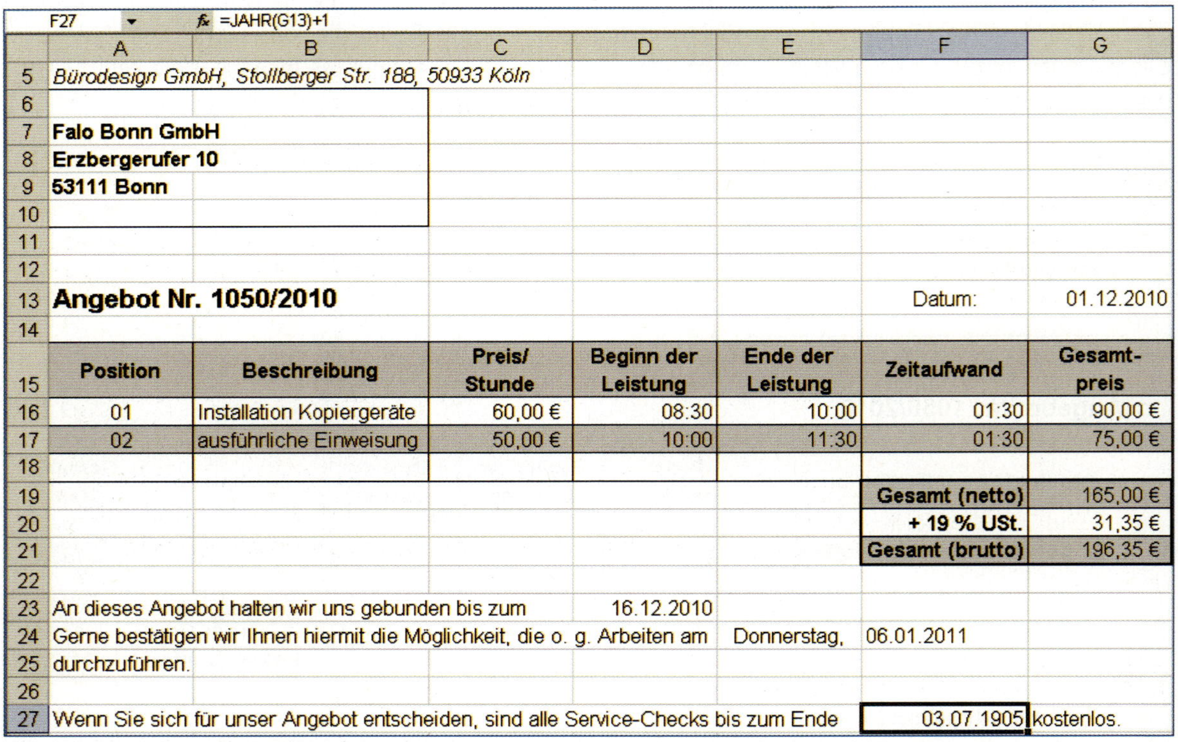

F27 =JAHR(G13)+1

	A	B	C	D	E	F	G
5	*Bürodesign GmbH, Stollberger Str. 188, 50933 Köln*						
6							
7	**Falo Bonn GmbH**						
8	**Erzbergerufer 10**						
9	**53111 Bonn**						
10							
11							
12							
13	**Angebot Nr. 1050/2010**					Datum:	01.12.2010
14							
15	**Position**	**Beschreibung**	**Preis/ Stunde**	**Beginn der Leistung**	**Ende der Leistung**	**Zeitaufwand**	**Gesamt-preis**
16	01	Installation Kopiergeräte	60,00 €	08:30	10:00	01:30	90,00 €
17	02	ausführliche Einweisung	50,00 €	10:00	11:30	01:30	75,00 €
18							
19						**Gesamt (netto)**	165,00 €
20						**+ 19 % USt.**	31,35 €
21						**Gesamt (brutto)**	196,35 €
22							
23	An dieses Angebot halten wir uns gebunden bis zum			16.12.2010			
24	Gerne bestätigen wir Ihnen hiermit die Möglichkeit, die o. g. Arbeiten am				Donnerstag,	06.01.2011	
25	durchzuführen.						
26							
27	Wenn Sie sich für unser Angebot entscheiden, sind alle Service-Checks bis zum Ende					03.07.1905	kostenlos.

Abbildung 14: *Erweitertes Angebotsformular – „Jahr" mit „falscher" Formatierung*

Um im Angebot das gewünschte Ergebnis „2011" anzeigen zu lassen, muss die Zelle wiederum benutzerdefiniert formatiert werden. Wie in der Abbildung 15 ersichtlich wird, führt die Formatierung 0000 (wahlweise reicht auch die Formatierung 0) zum richtigen Ergebnis.

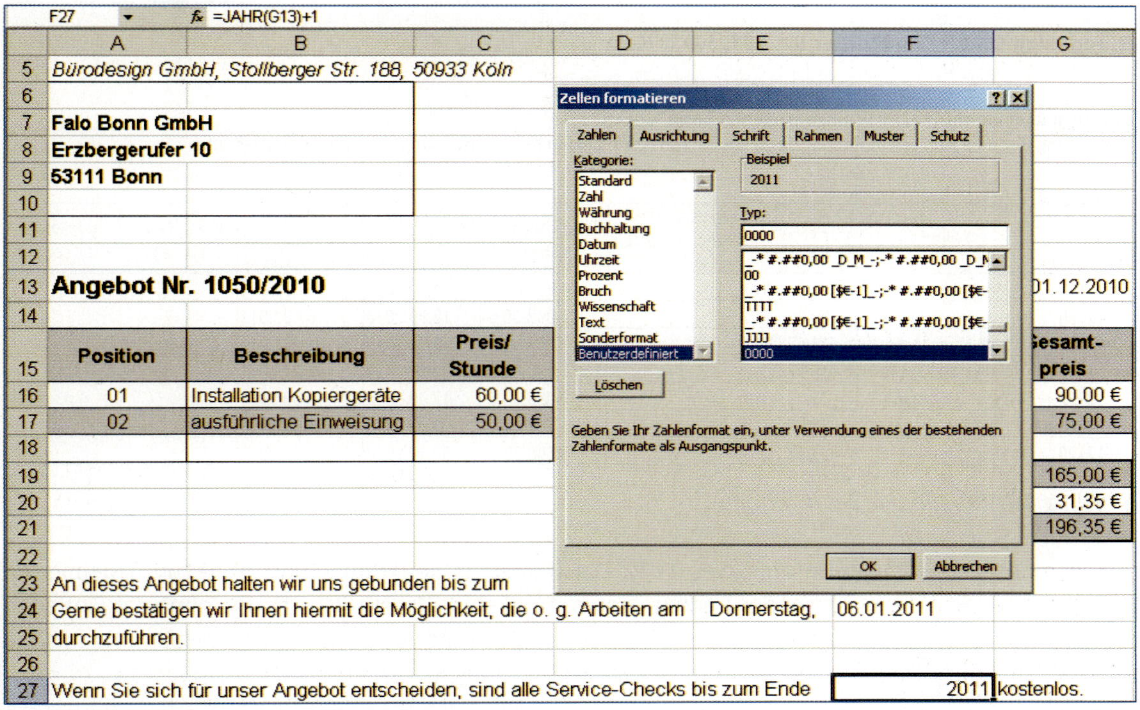

Abbildung 15: *Erweitertes Angebotsformular – „Jahr" mit richtiger Formatierung*

Anmerkung:

Die Benutzerdefinierte Formatierung auf JJJJ würde nicht zum richtigen Ergebnis führen, da das Programm die Zahl 2011 wieder in die Datumsrechnung übertragen würde, wonach 2011 Tage dem Kalenderdatum 1905 entsprechen würde (2011 Tage : 365 Tage/Jahr = 5,51 Jahre → 5 vollständige Jahre → Jahr 1905).

Arbeitsauftrag 4:

Übernehmen Sie in Ihr bestehendes Tabellenblatt die Zeile 27 und sorgen Sie dafür, dass die Zelle F27 zunächst leer bleibt. Vollziehen Sie anschließend für die Zelle F27 die zuvor dargestellten Arbeitsschritte nach. Stellen Sie zusätzlich durch eine Benutzerdefinierte Formatierung sicher, dass vor dem Ergebnis „2011" der Text „des Jahres" hinzugefügt wird.

8.2.4 Die Funktion DATUM

Situation:

Herr Fritz Werner aus der Abteilung Absatz möchte für gezieltere Werbemaßnahmen das Bestellverhalten der Kunden analysieren. Eine zu untersuchende Größe ist die Anzahl der Tage, die zwischen der aktuellen und der letzten Bestellung vergangen sind. Diese Information soll in den Zellen der Spalte D ermittelt werden.

Das sich für diese Aufgabenstellung ergebende Problem besteht darin, dass für die Berechnung keine Zelle mit dem aktuellen Datum vorliegt. Es steht zwar in der Zeile 4 u. a. das entsprechende Datum „01.12.2010", doch wegen der Kombination aus Text, Zahlen und Sonderzeichen erkennt das Programm nicht die gewünschte Information.

	A	B	C	D	E	F	G	H	I
1	**Bürodesign GmbH, Stollberger Str. 188, 50933 Köln**								
2									
3									
4	**Übersicht über die am 01.12.2010 eingegangenen Bestellungen**								
5	**- Ermittlung der dem Kunden in Rechnung zu stellenden Kreditzinsen bei Finanzierung über unsere Hausbank -**								
6									
7									
8	Kunden-Nr.	Name	letzte Bestellung am	vergangene Tage seit letzter Bestellung	Rechnungs-betrag	Zahlungs-termin, netto Kasse	angebotener Zahlungstermin für Kredit	Kreditdauer (360 Tage)	anfallende Kreditzinsen
9	12103	Schacht Energie AG	22.05.2010		4.850,00 €	12.09.2010	15.02.2011		
10	12109	eazytravel KG	06.06.2010		7.060,00 €	12.09.2010	15.03.2011		
11	12125	Süddt. Messebau	14.03.2010		855,00 €	02.09.2010	01.02.2011		
12	12126	Schmidt OHG	16.07.2010		1.130,00 €	02.10.2010	01.04.2011		
13	12127	Wigger & Söhne AG	01.08.2010		3.080,00 €	12.09.2010	15.03.2011		
14	12128	L. Wieland GmbH	26.06.2010		2.710,00 €	02.09.2010	01.02.2011		
15	12129	L. Helmchen AG	21.02.2010		6.540,00 €	02.10.2010	01.04.2011		

Abbildung 16: *Tabelle der Bestellungen*

Die Eingabe des gewünschten Datums (hier 01.12.2010) direkt in der Formel führt nicht zum Ergebnis, da das Programm die Punkte als Tausender-Trennzeichen o. Ä. erkennt. Um die Berechnung ohne das Eintragen des Datums in eine separate Zelle durchführen zu können, wird die Hilfe der Funktion =DATUM(Jahr;Monat;Tag) benötigt.

Anmerkung:

Bei der Eingabe des Kalenderdatums ist dringend auf die zuvor dargestellte Reihenfolge zu achten. Die im deutschsprachigen Raum gewöhnliche Schreibweise Tag, Monat, Jahr wird vom Programm nicht erkannt.

Die in der Zelle D9 stehende Funktion =DATUM(2010;12;01)-C9 führt zum richtigen Ergebnis. Es ist allerdings zu beachten, dass das Ergebnis vom Programm wieder als Datum ausgegeben worden ist, sodass erst durch die anschließende Formatierung des Zellinhalts auf das Format „Standard" das gewünschte Ergebnis ausgegeben wird.

D9 fx =DATUM(2010;12;1)-C9

	A	B	C	D	E	F	G	H	I
1	**Bürodesign GmbH, Stollberger Str. 188, 50933 Köln**								
2									
3									
4	**Übersicht über die am 01.12.2010 eingegangenen Bestellungen**								
5	**- Ermittlung der dem Kunden in Rechnung zu stellenden Kreditzinsen bei Finanzierung über unsere Hausbank -**								
6									
7									
8	Kunden-Nr.	Name	letzte Bestellung am	vergangene Tage seit letzter Bestellung	Rechnungs-betrag	Zahlungs-termin, netto Kasse	angebotener Zahlungstermin für Kredit	Kreditdauer (360 Tage)	anfallende Kreditzinsen
9	12103	Schacht Energie AG	22.05.2010	11.07.1900	4.850,00 €	12.09.2010	15.02.2011		
10	12109	eazytravel KG	06.06.2010		7.060,00 €	12.09.2010	15.03.2011		
11	12125	Süddt. Messebau	14.03.2010		855,00 €	02.09.2010	01.02.2011		
12	12126	Schmidt OHG	16.07.2010		1.130,00 €	02.10.2010	01.04.2011		
13	12127	Wigger & Söhne AG	01.08.2010		3.080,00 €	12.09.2010	15.03.2011		
14	12128	L. Wieland GmbH	26.06.2010		2.710,00 €	02.09.2010	01.02.2011		
15	12129	L. Helmchen AG	21.02.2010		6.540,00 €	02.10.2010	01.04.2011		

Abbildung 17: *Tabelle der Bestellungen – Format Datum*

Nach korrekter Formatierung erhält Herr Werner die folgenden Ergebnisse:

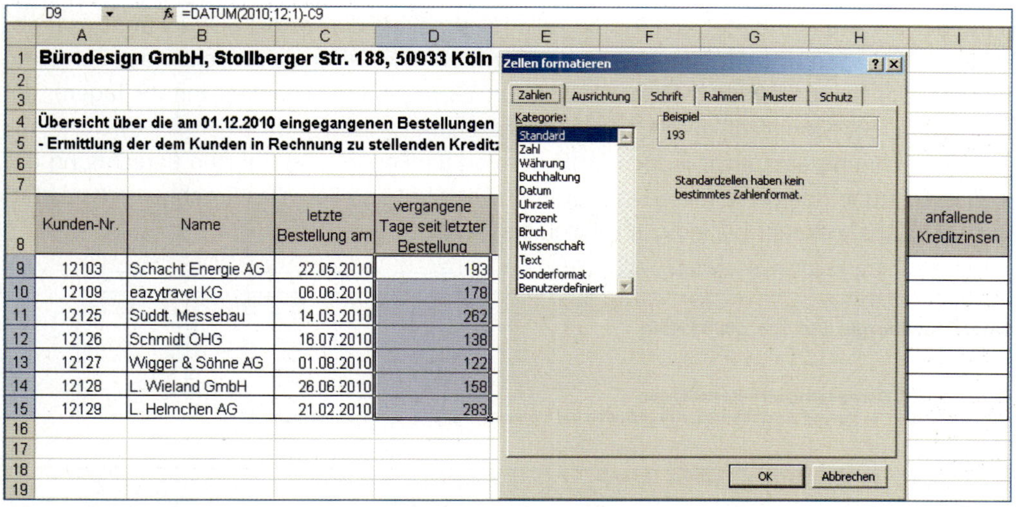

	A	B	C	D	I
1	**Bürodesign GmbH, Stollberger Str. 188, 50933 Köln**				
2					
3					
4	**Übersicht über die am 01.12.2010 eingegangenen Bestellungen**				
5	**- Ermittlung der dem Kunden in Rechnung zu stellenden Kredit**				
6					
7					
8	Kunden-Nr.	Name	letzte Bestellung am	vergangene Tage seit letzter Bestellung	anfallende Kreditzinsen
9	12103	Schacht Energie AG	22.05.2010	193	
10	12109	eazytravel KG	06.06.2010	178	
11	12125	Süddt. Messebau	14.03.2010	262	
12	12126	Schmidt OHG	16.07.2010	138	
13	12127	Wigger & Söhne AG	01.08.2010	122	
14	12128	L. Wieland GmbH	26.06.2010	158	
15	12129	L. Helmchen AG	21.02.2010	283	
16					
17					
18					
19					

***Abbildung 18**: Tabelle der Bestellungen – Format Standard*

Arbeitsauftrag 5:

Übernehmen Sie die Tabelle (vgl. Abbildung 16) inklusive aller Werte und Formatierungen in ein leeres Tabellenblatt. Vollziehen Sie anschließend die zuvor beschriebenen Arbeitsschritte und ermitteln Sie alle Ergebnisse der Spalte D. Stellen Sie zusätzlich durch eine Benutzerdefinierte Formatierung sicher, dass hinter den ermittelten Zahlen das Wort „Tage" erscheint.

8.2.5 Die Funktion TAGE360

Situation:

Auf Vorschlag von Herrn Dieter Zwock will die Marketing-Abteilung den Kunden in den nächsten Wochen ein besonderes Angebot unterbreiten. Für die aktuellen Bestellungen kann der Kunde einen Kredit über die Hausbank der Bürodesign GmbH in Anspruch nehmen. Als Kreditzeitraum gilt hierbei die Differenz der in den Spalten G und F (vgl. Abbildung 19) angegebenen Daten. In der Spalte I der nachstehenden Tabelle sollen die Kreditzinsen berechnet werden, die der Kunde ggf. zu tragen hat.

	A	B	C	D	E	F	G	H	I
1	**Bürodesign GmbH, Stollberger Str. 188, 50933 Köln**								
2									
3									
4	**Übersicht über die am 01.12.2010 eingegangenen Bestellungen**								
5	**- Ermittlung der dem Kunden in Rechnung zu stellenden Kreditzinsen bei Finanzierung über unsere Hausbank -**								
6									
7									
8	Kunden-Nr.	Name	letzte Bestellung am	vergangene Tage seit letzter Bestellung	Rechnungsbetrag	Zahlungstermin, netto Kasse	angebotener Zahlungstermin für Kredit	Kreditdauer (360 Tage)	anfallende Kreditzinsen
9	12103	Schacht Energie AG	22.05.2010	193 Tage	4.850,00 €	12.09.2010	15.02.2011		
10	12109	eazytravel KG	06.06.2010	178 Tage	7.060,00 €	12.09.2010	15.03.2011		
11	12125	Süddt. Messebau	14.03.2010	262 Tage	855,00 €	02.09.2010	01.02.2011		
12	12126	Schmidt OHG	16.07.2010	138 Tage	1.130,00 €	02.10.2010	01.04.2011		
13	12127	Wigger & Söhne AG	01.08.2010	122 Tage	3.080,00 €	12.09.2010	15.03.2011		
14	12128	L. Wieland GmbH	26.06.2010	158 Tage	2.710,00 €	02.09.2010	01.02.2011		
15	12129	L. Helmchen AG	21.02.2010	283 Tage	6.540,00 €	02.10.2010	01.04.2011		

***Abbildung 19:** Tabelle der Bestellungen – Ausgangsformular*

Zeit- und Datumsfunktionen

Bei der Berechnung der Kreditdauer bietet sich für die Zelle H9 zunächst die Formel =G9-F9 an. Das Problem für die vorliegende Situation besteht darin, dass das Programm die Differenz zwischen den Terminen **tagesgenau** berechnet. Das heißt, dass der Monat Februar mit 28 Tagen (im Schaltjahr mit 29 Tagen), der Monat Juni mit 30 Tagen, der Monat Juli mit 31 Tagen etc. berechnet wird.
Die oben genannte Berechnung entspricht jedoch nicht der von Banken durchgeführten Berechnung des Kreditzeitraums (Zinsrechnung), da diese für jeden Monat 30 Tage unterstellen. Das Ergebnis müsste statt der ausgegebenen 156 Tage vielmehr bei lediglich 153 Tagen liegen.

H9 fx =G9-F9

	A	B	C	D	E	F	G	H	I
1	**Bürodesign GmbH, Stollberger Str. 188, 50933 Köln**								
2									
3									
4	**Übersicht über die am 01.12.2010 eingegangenen Bestellungen**								
5	**- Ermittlung der dem Kunden in Rechnung zu stellenden Kreditzinsen bei Finanzierung über unsere Hausbank -**								
6									
7									
8	Kunden-Nr.	Name	letzte Bestellung am	vergangene Tage seit letzter Bestellung	Rechnungs-betrag	Zahlungs-termin, netto Kasse	angebotener Zahlungstermin für Kredit	Kreditdauer (360 Tage)	anfallende Kreditzinsen
9	12103	Schacht Energie AG	22.05.2010	193 Tage	4.850,00 €	12.09.2010	15.02.2011	156	
10	12109	eazytravel KG	06.06.2010	178 Tage	7.060,00 €	12.09.2010	15.03.2011		
11	12125	Südd. Messebau	14.03.2010	262 Tage	855,00 €	02.09.2010	01.02.2011		
12	12126	Schmidt OHG	16.07.2010	138 Tage	1.130,00 €	02.10.2010	01.04.2011		
13	12127	Wigger & Söhne AG	01.08.2010	122 Tage	3.080,00 €	12.09.2010	15.03.2011		
14	12128	L. Wieland GmbH	26.06.2010	158 Tage	2.710,00 €	02.09.2010	01.02.2011		
15	12129	L. Helmchen AG	21.02.2010	283 Tage	6.540,00 €	02.10.2010	01.04.2011		

***Abbildung 20:** Tabelle der Bestellungen – tagesgenaue Kreditdauer (365 Tage pro Jahr)*

Damit das Programm die richtige Berechnung durchführt, muss die folgende Funktion verwendet werden:
=TAGE360(AUSGANGSDATUM;ENDDATUM;METHODE)

Anmerkung:

Der dritte Funktionsbestandteil „Methode" bestimmt, ob die amerikanische oder die europäische Berechnung der Zinstage angewendet wird. Um die amerikanische Methode anzuwenden, muss „Falsch" angegeben werden. Für die europäische Methode hingegen lautet der Befehl „Wahr".

Nach Eingabe der Funktion =TAGE360(F9;G9;WAHR) in Zelle H9 wird das korrekte Ergebnis von 153 ausgegeben (vgl. Abbildung 21).

H9 fx =TAGE360(F9;G9;WAHR)

	A	B	C	D	E	F	G	H	I
1	**Bürodesign GmbH, Stollberger Str. 188, 50933 Köln**								
2									
3									
4	**Übersicht über die am 01.12.2010 eingegangenen Bestellungen**								
5	**- Ermittlung der dem Kunden in Rechnung zu stellenden Kreditzinsen bei Finanzierung über unsere Hausbank -**								
6									
7									
8	Kunden-Nr.	Name	letzte Bestellung am	vergangene Tage seit letzter Bestellung	Rechnungs-betrag	Zahlungs-termin, netto Kasse	angebotener Zahlungstermin für Kredit	Kreditdauer (360 Tage)	anfallende Kreditzinsen
9	12103	Schacht Energie AG	22.05.2010	193 Tage	4.850,00 €	12.09.2010	15.02.2011	153	
10	12109	eazytravel KG	06.06.2010	178 Tage	7.060,00 €	12.09.2010	15.03.2011		
11	12125	Südd. Messebau	14.03.2010	262 Tage	855,00 €	02.09.2010	01.02.2011		
12	12126	Schmidt OHG	16.07.2010	138 Tage	1.130,00 €	02.10.2010	01.04.2011		
13	12127	Wigger & Söhne AG	01.08.2010	122 Tage	3.080,00 €	12.09.2010	15.03.2011		
14	12128	L. Wieland GmbH	26.06.2010	158 Tage	2.710,00 €	02.09.2010	01.02.2011		
15	12129	L. Helmchen AG	21.02.2010	283 Tage	6.540,00 €	02.10.2010	01.04.2011		

***Abbildung 21:** Tabelle der Bestellungen – zinsrechnerische Kreditdauer (360 Tage pro Jahr)*

Arbeitsauftrag 6:

Vollziehen Sie in Ihrem bereits bestehenden Tabellenblatt für die Spalte H die zuvor dargestellten Arbeitsschritte. Ermitteln Sie anschließend in der Spalte I die anfallenden Kreditzinsen. Gehen Sie dabei von einem Kreditzinssatz der Bank in Höhe von 8,90 % p. a. aus.

8.3 Übungsaufgaben

8.3.1 Onlineversand

Situation:

Die Abteilung Absatz ermöglicht ihren Kunden seit einiger Zeit die Bestellung per Internet (vgl. Arbeitsauftrag 6.3.1). Die hierfür bislang verwendete Anwendung soll an dieser Stelle von Ihnen erweitert werden.

Arbeitsaufträge:

1. Wenn Sie die Übungsaufgabe **6.3.1 Onlineversand** bereits bearbeitet haben, können Sie diese erneut öffnen und die entsprechenden Änderungen in den Tabellenblättern vornehmen. Beachten Sie hierbei, dass es neben dem zusätzlichen Tabellenblatt **Vorgabezeit** auch Änderungen in den bestehenden Tabellenblättern gegeben hat. Sofern Sie nicht über den o. g. Arbeitsauftrag verfügen, beginnen Sie bitte bei Arbeitsauftrag 2.
2. Speichern Sie Ihre Datei unter dem Dateinamen **Onlineversand** ab. Speichern Sie Ihre Datei **spätestens alle fünf Minuten** ab, um Datenverlust zu vermeiden.
3. Benennen Sie das Tabellenblatt 1 in **Formular**, das Tabellenblatt 2 in **Artikel**, das Tabellenblatt 3 in **Vorgabezeit** sowie das Tabellenblatt 4 in **Kunden** um.
4. Übernehmen Sie die nachstehend abgebildeten Tabellen inklusive aller Werte und Formatierungen in die zuvor angelegten Tabellenblätter.
5. Vergeben Sie den Hilfstabellen im Tabellenblatt **Artikel** die Namen „Ware1" und „Ware2", der Hilfstabelle im Tabellenblatt **Vorgabezeit** den Namen „Zeit" sowie der Hilfstabelle im Tabellenblatt **Kunden** den Namen „Kunden". Arbeiten Sie – sofern möglich – mit diesen Zellnamen in den späteren Formeln und Funktionen.
6. Geben Sie in der Zelle B5 des Tabellenblattes **Formular** die Kundennummer „3492" ein.
7. Ermitteln Sie mithilfe einer Suchfunktion in den Zellen A7 und A8 den Kundennamen sowie den Wohnort des Kunden.
8. Geben Sie in der Zelle F5 mithilfe einer geeigneten Funktion das aktuelle Datum im Format TT.MM.JJJJ aus. In der Zelle E5 soll in Abhängigkeit von dem Ergebnis der Zelle F5 mithilfe einer Funktion der zugehörige Wochentag im Format TTTT ausgegeben werden.
9. Ermitteln Sie mithilfe von geeigneten Formeln bzw. Funktionen
   a) in den Zellen der Spalte D die jeweilige Artikelbezeichnung. Beachten Sie hierbei, dass es zwei unterschiedliche Artikellisten gibt;
   b) in der Spalte E den zugehörigen Listenpreis je Artikel;
   c) den Rabatt für das jeweilige Produkt in EUR. Hierbei ist zu beachten, dass nur Produkte aus der Warengruppe 2 rabattfähig sind. Zusätzlich muss der Kunde mindestens jeweils drei Stück eines Artikels bestellt haben, um den Einheitsrabattsatz von 10 % gewährt zu bekommen;
   d) den Nettopreis je Artikel;
   e) die auf den jeweiligen Artikel zu zahlende Umsatzsteuer. Hierbei ist zu beachten, dass der Umsatzsteuersatz bei Artikeln der Warengruppe 1 bei 7 %, bei Artikeln der Warengruppe 2 hingegen bei 19 % liegt;
   f) den Bruttopreis des jeweiligen Artikels;

g) den Bruttopreis für die gesamte Bestellmenge;

h) in der Zelle J20 den gesamten Bruttobetrag;

i) die vom Kunden zu zahlenden Versandkosten in EUR. Kunden der Kundenklasse A zahlen hierbei 2,90 EUR je Bestellung, während hingegen Kunden der Kundenklasse B keine Versandkosten in Rechnung gestellt bekommen;

j) den endgültigen Rechnungsbetrag.

10. Ermitteln Sie mithilfe einer Suchfunktion in der Zelle E8 die Zeit, zu welcher der zuständige Mitarbeiter des Onlineversands die bestellten Artikel fertig verpackt haben wird. Die hierfür vorgesehene Zeit hängt von der in der Spalte A gemachten Aussage über die laufende Position (= Anzahl unterschiedlicher Artikel) ab. Die Zuordnung zwischen der Anzahl unterschiedlicher Artikel und der hierfür vorgesehenen Vorgabezeit entnehmen Sie bitte dem Tabellenblatt **Vorgabezeit**.

11 Geben Sie unter Verwendung einer Formel in der Zelle D23 den voraussichtlichen Liefertermin im Format TT.MM.JJJJ ein. Hierfür gilt die Regel, dass die Ware zwei Tage nach dem Eingang der Bestellung beim Kunden ankommt.

12. Stellen Sie mithilfe von Bedingten Formatierungen sicher, dass

a) die auf die einzelnen Positionen gewährten Rabatte in einer roten, fetten Schrift dargestellt werden,

b) die Hintergrundfarbe der Zelle J21 im Falle von 0,00 EUR Versandkosten grün dargestellt wird.

13. Fügen Sie in Ihre Datei ein neues Tabellenblatt (EINFÜGEN – TABELLENBLATT) ein und benennen Sie dieses in **Formeln** um. Kopieren Sie das Tabellenblatt **Formular** in das neue Tabellenblatt und wechseln Sie in die Formelansicht. Passen Sie alle Spalten so an, dass sämtliche Formeln und Funktionen vollständig lesbar sind.

14. Drucken Sie abschließend die Tabellenblätter **Formular** und **Formeln** aus. Beide Tabellenblätter sind hierbei im Querformat und unter Angabe Ihres Namens in der jeweiligen Kopfzeile auszudrucken. Weiterhin sollen beide Tabellen die Zeilen- und Spaltenüberschriften enthalten. Beim Tabellenblatt **Formeln** ist weiterhin zu beachten, dass dieses auf zwei Seiten (breit) verteilt ausgedruckt wird.

Web

	A	B	C	D	E	F	G	H	I	J
1	**Bürodesign GmbH - Online-Bestellformular**									
2										
3										
4										
5	Kunden-Nr.			Bestellungseingang						
6										
7				Bestellungseingang (Uhrzeit)	09:35					
8				Ware versandfertig um:						
9										
10										
11	**Position (max. 7)**	**Artikel-nummer**	**Menge**	**Artikel-bezeichnung**	**Listenpreis pro Stück**	**Rabatt in EUR**	**Nettopreis pro Stück**	**Umsatzsteuer in EUR**	**Bruttopreis pro Stück**	**Bruttopreis für Bestellmenge**
12	1	12430	4							
13	2	23500	1							
14	3	20037	7							
15	4	10683	2							
16	5	21147	1							
17										
18										
19										
20									Gesamt-Brutto	
21									zzgl. Versand	
22										
23	**Die Ware wird bei Ihnen voraussichtlich am**				**eintreffen.**				Rechnungsbetrag	

Abbildung 22: *Onlineversand; Tabellenblatt „Formular"*

	A	B	C	D	E	F	G
1	**Übersicht über die Artikel und deren Preise**						
2							
3							
4	**Warengruppe 1 (bis Art.-Nr. 19.999)**				**Warengruppe 2 (ab Art.-Nr. 20.000)**		
5							
6	**Art.-Nr.**	**Artikel**	**Listenpreis**		**Art.-Nr.**	**Artikel**	**Listenpreis**
7	10235	Das Office Buch	24,95 €		20037	Easy Words - Textverarbeitung CD	88,39 €
8	10683	MS Excel 2000	17,98 €		20093	Prüfungswissen Bürokaufleute CD	42,78 €
9	11207	Arbeiten mit dem PC	22,40 €		21147	Deutschland sucht... Kalender	12,50 €
10	11874	Internet für Anfänger	12,90 €		21348	Entspannungsmusik - 2 CD's	14,99 €
11	12430	MS Excel 2003	24,90 €		22994	Best of Cinema - 12 DVD's	123,98 €
12	13080	Präsentieren leichtgemacht	16,95 €		23249	Der virtuelle Jahreskalender - CD	17,98 €
13	13792	Textverarbeitung I	14,95 €		23500	Die große Spielesammlung	17,00 €
14	14257	Textverarbeitung II	14,95 €		23992	Stempel und Stempelkissen	22,90 €

Abbildung 23: *Onlineversand; Tabellenblatt „Artikel"*

	A	B	C
1	**Vorgabezeiten für die Packzeit**		
2			
3			
4	Anzahl an Packstücken	eingeplanter Zeitbedarf	
5	1	00:12	
6	2	00:16	
7	3	00:19	
8	4	00:23	
9	5	00:25	
10	6	00:27	
11	7	00:29	

Abbildung 24: *Onlineversand; Tabellenblatt „Vorgabezeit"*

	A	B	C	D	E	F	G
1	**Kundenübersicht**						
2							
3							
4	Kunden-Nr.	3486	3489	3490	3492	3498	3451
5	Kunde	Beckertz, Armin	Dahlbruch, Kerstin	Hoffenstedt, Anita	Kaiser, Jürgen	Wilms, Ingo	Zopfner, Sabine
6	Anschrift	53111 Bonn	26113 Oldenburg	57074 Siegen	96442 Coburg	80332 München	20446 Hamburg
7	Kundenklasse	A	B	B	A	B	B

Abbildung 25: *Onlineversand; Tabellenblatt „Kunden"*

8.3.2 Lieferanten- oder Bankkredit

Situation:

Die Abteilung Rechnungswesen/Statistik muss in den kommenden Wochen einige größere Rechnungen begleichen. Da der Kontostand der Bürodesign GmbH derzeit bei Null liegt, müsste Herr Kurt Taube für das Unternehmen einen Bankkredit aufnehmen, um die jeweiligen Skonti in Anspruch zu nehmen. Mithilfe einer vorbereiteten Tabelle sollen Sie in seinem Auftrag überprüfen, für welche Rechnungen die Aufnahme eines Bankkredits sinnvoll erscheint.

Arbeitsaufträge:

1. Speichern Sie Ihre Datei unter dem Namen **Lieferanten- oder Bankkredit** ab. Speichern Sie Ihre Datei **spätestens alle fünf Minuten** ab, um Datenverlust zu vermeiden.
2. Benennen Sie das Tabellenblatt 1 in **Berechnung** und das Tabellenblatt 2 in **Grunddaten** um.
3. Übernehmen Sie die am Ende der Aufgabenstellung stehenden Tabellen inklusive aller Werte und Formatierungen in die zuvor eingerichteten Tabellenblätter.
4. Vergeben Sie für die zwei Hilfstabellen (A5 bis E9 und A15 bis C24) des Tabellenblattes **Grunddaten** die Namen „Rechnungen" und „Lieferanten". Vergeben Sie zusätzlich den Zellen F17 und F18 des Tabellenblattes **Grunddaten** die Namen „Zinssatz1" und „Zinssatz2". Verwenden Sie die Namen – sofern möglich – in den späteren Formeln und Funktionen.
5. Ermitteln Sie – ausgehend von der Rechnungsnummer – mithilfe von geeigneten Funktionen bzw. Formeln
   a) den Namen des jeweiligen Lieferanten;
   b) in Zeile 10 den Zahlungstermin bei Inanspruchnahme des Skontoabzugs und formatieren Sie das Ergebnis ggf. auf das Format TT.MM.JJJJ;
   c) in Zeile 11 den Zahlungstermin bei Zahlung zum spätest möglichen Zeitpunkt (netto Kasse). Formatieren Sie auch dieses Ergebnis auf das Format TT.MM.JJJJ;
   d) den jeweiligen Zieleinkaufspreis in EUR;
   e) den möglichen Skontoabzug in EUR;
   f) den sich nach Abzug von Skonto ergebenden Bareinkaufspreis in EUR.
6. Übernehmen Sie per Zellbezug den Bareinkaufspreis in die Zeile 19 (Kreditbetrag). (Annahme: Die Bezugskosten betragen 0,00 EUR.)
7. Ermitteln Sie mithilfe von geeigneten Funktionen bzw. Formeln
   a) die notwendige Kreditdauer als Differenz zwischen den in den Zeilen 10 und 11 stehenden Daten. Beachten Sie, dass die Bank von 360 Tagen pro Jahr ausgeht;
   b) den Zinssatz für den jeweils aufzunehmenden Kredit. Beachten Sie hierbei, dass der Kredit jeweils am spätest möglichen Tag (d. h. Datum in der Zeile 10) aufgenommen wird und sich der Kreditzinssatz nach Aussagen der Hausbank am 18.08.2010 verändert;
   c) unter Verwendung der Zinsformel die anfallenden Kreditzinsen;
   d) die Ersparnis im Falle einer Kreditaufnahme. Bedenken Sie, dass eine Kreditaufnahme auch zu einem negativen Ergebnis führen kann.
8. Stellen Sie durch Verwendung einer Benutzerdefinierten Formatierung sicher, dass die Ergebnisse in der Zeile Kreditdauer (Zeile 20) als „Tage" dargestellt werden.
9. Ermitteln Sie durch Verwendung von Bedingten Formatierungen, ob ein Kredit aufgenommen werden sollte. Aus einer Kreditaufnahme resultierende reale Ersparnisse (Zeile 25) sollen durch eine hellgrüne Füllfarbe dargestellt werden, während Verluste durch eine rote Füllfarbe kenntlich gemacht werden sollen.

10. Erstellen Sie ein Diagramm, aus dem neben den Skontoabzügen auch die Kreditzinsen hervorgehen. Verwenden Sie hierfür ein Säulendiagramm (gruppierte Säulen). Weisen Sie dem Diagramm eine aussagekräftige Überschrift und eine sinnvolle Beschriftung der X-Achse zu. Versehen Sie das Diagramm mit einer sinnvollen Legendenbeschriftung und X-Achse. Weiterhin soll sichergestellt werden, dass die Legende unter der Überschrift steht und die jeweiligen Werte im Diagramm angezeigt werden.
    Das Diagramm soll auf einem eigenen Tabellenblatt mit dem Namen **Diagramm** erscheinen.
    Verändern Sie abschließend die Skalierung der Y-Achse so, dass das Hauptintervall in 250,00 EUR-Schritten dargestellt wird.
11. Kopieren Sie den Inhalt des Tabellenblattes **Berechnung** in das Tabellenblatt 3 und benennen Sie dieses als **Formeln**.
12. Richten Sie die Tabellenblätter **Berechnung** und **Formeln** so ein, dass diese später im Querformat ausgedruckt werden können. Während das Tabellenblatt **Berechnung** auf einer Seite auszudrucken ist, soll das Tabellenblatt **Formeln** auf 2 Seiten breit ausgedruckt werden. Stellen Sie sicher, dass die Formeln unter Angabe der Zeilen- und Spaltenüberschriften ausgedruckt werden. Beide Tabellenblätter sollen in der Kopfzeile Ihren Namen sowie das heutige Datum tragen.
13. Drucken Sie die Tabellenblätter **Berechnung**, **Formeln** und **Diagramm** aus.

	A	B	C	D	E	F
1	**Übersicht über zur Zahlung anstehende Rechnungen**					
2						
3				zahlbar bis ...		
4	Rechnungs-nummer	Lieferanten-nummer	Zieleinkaufspreis	abzgl. Skontoabzug	netto Kasse	
5	102.575	6	52.301,00 €	15.08.2010	03.09.2010	
6	235.120	9	38.104,00 €	28.08.2010	13.10.2010	
7	471.055	5	44.956,00 €	04.09.2010	02.10.2010	
8	330.305	4	75.876,00 €	10.08.2010	31.12.2010	
9	710.205	7	26.507,00 €	25.08.2010	15.09.2010	
10						
11						
12	**Übersicht über unsere Lieferanten**					
13						
14	Lieferanten-nummer	Lieferanten-name	Skonto in %			
15	1	Jansen OHG	3,0%		**Zinssatz für Bankkredit**	
16	2	Brüggemann GmbH	2,0%			
17	3	Deppendorf KG	0,0%		bis 17.08.2010	6,75%
18	4	Gielenhausen e. K.	2,5%		ab 18.08.2010	7,19%
19	5	Belken KG	3,0%			
20	6	Pürlanus GmbH	4,0%			
21	7	Onnan GBR	2,0%			
22	8	Meedaus eG	2,0%			
23	9	Wittmann AG	3,0%			
24	10	Petros KG aA	2,0%			

Abbildung 26: *Lieferanten- oder Bankkredit; Tabellenblatt „Grunddaten"*

	A	B	C	D	E	F
1	**Lieferanten- oder Bankkredit?**					
2						
3						
4	**Übersicht über die zur Zahlung anstehenden Rechnungen**					
5						
6						
7	Rechnungsnummer	102.575	235.120	471.055	330.305	710.205
8	Lieferant					
9	Zahlungstermin ...					
10	abzgl. Skonto					
11	netto Kasse					
12						
13						
14	Zieleinkaufspreis					
15	- Skonto					
16	Bareinkaufspreis					
17						
18						
19	Kreditbetrag					
20	Kreditdauer					
21	Kreditzinssatz					
22	Kreditzinsen					
23						
24						
25	Ersparnis bei Kredit-aufnahme					

Abbildung 27: *Lieferanten- oder Bankkredit; Tabellenblatt „Berechnung“*

8.3.3 Monatsabrechnung für Bürogeräte

Situation:

Die Abteilung Absatz vermietet seit einigen Monaten tageweise Bürogeräte an Unternehmen, die diese zumeist für Konferenzen und Schulungen einsetzen und auf die Anschaffung eigener Geräte verzichten wollen. Die Abrechnung erfolgt dabei nicht nach einem Pauschalpreis pro Tag. Der Preis setzt sich aus den vom Kunden in Anspruch genommenen Stunden und Minuten zusammen. Sie werden von Frau Inga Yilmaz mit der Erstellung der Abrechnung beauftragt.

Arbeitsaufträge:

1. Speichern Sie Ihre Datei unter dem Dateinamen **Monatsabrechnung für Bürogeräte** ab. Speichern Sie Ihre Datei **spätestens alle fünf Minuten** ab, um Datenverlust zu vermeiden.
2. Benennen Sie das Tabellenblatt 1 in **Abrechnung** sowie das Tabellenblatt 2 in **Grunddaten** um.
3. Übernehmen Sie die beigefügten Tabellenblätter inklusive aller Werte und Formatierungen in Ihre zuvor umbenannten Tabellenblätter.
4. Vergeben Sie für die drei Tabellen des Tabellenblattes **Grunddaten** die Namen „Kunde“, „Zuschlag“ und „Gerät“. Verwenden Sie diese Namen – sofern möglich – in den jeweiligen Formeln und Funktionen.
5. Geben Sie in der Zelle B5 die Kunden-Nr. „20014“ ein. In Abhängigkeit von dieser Kunden-Nr. soll in der Zelle B7 der zugehörige Kundenname mithilfe einer geeigneten Funktion ausgewiesen werden.
6. Ausgehend von dem in der Zelle M5 stehenden Datum soll mithilfe eines Zellbezugs in der Zelle M7 der zugehörige Abrechnungsmonat im Format MMMM JJJJ ausgewiesen werden.
7. Ermitteln Sie in den Zellen A13 bis A20 funktionsgesteuert den zum vorgegebenen Datum gehörigen Wochentag. Der Wochentag soll im Format TT ausgegeben werden.

8. Um dem Kunden aufzuzeigen, welche Zahl des Formats TT zu welchem Wochentag gehört (z. B. 01 = Sonntag), sollen Sie in den Zellen A27 bis G27 den Wochentag im Format TTTT zu den vorgegebenen Zahlen (1 bis 7) per Funktion ermitteln.
9. Ermitteln Sie mithilfe geeigneter Funktionen
   a) den jeweils gemieteten Gerätetyp (Spalte D);
   b) die gesamte Mietdauer (Spalte G) im Format hh:mm;
   c) den Preis für die vollen Stunden (Spalte H);
   d) den Preis für die über die vollen Stunden hinausgehenden Minuten (Spalte I);
   e) den Wochenendzuschlag, der am Samstag und Sonntag erhoben wird (Spalte J);
   f) die Zwischensumme, die sich aus den Werten der Aufgaben 9 c) bis 9 e) ergibt (Spalte K);
   g) der dem jeweiligen Kunden zustehende Rabatt in EUR sowie
   h) den Netto-Rechnungspreis für das jeweilige Mietdatum (Spalte M).
10. Ermitteln Sie weiterhin formelgesteuert
    a) den gesamten Nettobetrag;
    b) die gesetzliche Umsatzsteuer und
    c) den gesamten Rechnungsbetrag (Bruttobetrag).
11. Versehen Sie das Tabellenblatt 3 mit dem Namen **Formeln**. Kopieren Sie anschließend die Ergebnisse aus dem Tabellenblatt **Abrechnung** in das Tabellenblatt **Formeln** und wechseln Sie hiernach in die Formelansicht (STRG + #).
12. Richten Sie die Tabellenblätter **Abrechnung** und **Formeln** so ein, dass diese später im Querformat ausgedruckt werden können. Während das Tabellenblatt **Abrechnung** auf einer Seite auszudrucken ist, soll das Tabellenblatt **Formeln** auf 2 Seiten breit ausgedruckt werden. Stellen Sie sicher, dass die Formeln unter Angabe der Zeilen- und Spaltenüberschriften ausgedruckt werden. Beide Tabellenblätter sollen in der Kopfzeile Ihren Namen sowie das heutige Datum tragen.
13. Drucken Sie nach abschließender Kontrolle die Tabellenblätter **Abrechnung** und **Formeln** aus.

	A	B	C	D	E	F	G	H
1	**Übersicht über unsere Kunden, deren Vertragskonditionen sowie die Fahrzeugtypen**							
2								
3								
4	Kunden-Nr.	20005	20012	20014	20015	20017		
5								
6	Kunde	Berger, G.	Wilkens, J.	Lübbers, O.	Voß, B.	Pyplo, D.		
7	Rabattsatz	10,00%	5,00%	7,50%	10,00%	7,50%		
8								
9								
10	Wochenendzuschlag		20%					
11								
12								
13								
14	Gerätecode	Gerätetyp	Stundenpreis	Minutenpreis				
15	A22	Notebook	4,80 €	0,09 €				
16	A24	Laserdrucker	4,50 €	0,09 €				
17	A25	Beamer	5,50 €	0,10 €				
18	B10	OHP-Projektor	5,10 €	0,10 €				
19	B15	Kopiergerät	7,50 €	0,13 €				

Abbildung 28: *Monatsabrechnung für Bürogeräte; Tabellenblatt „Grunddaten"*

	A	B	C	D	E	F	G	H	I	J	K	L	M
1	**Monatsabrechnung für vermietete Bürogeräte**												
2													
3													
4													
5	Kunden-Nr.											**Abrechnungsdatum:**	31.10.2010
6													
7	Kunde:											**Abrechnungszeitraum:**	
8													
9													
10													
11													
12	Wochentag	Datum	Gerätecode	Gerätetyp	Entleihzeit	Rückgabezeit	Gesamte Mietdauer (hh:mm)	Preis für gesamte Stundenanzahl	Preis für gesamte Minutenanzahl	Wochenend-zuschlag in EUR	Zwischen-summe	Rabatt in EUR	Rechnungs-preis, netto
13		06.10.2010	B10		07:52	16:43							
14		10.10.2010	A24		08:28	17:09							
15		12.10.2010	A25		09:12	18:55							
16		16.10.2010	B15		07:31	19:02							
17		19.10.2010	A22		06:49	16:14							
18		21.10.2010	B15		08:44	19:43							
19		24.10.2010	A22		07:57	16:44							
20		29.10.2010	B10		08:22	15:57							
21													
22												Netto, gesamt	
23												zzgl. 19 % USt.	
24	**Abkürzung der Wochentage**											Rechnungsbetrag	
25													
26	01	02	03	04	05	06	07						
27													

Abbildung 29: *Monatsabrechnung für Bürogeräte; Tabellenblatt „Abrechnung"*

8.3.4 Wochenabrechnung für Versandfahrer

Situation:

Die Abteilung Versand der Bürodesign GmbH vertreibt im Umkreis von 200 km um ihren Standort herum ihre Produkte über sieben werkseigene Versandfahrer. Diese erhalten jede Woche eine gesonderte Abrechnung über das in der aktuellen Woche erzielte Bruttoeinkommen. Frau Erika Ferl aus der Abteilung Personal betraut Sie mit der Aufgabe, mithilfe der vorgegebenen Tabelle diese Wochenabrechnung vorzunehmen.

Arbeitsaufträge:

1. Speichern Sie Ihre Datei unter dem Namen **Wochenabrechnung Versandfahrer** ab. Speichern Sie Ihre Datei **spätestens alle fünf Minuten** ab, um Datenverlust zu vermeiden.
2. Benennen Sie das Tabellenblatt 1 in **Berechnung**, das Tabellenblatt 2 in **Fahrerdaten** und das Tabellenblatt 3 in **Arbeitszeiten** um.
3. Übernehmen Sie die am Ende der Aufgabenstellung vorgegebenen Tabellen inklusive aller Werte und Formatierungen in die zuvor eingerichteten Tabellenblätter.
4. Vergeben Sie der Hilfstabelle im Tabellenblatt **Fahrerdaten** den Namen „Fahrer" und der Hilfstabelle im Tabellenblatt **Arbeitszeiten** (Zellen C4 bis I16) den Namen „Zeit". Verwenden Sie diese Namen – sofern möglich – in den späteren Formeln und Funktionen.
5. Ermitteln Sie im Tabellenblatt **Berechnung** für jeden Fahrer mithilfe von geeigneten Formeln und Funktionen
   a) den Namen in den Zellen B6 bis B12 sowie B17 bis B23;
   b) die Arbeitszeiten (Arbeitsdauer) für die Wochentage Montag bis Freitag;
   c) das hieraus resultierende Einkommen für die Wochentage Montag bis Freitag;
   d) die Fehlerquote in Prozent (unter Angabe mit 2 Nachkommastellen). Ein Fehler liegt dann vor, wenn die Pakete zu spät ausgeliefert worden sind;

e) das Grundgehalt pro Woche in EUR;
f) den zeitabhängigen Lohn für die gesamte Woche in EUR;
g) die Leistungsprämie in EUR. Eine Leistungsprämie bekommt nur der Fahrer, dessen Fehlerquote unter dem Durchschnitt aller Fahrer liegt und der im Tabellenblatt **Fahrerdaten** entsprechend gekennzeichnet worden ist. Die Leistungsprämie beträgt 20 Prozent des Grundgehalts pro Woche;
h) das gesamte Bruttogehalt pro Woche in EUR.

6. Erstellen Sie ein weiteres Tabellenblatt (EINFÜGEN – TABELLENBLATT) und vergeben Sie diesem den Namen **Formeln**. Kopieren Sie das Tabellenblatt **Berechnung** in das Tabellenblatt **Formeln** und wechseln Sie in die Formelansicht.
7. Richten Sie das Tabellenblatt **Berechnung** so ein, dass dieses später auf nur einer Seite im Querformat ausgedruckt wird. Vermerken Sie in der Kopfzeile des Tabellenblatts Ihren vollständigen Namen sowie das heutige Datum.
8. Für das Einrichten des Tabellenblatts **Formeln** soll gelten, dass dieses später auf zwei Seiten im Querformat ausgedruckt werden soll. Auch dieses Tabellenblatt soll in der Kopfzeile Ihren vollständigen Namen und das heutige Datum enthalten.
   Zudem sollen die Zeilen- und Spaltenüberschriften ausgegeben werden.

> **Hinweis:**
> Da die Spalten C bis G nahezu identische Funktionen enthalten, empfiehlt es sich, nur eine der Spalten ganz auszudrucken, während die anderen Spalten nach Möglichkeit minimiert – z. B. Spaltenbreite 3 – ausgedruckt werden sollten.

9. Drucken Sie nach abschließender Kontrolle die Tabellenblätter **Berechnung** und **Formeln** aus.

	A	B	C	D	E
1	**Übersicht über die Grunddaten unserer Fahrer**				
2					
3					
4	**Fahrer-Nr.**	**Name des Fahrers**	**Grund-gehalt**	**Stunden-lohn**	**Leistungs-prämie**
5	112	Cleeves	160,00 €	10,20 €	X
6	115	Klein	180,00 €	9,60 €	
7	116	Schuster	155,00 €	11,10 €	X
8	121	Pesch	135,00 €	10,80 €	X
9	123	Braun	140,00 €	11,30 €	
10	127	Yilmaz	150,00 €	12,40 €	X
11	132	Fahringer	160,00 €	11,70 €	

Abbildung 30: *Wochenabrechnung; Tabellenblatt „Fahrerdaten"*

Übersicht über die Arbeitszeiten sowie die Anzahl (verspätet) ausgelieferter Pakete

Wochentag		Fahrer-Nummer 112	115	116	121	123	127	132
Mo.	Beginn	07:32	07:12	06:55	07:02	06:43	07:33	07:07
	Ende	16:12	15:58	15:33	16:11	15:22	15:46	16:00
Di.	Beginn	07:10	06:58	07:06	06:58	07:22	07:00	06:59
	Ende	15:59	16:42	16:04	15:55	15:57	16:14	16:05
Mi.	Beginn	06:43	06:55	07:02	07:08	06:55	07:07	07:13
	Ende	15:49	16:00	16:07	15:38	16:22	15:59	15:33
Do.	Beginn	06:55	07:04	07:14	07:03	07:12	07:32	06:52
	Ende	16:25	16:04	16:01	16:12	15:58	15:43	15:32
Fr.	Beginn	07:04	06:43	06:49	07:12	07:03	06:55	06:42
	Ende	15:46	15:57	15:24	16:05	15:25	16:11	16:07
Anzahl ausgelieferter Pakete		213	198	241	189	201	194	220
Anzahl verspätet ausgelieferter Pakete		3	4	6	0	2	5	4

Abbildung 31: *Wochenabrechnung; Tabellenblatt „Arbeitszeiten"*

Wochenabrechnung für unsere Versandfahrer

Fahrer-Nr.	Name des Fahrers	Arbeitszeiten am jeweiligen Wochentag: Montag	Dienstag	Mittwoch	Donnerstag	Freitag	Fehlerquote (in %)	Grundgehalt pro Woche	zeitabhängiger Lohn	Leistungs-prämie	Bruttogehalt gesamt
112											
115											
116											
121											
123											
127											
132											

Fahrer-Nr.	Name des Fahrers	Einkommen für den jeweiligen Wochentag (minutengenaue Abrechnung): Montag	Dienstag	Mittwoch	Donnerstag	Freitag
112						
115						
116						
121						
123						
127						
132						

Abbildung 32: *Wochenabrechnung; Tabellenblatt „Berechnung"*

9 Datenschutz und Datensicherheit

9.1 Zell- bzw. Blattschutz

Situation:

Nachdem Sie während Ihres Einsatzes in der Abteilung Rechnungswesen das Rechnungsformular mithilfe von Formeln und Funktionen fast vollständig automatisiert haben, kann das Formular nun eingesetzt werden.
Herr Grün aus der Stabsstelle „Datenschutz und Datensicherheit" gibt allerdings zu bedenken, dass die Mitarbeiter in der Abteilung Rechnungswesen nur sehr eingeschränkte Kenntnisse im Bereich der Tabellenkalkulation besitzen. Ein versehentliches Überschreiben einer Funktion oder Formel können die Mitarbeiter nicht wiederherstellen. Inhalte der Rechnung wie Artikelnummern oder -bezeichnungen könnten die Mitarbeiter ebenfalls verändern, was nicht gewünscht ist.
Daraufhin gibt Ihnen Herr Taube den Auftrag, das Rechnungsformular so zu verändern, dass lediglich die für eine Rechnungserstellung notwendigen Änderungen wie Kundennummer, Menge etc. geändert werden können. Alle anderen Zellen sollen nicht überschrieben werden dürfen.

Häufig werden betriebswirtschaftliche bzw. kaufmännische Problemstellungen mithilfe von Tabellenkalkulationsprogrammen gelöst. Sind die Anwender der Tabellen bzw. Anwendungen und deren Anwendungsentwickler – in diesem Fall Sie – nicht identisch, so können Probleme entstehen. Diese tauchen beispielsweise auf, wenn versehentlich Zellen mit Funktionen oder Formeln gelöscht oder überschrieben werden und diese vom Anwender nicht wiederhergestellt werden können. Um Zellen, die Funktionen oder Formeln enthalten, vor versehentlichem oder vorsätzlichem Löschen zu bewahren, kann man bei der Erstellung einer Tabelle diese Zellen schützen. Das Vorgehen wird wieder anhand des Rechnungsformulars verdeutlicht:

	A	B	C	D	E	F	G	H	I
1									
2									
3	**Ausschnitt aus der Tabelle Rechnungsformular**								
4									
5	*Bürodesign GmbH, Stollberger Straße 188, 50933 Köln*								
6									
7	Kölner Metall AG								
8	Frau Fels								
9	Postfach								
10	51149 Köln								
11									
12									
13									
14	Ihre Bestellung vom		Sachbearbeiter/-in	Datum		**Bitte bei der Zahlung angeben:**			
15	01.08.20..		Frau Dose	03.08.20..		**Kundennummer:**		**1019**	
16									
17						**Rechnungsnummer:**		**1577**	
18									
19	**Rechnung**								
20									
21									
22	**Position**	**Artikel-nummer**	**Artikel-bezeichnung**	**Menge (Stück)**	**Listenpreis pro Stück**	**Rabatt (%)**	**Rabatt pro Stück**	**Gesamt-preis**	
23	1	13792	Textverarbeitung I	10	14,95 €	10	1,50 €	134,55 €	
24	2	11207	Arbeiten mit dem PC	25	22,40 €	15	3,36 €	476,00 €	
25	3	12430	Tabellenkalkulation 2003	20	24,90 €	15	3,74 €	423,30 €	
26	4	13080	Präsentieren leichtgemacht	15	16,95 €	10	1,70 €	228,83 €	
33									

Abbildung 1: *Ausschnitt aus dem Rechnungsformular*

Empfehlenswert ist beispielsweise der Schutz des Zellbereiches von A7 bis A10. Im Gegensatz hierzu muss die Zelle H15 zur Eingabe der Kundennummer ohne Schutz bleiben.
Im ersten Schritt werden alle Zellen markiert, die ohne Schutz bleiben sollen. Der Grund dafür ist, dass standardmäßig der Zellschutz voreingestellt – aber nicht aktiviert – ist. Nachdem die Zellen markiert worden sind, muss die Menükombination FORMAT – ZELLEN – SCHUTZ gewählt werden.

Anmerkung:
Nicht zusammenhängende Zellbereiche können durch das Drücken der STRG-Taste gleichzeitig markiert werden!

In dem nun folgenden Fenster kann gewählt werden, ob lediglich Zellen vor dem Löschen geschützt werden sollen, oder ob die in den Zellen abgelegten Formeln bzw. Funktionen nicht angezeigt bzw. ausgeblendet werden sollen.

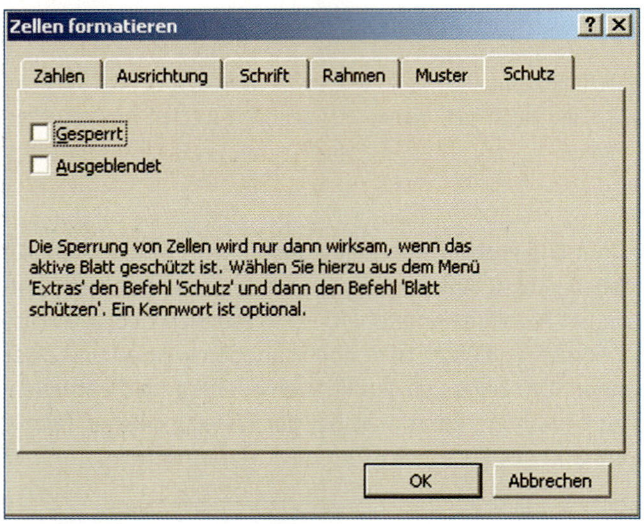

Abbildung 2: *Zellen sperren bzw. entsperren*

Bezogen auf das o. g. Beispiel wird die Option GESPERRT deaktiviert, sodass der Inhalt in den markierten Zellen bei der späteren Arbeit verändert werden kann. Alle nicht markierten Zellen verbleiben weiterhin bei der standardmäßigen Einstellung GESPERRT. Der Schutz der Zellen wird jedoch erst dann wirksam, wenn aus dem Menü EXTRAS der Befehl SCHUTZ – BLATT SCHÜTZEN, um das jeweilige Arbeitsblatt zu schützen, ausgewählt wird.
An dieser Stelle kann zusätzlich ein Kennwort festgelegt werden. Wird ein Kennwort festgelegt, so fragt das Programm dieses Kennwort ein zweites Mal ab, um Eingabefehler zu verhindern. Darüber hinaus kann man den Benutzern die Möglichkeiten der Bearbeitung dieses Arbeitsblattes einschränken oder erweitern. Standardmäßig dürfen diese – wie in Abbildung 3 dargestellt – GESPRERRTE ZELLEN und NICHT GESPRERRTE ZELLEN AUSWÄHLEN.

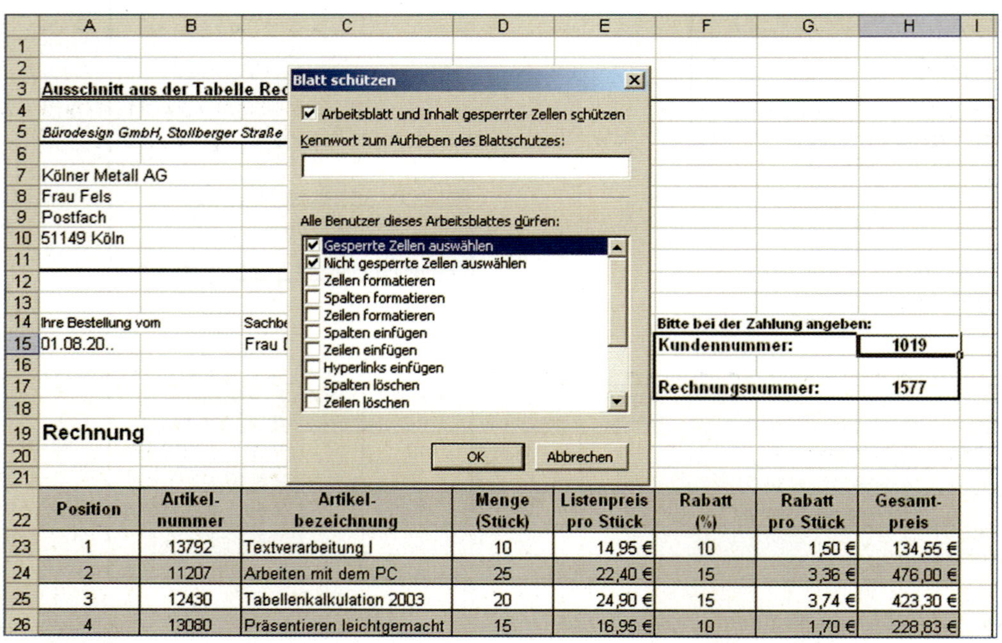

Abbildung 3: *Blatt schützen durch EXTRAS – SCHUTZ – BLATT SCHÜTZEN*

Wenn der Zellschutz erfolgreich aktiviert ist, wird beim Versuch, die Zellen A7 bis A10 zu löschen oder hier einen Wert bzw. eine neue Funktion einzugeben, ein Hinweis erscheinen. Weiterhin erfolgt die Meldung, dass zum Aufheben des Zellschutzes wieder aus dem Menü EXTRAS der Befehl SCHUTZ – BLATT, um das jeweilige Arbeitsblatt zu schützen, ausgewählt werden muss.

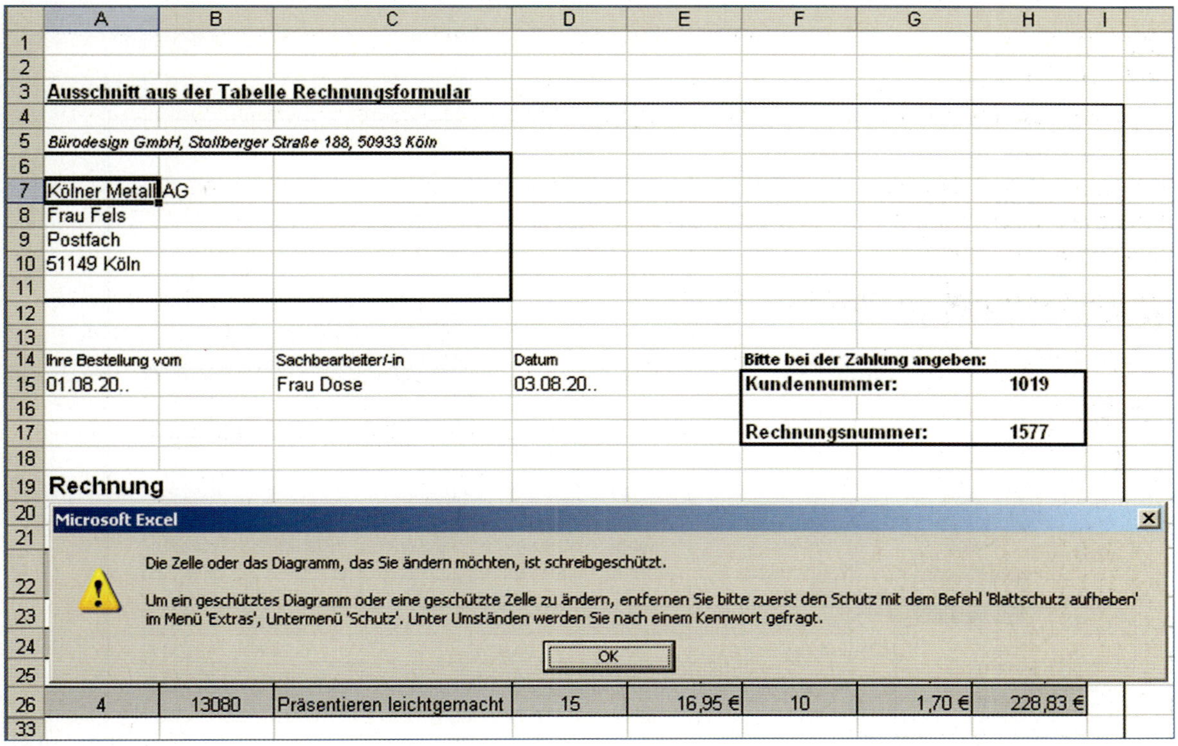

Abbildung 4: *Fehlermeldung bei „geschützten Zellen"*

Sollen Zellen nicht nur schreibgeschützt werden, sondern auch keine Formeln bzw. Funktionen anzeigen, so muss die entsprechende Zelle markiert, der Befehlsweg FORMAT – ZELLEN – SCHUTZ gewählt werden, um dort die Option FORMEL AUSBLENDEN zu aktivieren (siehe auch Abbildung 2: Zellen sperren bzw. entsperren).

Arbeitsauftrag 1:

Übernehmen Sie, wenn nicht bereits geschehen, das abgebildete Rechnungsformular und führen Sie die dargestellten Schritte zum Zell- und Blattschutz durch. Versuchen Sie anschließend, die bestehenden Formeln und Funktionen zu verändern.

9.2 Gültigkeiten

Situation:

Zur weiteren Verbesserung der Datensicherheit, zur Unterstützung der Mitarbeiter/innen in der Abteilung Rechnungsausgang und um Fehleingaben zu verhindern, gibt Herr Grün weiterhin zu bedenken, dass bestimmte Zellen mit sogenannten Gültigkeiten ausgestattet werden sollten. Die Mitarbeiter/innen können so beispielsweise die Artikelnummern aus einer Liste (Dropdown-Feld) auswählen und müssen sie somit nicht manuell eingeben. Herr Grün und Herr Taube hoffen, dass Fehleingaben so zukünftig vermieden werden können.

Über Gültigkeiten werden Eingaben, die in Zellen vorgenommen werden, eingeschränkt. Sollen z. B. nur bestimmte Zahlen in eine Zelle eingegeben werden können oder die Werte für die Eingabe einer Liste entnommen werden, kann dafür eine Gültigkeit angelegt werden.
Sollen, wie im Beispiel unten, die Artikelnummern nicht manuell, sondern über ein Listenfeld bzw. Dropdown-Feld eingegeben werden, muss eine Gültigkeitsprüfung eingerichtet werden.

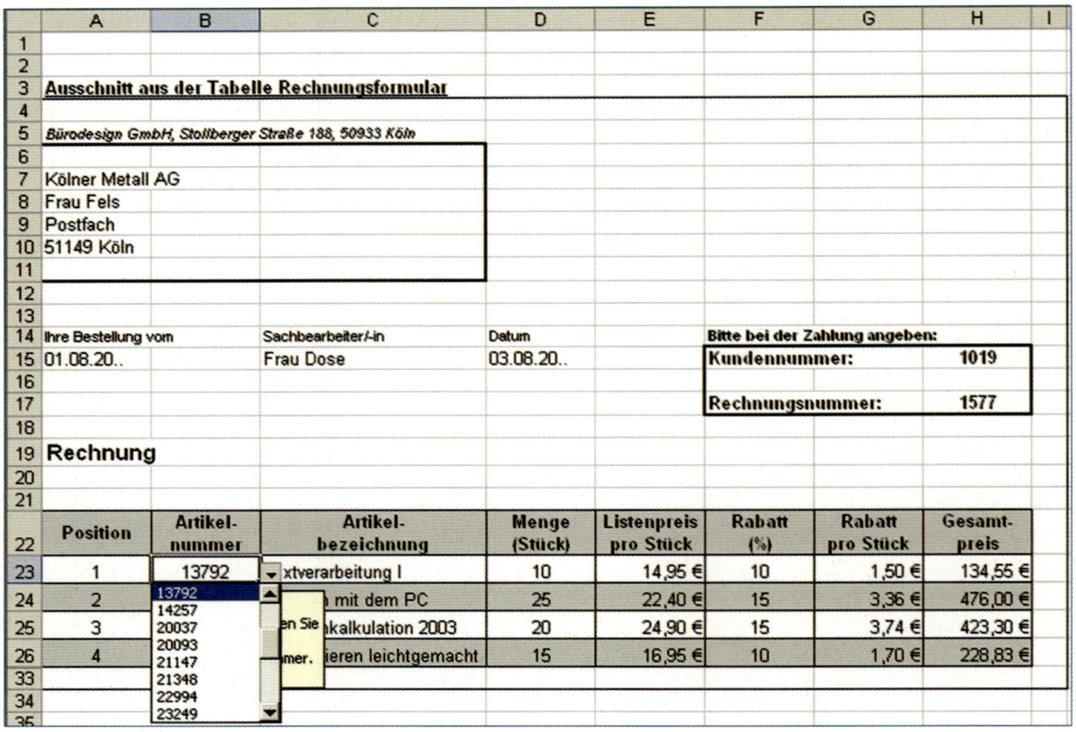

Abbildung 5: *Listenfeld zur Auswahl der Artikelnummer*

Zunächst müssen die Zellen markiert werden, für die die Eingabe beschränkt werden soll. Im o. g. Beispiel sind das die Zellen B23 bis B26 (bzw. bis zum Ende der Spalte „Artikelnummer"). Anschließend muss über das Menü DATEN – GÜLTIGKEIT … die Gültigkeitsprüfung angelegt werden.

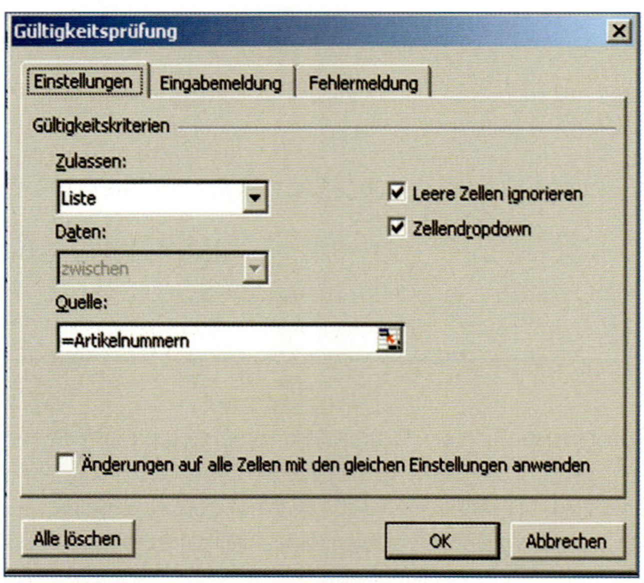

Abbildung 6: *Fenster Gültigkeitsprüfung*

Im folgenden Fenster kann im Registerblatt EINSTELLUNGEN unter ZULASSEN ein Kriterium für die Gültigkeit angegeben werden. Standardmäßig ist dies auf JEDEN WERT eingestellt. Als Kriterium sollte LISTE gewählt werden. Nun gibt es die Möglichkeit, unter QUELLE entweder die Liste der Artikelnummern manuell einzugeben oder sich, wie unten abgebildet, auf eine Liste in der Arbeitsmappe (hier mit dem Namen „Artikelnummern") zu beziehen. Diese Liste kann im selben oder in einem anderen Tabellenblatt gespeichert sein. Sie muss allerdings in derselben Arbeitsmappe (Datei) gespeichert werden. Weitere Einstellungen sind LEERE ZELLEN IGNORIEREN und ZELLENDROPDOWN, um die Zellen wie oben abgebildet nutzen zu können.

Anmerkung:

Im Kapitel 3.4 (Zelladressierung durch Namen) ist die Vergabe von Namen und deren Nutzung ausführlich beschrieben. Wenn sich auf Daten im selben Tabellenblatt bezogen werden soll, kann der Zellbereich, der als Quelle dienen soll, auch ohne Namen angegeben werden. Zellbereiche aus anderen Tabellenblättern **müssen** – wie oben abgebildet – mit Namen versehen und angegeben werden.

Weiterhin können im Registerblatt EINGABEMELDUNG und FEHLERMELDUNG entsprechende Meldungen generiert werden. Beispiel:

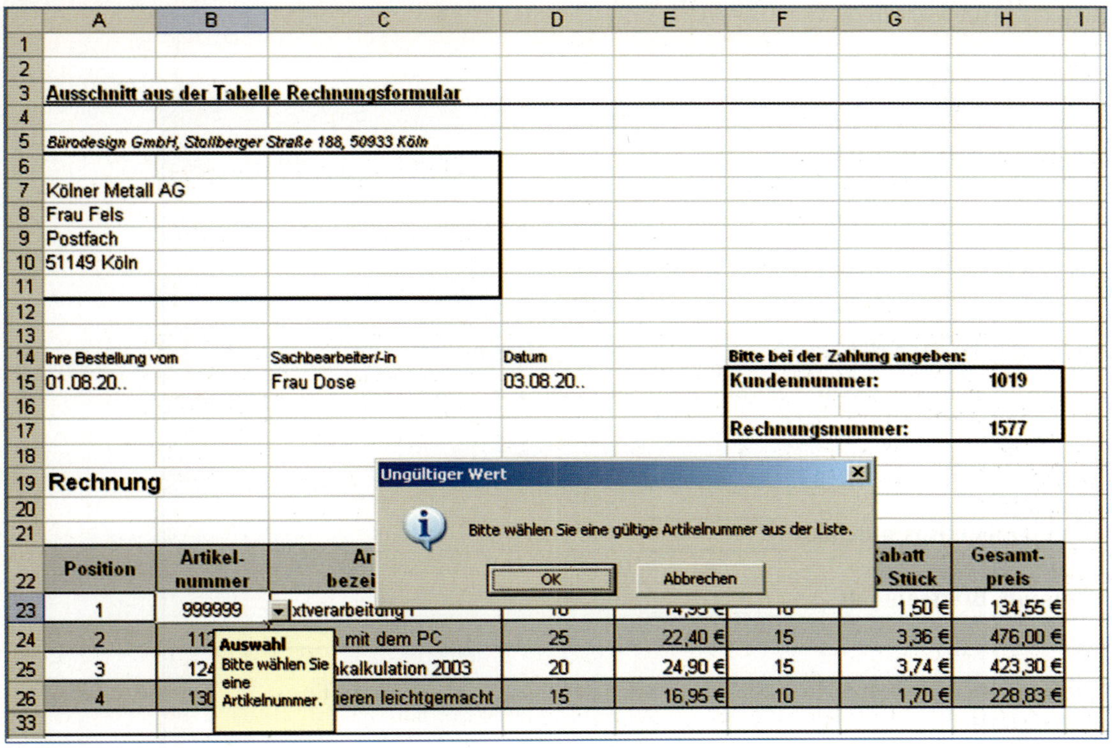

Abbildung 7: *Eingabe- und Fehlermeldung*

Zusätzlich zur o. g. Liste können unter ZULASSEN alternative Kriterien zur Einschränkung der Gültigkeit vorgenommen werden.

Arbeitsauftrag 2:

Übernehmen Sie das abgebildete Rechnungsformular und richten Sie die Gültigkeit für die Artikelnummern ein. Sorgen Sie dafür, dass als Sachbearbeiter in Zelle C15 nur Herr Wieland, Herr Belke, Herr Wigger, Frau Dose und Frau Schmitt ausgewählt werden können. Sorgen Sie auch für entsprechende Eingabe- und Fehlermeldungen.

9.3 Übungsaufgaben

9.3.1 Entgeltabrechnung

Situation:

Sie haben in der Vergangenheit mehrfach Frau Ferl aus der Personalabteilung bei der Berechnung von Entgelten unterstützt. Auch heute sind Sie in dieser Abteilung eingesetzt. Als Sie heute Morgen an Ihrem Arbeitsplatz erschienen sind, wird Ihnen mitgeteilt, dass Frau Frese krank ist. Ihre Aufgabe besteht darin, eine **automatisierte Entgeltabrechnung** im Tabellenkalkulationsprogramm zu erstellen, um das Verfahren der Entgeltabrechnung zu beschleunigen. Als Grundlage stehen Ihnen die folgenden Tabellen zur Verfügung. (Stand der Beitragssätze und der Beitragsbemessungsgrenzen: Juli 2009).

	A	B	C	D	E	F
1	Entgeltabrechnung					
2						
3	Personalnummer:			Name:		
5	Lohnsteuerklasse:			Konfession:		
7	Kinderfreibetrag:			Geb.-Datum:		
9	Anzahl Kinder:			Datum:		
10						
11						
12	Tarifentgelt					
13	+ VL (AG-Anteil)					
14	+ Zulagen					
15	**= Bruttoentgelt (soz.pflichtig)**					
16	- Steuerfreibetrag					
17	**= steuerpfl. Bruttoentgelt**					
18						
19						
20	- Lohnsteuer					
21	- Kirchensteuer					
22	- Solidaritätszuschlag					
23	**=Summe Steuern**					
24						
25						
26				Vers.-Sätze		
27	- Krankenversicherung					
28	- Pflegeversicherung			1,95%		
29	- Rentenversicherung			19,90%		
30	- Arbeitslosenversicherung			2,80%		
31	**= Summe Soz.-Vers.**					
32						
33						
34	**= Nettoentgelt**					
35	- sonst. Abzüge					
36	- VL (gesamt)					
37	**= Auszahlungsbetrag***					
38						
39						
40	* Betrag wird überweisen auf:					
41	Kto-Nr.:					
42	Bank:					
43						

Abbildung 8: *Tabellenblatt „Entgeltabrechnung"*

	A	B	C	D	E	F	G	H	I	J
1	**Personaldaten**									
2										
3										
4	**Personal-Nr.**	**Name**	**Geburts-datum**	**Konfession**	**Anzahl Kinder**	**Lohnsteuer-klasse**	**KV-Satz**	**Abteilung**	**Konto-Nr.**	**Bank**
5	012	Schneider, Inge	15.03.1965	RK	3	IV	14,6%	Programmierung	245 885 420	Raiffeisenbank
6	017	Pyplo, Jutta	02.09.1969	RK	2	V	14,6%	Finanzierung	257 184 897	Diba
7	022	Hagemann, Mark	03.01.1974	EV	2	III	14,6%	Techn. Beratung	268 484 373	Commerzbank
8	025	Pürling, Anton	09.12.1971	EV	0	III	14,6%	Allg. Planung	279 783 850	Citibank
9	029	Wagner, Chris	09.05.1985	EV	0	I	14,6%	Techn. Beratung	291 083 326	Stadtsparkasse
10	032	Sanders, Udo	18.09.1982	RK	0	I	14,6%	Finanzierung	302 382 803	Dresdner Bank
11	033	Cussét, Chantal	28.07.1980	-	5	VI	14,6%	Beschaffung	313 682 279	VW-Bank
12										
13										
14	**Personal-Nr.**	**Tarifentgelt**	**Zulagen**	**VL (AG)**	**VL (gesamt)**	**Kinderfrei-betrag**	**Steuer-freibetrag**	**Lohnsteuer**	**Kirchensteuer**	**Solidaritätszuschlag**
15	012	2.880,00 €	5,00 €	25,00 €	40,00 €	1,5	350,00 €	417,00 €	27,82 €	17,00 €
16	017	2.920,00 €	5,00 €	25,00 €	25,00 €	0	- €	948,33 €	85,34 €	52,15 €
17	022	2.710,00 €	200,00 €	40,00 €	40,00 €	2	500,00 €	134,50 €	- €	- €
18	025	2.560,00 €	5,00 €	25,00 €	40,00 €	0	- €	157,00 €	14,13 €	- €
19	029	2.710,00 €	5,00 €	25,00 €	25,00 €	0	- €	471,50 €	42,43 €	25,93 €
20	032	2.920,00 €	100,00 €	40,00 €	40,00 €	0	- €	572,91 €	51,56 €	31,51 €
21	033	2.690,00 €	5,00 €	- €	20,00 €	0	- €	873,41 €	78,61 €	48,03 €
22										
23										
24	**Beitragsbemessungsgrenzen**									
25	Kranken-/Pflegeversicherung:		3.675,00 €							
26	Renten-/Arbeitslosenversichung:		5.400,00 €							

Abbildung 9: *Entgeltabrechnung; Tabellenblatt „Personaldaten"*

Arbeitsaufträge:

1. Speichern Sie Ihre Datei unter dem Namen **Entgeltabrechnung** ab. Speichern Sie Ihre Datei regelmäßig – spätestens jedoch alle 5 Minuten – ab.
2. Übernehmen Sie die Tabellen inklusive aller Werte und Formatierungen in Ihre Arbeitsmappe und benennen Sie die Tabellenblätter wie angegeben.
3. Vergeben Sie für die Tabellen des Tabellenblattes **Personaldaten** die Namen „Personal1" (A5 bis J11), „Personal2" (A15 bis J21), „Personalnummer" (A5 bis A11), BBG_KV (C25) und BBG_RV (C26). Verwenden Sie diese Namen – sofern möglich – in den jeweiligen Funktionen.
4. In Zelle B3 (Tabellenblatt „Entgeltabrechnung") soll über die „Gültigkeit" ein Listenfeld eingerichtet werden, über das die Personalnummer per Dropdown-Feld ausgewählt werden kann.
5. Sorgen Sie dafür, dass mithilfe von Suchfunktionen die Felder im Kopf der Entgeltabrechnung gefüllt werden. Sorgen Sie auch für die Anzeige des aktuellen Datums in Zelle E9.
6. Ermitteln Sie mithilfe von geeigneten Formeln und Funktionen das Tarifentgelt, den Arbeitgeberanteil zu den Vermögenswirksamen Leistungen, die Zulagen, das gesamte Bruttoentgelt, den Steuerfreibetrag und das steuerpflichtige Bruttoentgelt.
7. Ermitteln Sie mithilfe von geeigneten Formeln und Funktionen die Lohn- und Kirchensteuer, den Solidaritätszuschlag und die Summe der Steuern. **Beachten Sie, dass im Tabellenblatt Personalliste, die – anhand des Lohnsteuerbetrags und der Kinderfreibeträge berechneten – Werte der Kirchensteuer keine eventuelle Konfessionslosigkeit berücksichtigen.** Beziehen Sie sich in der Funktion ausschließlich auf das Kriterium Konfession im Tabellenblatt **Personaldaten**. Nur wenn dort unter Konfession „RK" oder „EV" eingetragen ist, soll die entsprechende Kirchensteuer aus den Personaldaten im Formular **Entgeltabrechnung** ausgegeben werden. Bei Konfessionslosigkeit (gekennzeichnet durch „-") soll automatisch der Wert 0 ausgegeben werden.
8. Ermitteln Sie mithilfe geeigneter Formeln und Funktionen den Beitragssatz für die Krankenversicherung des jeweiligen Mitarbeiters (D27), den Krankenversicherungsbeitrag des Arbeitnehmers in EUR (Arbeitnehmeranteil + 0,9 %), den Rentenversicherungsbeitrag des Arbeitnehmers in EUR, den Arbeitslosenversicherungsbeitrag des Arbeitnehmers in EUR und den Pflegeversicherungsbeitrag des Arbeitnehmers in EUR. **Beachten Sie bei der Berechnung der Pflegeversicherung, dass kinderlose Arbeitnehmer ab dem 23. Lebensjahr, zusätzlich einen Beitrag von 0,25 % tragen müssen.** Bei der Berechnung des Alters gilt ein Mitarbeiter, der in diesem Jahr das 23. Lebensjahr vollenden wird, als 23-Jähriger.

Berücksichtigen Sie bei der Berechnung der Sozialversicherungsbeiträge auch die Beitragsbemessungsgrenzen im Tabellenblatt Personaldaten. Ermitteln Sie anschließend die Summe der Sozialversicherungen in Zelle B31.

9. Ermitteln Sie mithilfe von geeigneten Formeln und Funktionen das Nettoentgelt, den Gesamtbetrag der Vermögenswirksamen Leistungen und den Auszahlungsbetrag. Die Zelle B35 ist eine sog. „Eingabezelle", in der fallweise sonst. Abzüge, wie beispielsweise Entgeltvorauszahlungen, eingetragen werden können.
10. Geben Sie in Zelle B41 und B42 die Bankverbindung des jeweiligen Mitarbeiters aus.
11. Sorgen Sie dafür, dass alle relevanten Zellen, die nicht überschrieben werden sollen, gesperrt werden. Testen Sie auch eine Sperrung des Listenfeldes in Zelle B3!
12. Kopieren Sie die Inhalte des Tabellenblatts **Entgeltabrechnung** in ein neues Tabellenblatt. Versehen Sie dieses mit dem Namen **Formeln** und wechseln Sie in die Formelansicht. Stellen Sie beim Ausdrucken dieser Tabelle sicher, dass alle Funktionen vollständig lesbar sind und die Tabelle auf **einer DIN-A4-Seite** mit **Ihrem Namen, dem Dateinamen**, **dem aktuellen Datum** und **Zeilen- und Spaltenüberschriften** ausgedruckt wird.
13. Erstellen Sie ein Kreisdiagramm, dem die Aufteilung des Bruttoentgelts (einzelne Steuern, einzelne Sozialversicherungen und Nettoentgelt) zu entnehmen ist. Vergeben Sie für das Diagramm eine sinnvolle Überschrift. Die Legende soll im unteren Teil des Diagramms abgebildet sein. Die einzelnen Teile sollen mit Prozentwerten angezeigt werden. Sorgen Sie auch dafür, dass das Brutto- und das Nettoentgelt als EUR-Betrag im Diagramm mit ausgegeben wird. Drucken Sie anschließend das Diagramm mit **Ihrem Namen** und **dem aktuellen Datum** in der Kopfzeile aus.

9.3.2 Abschreibungsplan

Situation:

Nachdem Sie das Rechnungsformular erfolgreich automatisiert haben, sind Sie wieder einmal in der Abteilung Rechnungswesen eingesetzt. Im Rahmen der Sachanlagenbuchhaltung werden hier auch die jeweiligen Abschreibungsbeträge der verschiedenen Sachanlagen (Lkw, Pkw, Büroeinrichtung, EDV-Anlagen etc.) ermittelt.
Herr Taube teilt Ihnen mit, dass Sie mithilfe eines Tabellenkalkulationsprogramms einen automatisierten Abschreibungsplan entwerfen sollen, mit dem der jeweilige **höchstmögliche Abschreibungsbetrag** und der anschließende Restbuchwert ermittelt werden kann. Dabei soll anfänglich automatisch zwischen der linearen und degressiven Abschreibungsmethode gewählt werden (Prinzip des höchstmöglichen Abschreibungsbetrags). Bei anfänglicher Wahl der degressiven soll zum gegebenen Zeitpunkt ein automatischer Wechsel zur linearen Abschreibungsmethode stattfinden.

Anmerkung:

Unabhängig von einer jeweils gültigen zulässigen degressiven Abschreibung wird innerhalb dieser Aufgabe von Folgendem ausgegangen: Für die Jahre 2009 und 2010 gilt als Höchstsatz der degressiven Abschreibung das 2,5-fache des linearen Abschreibungssatzes, maximal 25 %. Für die Jahre 2011 und später ist das degressive Abschreibungsverfahren nicht zulässig.

	A	B	C	D	E	F	G
1	**Abschreibungsplan**						
2							
3		Anschaffungsjahr:	2010				
4							
5		Anschaffungskosten:	100.000,00 €				
6							
7		Nutzungsdauer:	10 Jahre				
8							
9							
10	**Lfd.-Jahr**	**Nutzungsjahr**	**AK/RW (Anfang d. Jahres)**	**linearer Abschreibungsbetrag**	**degressiver Abschreibungsbetrag**	**tatsächlicher Abschreibungs-betrag**	**RW (Ende d. Jahres)**
11				10,00%	25,00%		
12	1	2010	100.000,00 €	10.000,00 €	25.000,00 €	25.000,00 €	75.000,00 €
13	2	2011	75.000,00 €	10.000,00 €	18.750,00 €	18.750,00 €	56.250,00 €
14	3	2012	56.250,00 €	10.000,00 €	14.062,50 €	14.062,50 €	42.187,50 €
15	4	2013	42.187,50 €	10.000,00 €	10.546,88 €	10.546,88 €	31.640,63 €
16	5	2014	31.640,63 €	10.000,00 €	7.910,16 €	7.910,16 €	23.730,47 €
17	6	2015	23.730,47 €	10.000,00 €	5.932,62 €	5.932,62 €	17.797,85 €
18	7	2016	17.797,85 €	10.000,00 €	4.449,46 €	4.449,46 €	13.348,39 €
19	8	2017	13.348,39 €	10.000,00 €	3.337,10 €	4.449,46 €	8.898,93 €
20	9	2018	8.898,93 €	10.000,00 €	2.224,73 €	4.449,46 €	4.449,46 €
21	10	2019	4.449,46 €	10.000,00 €	1.112,37 €	4.449,46 €	0,00 €
22							
23							
24							
25							
26							

Abbildung 10: *Tabellenblatt „Abschreibungsplan"*

Arbeitsaufträge:

1. Speichern Sie Ihre Datei unter dem Namen **Abschreibungsplan** ab. Speichern Sie Ihre Datei regelmäßig – spätestens jedoch alle 5 Minuten – ab.
2. Übernehmen Sie die Tabelle inklusive aller Werte und Formatierungen in eine Arbeitsmappe und benennen Sie das Tabellenblatt wie angegeben.
3. In Zelle C3 sollen nur Daten zwischen 2009 und 2015 möglich sein. Sorgen Sie für eine Eingabemeldung und bei Falscheingaben für eine Fehlermeldung, die den Benutzer auf die möglichen Eingaben hinweist.
4. In Zelle C5 sollen nur ganze positive Zahlen bis 1.000.000,00 EUR möglich sein. Sorgen Sie für eine Eingabemeldung und bei Falscheingaben für eine Fehlermeldung, die den Benutzer auf die möglichen Eingaben hinweist. Sorgen Sie für eine angemessene Formatierung.
5. In Zelle C7 soll ein Listenfeld eingerichtet werden, über das die Nutzungsdauer von 1 bis 15 Jahren per Dropdown-Feld ausgewählt werden kann. Sorgen Sie für eine angemessene Formatierung.
6. In den Zellen A12 bis A26 soll als fortlaufende Nummer (fortlaufendes Jahr) die Nutzungsdauer ausgegeben werden. Die verbleibenden Zellen sollen leer bleiben.
7. In den Zellen B12 bis B26 soll das jeweilige Nutzungsjahr ausgegeben werden. Die verbleibenden Zellen sollen leer bleiben.
8. In die Zelle C12 soll der Betrag der Anschaffungskosten, in den Zellen C13 bis C26 der jeweilige Restbuchwert am Anfang des jeweiligen Jahres, d.h. nach Abzug des jeweiligen Abschreibungsbetrages des Vorjahres, für die gesamte Nutzungsdauer ausgegeben werden. Die verbleibenden Zellen sollen leer bleiben.

9. In Zelle D11 soll der lineare Abschreibungssatz ermittelt und ausgegeben werden.

Algorithmus: $\text{linearer\_Abschreibungssatz} = \dfrac{100\,\%}{\text{Nutzungsdauer}}$

10. In den Zellen D12 bis D26 soll der jeweilige Abschreibungsbetrag bei linearer Abschreibung ermittelt und ausgegeben werden. **Beachten Sie, dass bei Anschaffung einer Sachanlage von einem Kauf im Januar des jeweiligen Jahres ausgegangen wird.** Die verbleibenden Zellen sollen leer bleiben.
11. In Zelle E11 soll der degressive Abschreibungssatz ermittelt und ausgegeben werden. **Beachten Sie die Anmerkung zum degressiven Abschreibungsverfahren auf Seite 144. Für Sachanlagen, die nach dem 31.12.2010 angeschafft werden, gilt somit ein degressiver Abschreibungssatz von 0,00 %.**
12. In den Zellen E12 bis E26 soll der jeweilige Abschreibungsbetrag bei degressiver Abschreibung ermittelt und ausgegeben werden. Die verbleibenden Zellen sollen leer bleiben.
13. In den Zellen F12 bis F26 sollen die jeweiligen tatsächlichen Abschreibungsbeträge ermittelt und ausgegeben werden. Bei anfänglich degressiver Abschreibung muss ein Wechsel zur linearen Abschreibung stattfinden, um am Ende der Nutzungsdauer auf einen Restwert von 0,00 EUR zu kommen. Der tatsächliche Abschreibungsbetrag ergibt sich aus dem jeweiligen höheren Abschreibungsbetrag von linearer und degressiver Abschreibung. **Beachten Sie, dass für den linearen Abschreibungsbetrag die jeweilige Restnutzungsdauer, d. h. bei zehnjähriger Nutzungsdauer sind das im 2. Jahr neun, im 3. Jahr acht Jahre usw., gilt.** Die verbleibenden Zellen sollen leer bleiben.
14. In den Zellen G12 bis G26 soll der jeweilige Restwert (am Ende des jeweiligen Jahres) für die gesamte Nutzungsdauer ermittelt und ausgegeben werden. Die verbleibenden Zellen sollen leer bleiben.
15. Sorgen Sie im Rahmen einer bedingten Formatierung dafür, dass ab dem Wechsel von degressiver zu linearer Abschreibung der Hintergrund der jeweiligen Rest-Nutzungsdauer (Spalten A bis G) blau schattiert ist (gemischte Zelladressierung erforderlich – siehe Kapitel 3.3).
16. Sorgen Sie dafür, dass alle relevanten Zellen, die nicht überschrieben werden sollen, gesperrt werden.
17. Kopieren Sie die Inhalte des Tabellenblatts **Abschreibungsplan** in ein neues Tabellenblatt. Versehen Sie dieses mit dem Namen **Formeln** und wechseln Sie in die Formelansicht. Stellen Sie beim Ausdrucken dieser Tabelle sicher, dass alle Funktionen vollständig lesbar sind und die Tabelle auf zwei DIN-A4-Seiten mit **Ihrem Namen, dem Dateinamen, dem aktuellen Datum** und **Zeilen- und Spaltenüberschriften** ausgedruckt wird.

10 Weitere Funktionen

10.1 RUNDEN

Situation:

Herr Klein aus der Abteilung Rechnungswesen/Statistik hat in den vergangenen Tagen mehrere Anrufe von Kunden erhalten, die sich allesamt über „Rechenfehler" in ihren Rechnungen beschwert haben. Im vorliegenden Fall (vgl. Abbildung 1) weist das Rechnungsformular als „Gesamtbetrag (brutto)" einen Betrag in Höhe von 1.583,32 EUR aus. Die Addition der Zellinhalte von H29 und H30 sollte hingegen zum Ergebnis in Höhe von 1.583,33 EUR gelangen. Dieses Problem soll mithilfe einer geeigneten Funktion behoben werden.

	A	B	C	D	E	F	G	H
5	*Bürodesign GmbH, Stollberger Straße 188, 50933 Köln*							
6								
7	Büromöbel GmbH Europa							
8	Lahnstraße 168							
9	28119 Bremen							
10								
11								
12								
13								
14	Ihre Bestellung vom		Sachbearbeiter/-in	Datum		**Bitte bei der Zahlung angeben:**		
15	01.08.20..		Frau Dose	03.08.20..		**Kundennummer:**		**0011**
16								
17						**Rechnungsnummer:**		**1577**
18								
19	**Rechnung**							
20								
21								
22	**Position**	**Artikel-nummer**	**Artikel-bezeichnung**	**Menge (Stück)**	**Listenpreis pro Stück**	**Rabatt (%)**	**Rabatt pro Stück**	**Gesamt-preis**
23	1	13792	Textverarbeitung I	10	14,95 €	0	- €	149,50 €
24	2	11207	Arbeiten mit dem PC	25	22,40 €	10	2,24 €	504,00 €
25	3	12430	Tabellenkalkulation 2003	20	24,90 €	10	2,49 €	448,20 €
26	4	13080	Präsentieren leichtgemacht	15	16,95 €	10	1,70 €	228,83 €
27								
28								
29							Warenwert (netto)	1.330,53 €
30							+ 19% Umsatzsteuer	252,80 €
31							**Gesamtbetrag (brutto)**	1.583,32 €

Abbildung 1: *„Rechenfehler" in der Zelle H31*

Der Rechenfehler kommt aufgrund der vom Programm automatisch durchgeführten kaufmännischen Rundungsmethode von zwei Nachkommastellen zustande. Die in den Zellen H29 und H30 angezeigten Werte entsprechen nicht den tatsächlich vom Programm ermittelten Zahlen. Diese liegen bei 1.330,525 in Zelle H29 und 252,79975 in Zelle H30. Das Programm rundet in den einzelnen Zellen zunächst beide Werte kaufmännisch auf (vgl. H29 und H30), rechnet intern jedoch mit den vorgenannten Zahlen weiter. Durch die Funktion SUMME in der Zelle H31 werden somit die mathematisch genauen Zahlen zum Ergebnis in Höhe von 1.583,32475 addiert und kaufmännisch auf 1.583,32 EUR gerundet. Um Probleme mit „fortgeführten Rundungsfehlern" zu vermeiden, empfiehlt sich die Verwendung der Funktion RUNDEN. Die Syntax lautet:

=RUNDEN(ZAHL;ANZAHL_STELLEN)

Die ZAHL kann hierbei eine per Hand eingegebene Zahl oder das Ergebnis einer Formel oder Funktion sein. Wesentliches Kennzeichen dieser Funktion ist die Anwendung der mathematisch genauen Rundungsregel (d. h. ab einem Wert von 0,50 wird aufgerundet, bis zu einem Wert von 0,49 wird abgerundet).

Für die bestehende Problematik empfiehlt sich die Anwendung der RUNDEN-Funktion bei allen berechneten Werten in der Spalte H. Die in der Zelle H29 bislang vorhandene Funktion =SUMME(H23:H28) wird beispielsweise wie folgt erweitert: =RUNDEN(SUMME(H23:H28);2). Das in der Zelle ausgewiesene Ergebnis nimmt nach wie vor den Wert in Höhe von 1.330,32 EUR an. Die Funktion RUNDEN bewirkt jedoch an dieser Stelle, dass das Programm intern mit diesem gerundeten Ergebnis weiterarbeitet (vgl. Abbildung 2).

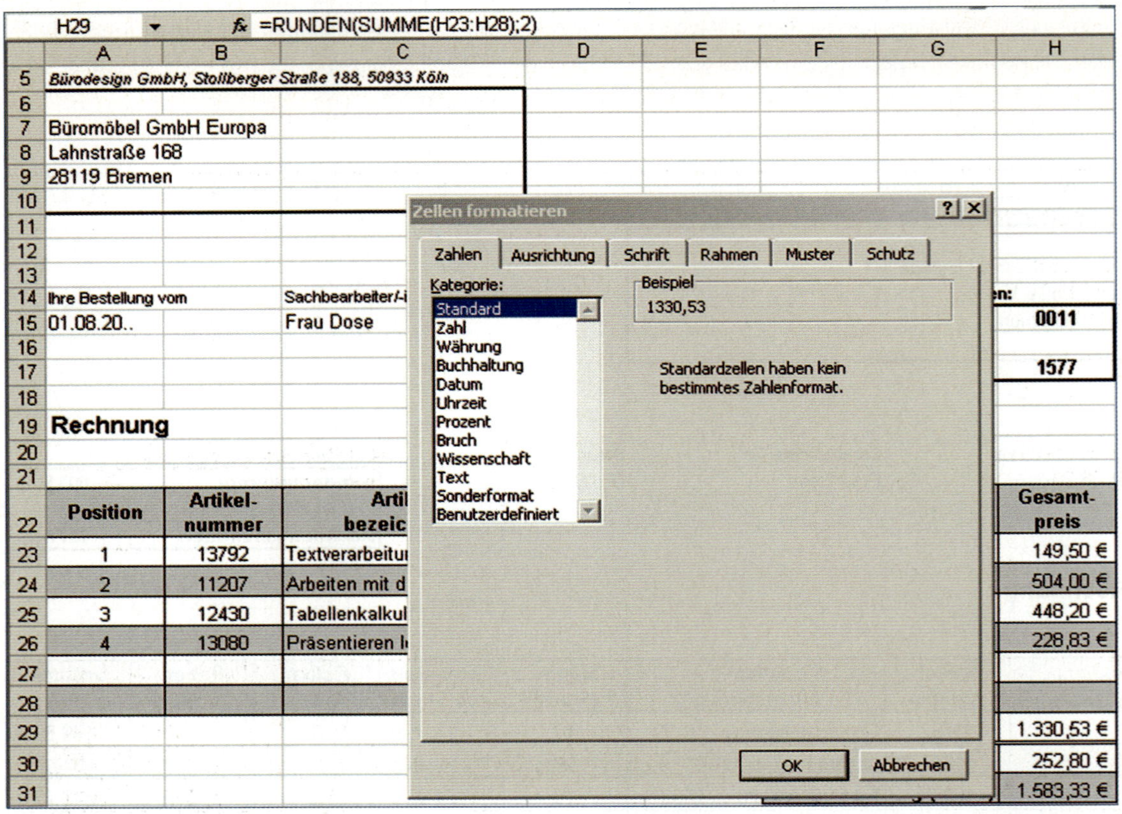

Abbildung 2: *Durch die Funktion RUNDEN „intern" abgeänderte Zahl*

Anmerkung:

Beim Runden von Prozentzahlen ist auf folgende Besonderheit zu achten: Die Funktion =RUNDEN(3,636 %;2) wird nicht zum erwarteten Ergebnis 3,64 % führen. Stattdessen wird als Ergebnis 4,00 % ausgewiesen. Der Grund hierfür besteht darin, dass das Programm die Prozentzahl 3,636 % intern als Zahl 0,03636 ansieht. Die durch die Funktion gegebene Anweisung für die Ausgabe mit zwei Nachkommastellen wird beim Ergebnis 4,00 % dementsprechend richtig umgesetzt. Um die Ausgabe einer Prozentzahl mit zwei Nachkommastellen zu erreichen, muss die Anzahl an Stellen mit vier Stellen angegeben werden (0,03636 → 3,64 %).

Arbeitsauftrag 1:

Übernehmen Sie die in der Abbildung 1 dargestellte Tabelle in Ihr Tabellenblatt. Stellen Sie mithilfe der RUNDEN-Funktion sicher, dass die in der Spalte H ermittelten Werte automatisch so auf zwei Nachkommastellen berechnet werden, dass das Tabellenkalkulationsprogramm auch intern mit lediglich zwei Nachkommastellen weiterrechnet.

10.2 AUFRUNDEN, ABRUNDEN, GANZZAHL und KÜRZEN

Situation:

Im Rahmen einer von der Abteilung Marketing durchgeführten Kundenbefragung wurde herausgefunden, dass die meisten Kunden ungerade Rechnungsbeträge (z. B. 1.583,**33** EUR) als „störend" empfinden. Die Abteilung Rechnungswesen/Statistik will daher in Absprache mit der Marketingabteilung in einem zweimonatigen Versuch alle Rechnungen dahin gehend verändern, dass der „Gesamtbetrag (brutto)" jeweils auf volle EUR-Beträge abgerundet werden soll. Die in der Abbildung 3 dargestellte Tabelle soll durch eine Funktion so verändert werden, dass der bisherige „Gesamtbetrag (brutto)" mit 1.583,00 EUR ausgegeben wird.

	A	B	C	D	E	F	G	H
5	*Bürodesign GmbH, Stollberger Straße 188, 50933 Köln*							
6								
7	Büromöbel GmbH Europa							
8	Lahnstraße 168							
9	28119 Bremen							
10								
11								
12								
13								
14	Ihre Bestellung vom		Sachbearbeiter/-in	Datum		**Bitte bei der Zahlung angeben:**		
15	01.08.20..		Frau Dose	03.08.20..		**Kundennummer:**		**0011**
16								
17						**Rechnungsnummer:**		**1577**
18								
19	**Rechnung**							
20								
21								
22	**Position**	**Artikel-nummer**	**Artikel-bezeichnung**	**Menge (Stück)**	**Listenpreis pro Stück**	**Rabatt (%)**	**Rabatt pro Stück**	**Gesamt-preis**
23	1	13792	Textverarbeitung I	10	14,95 €	0	- €	149,50 €
24	2	11207	Arbeiten mit dem PC	25	22,40 €	10	2,24 €	504,00 €
25	3	12430	Tabellenkalkulation 2003	20	24,90 €	10	2,49 €	448,20 €
26	4	13080	Präsentieren leichtgemacht	15	16,95 €	10	1,70 €	228,83 €
27								
28								
29						Warenwert (netto)		1.330,53 €
30						+ 19% Umsatzsteuer		252,80 €
31						**Gesamtbetrag (brutto)**		1.583,33 €

Abbildung 3: *Rechnungsformular mit noch nicht abgerundetem „Gesamtbetrag (brutto)"*

Für die in der Situation aufgezeigte Zielsetzung ist die zuvor dargestellte Funktion RUNDEN nicht geeignet, da diese die mathematisch genaue Rundungsregel anwendet. Für diese Zwecke eignet sich die Funktion ABRUNDEN. Die Syntax dieser Funktion lautet:

=ABRUNDEN(ZAHL;ANZAHL_STELLEN)

Da der „Gesamtbetrag (brutto)" auf eine volle Zahl abgerundet werden soll, muss folgende Funktion in die Zelle H31 eingegeben werden: =ABRUNDEN(H29+H30;0), sodass das gewünschte Ergebnis ausgegeben wird (vgl. Abbildung 4).

	A	B	C	D	E	F	G	H
5	*Bürodesign GmbH, Stollberger Straße 188, 50933 Köln*							
6								
7	Büromöbel GmbH Europa							
8	Lahnstraße 168							
9	28119 Bremen							
10								
11								
12								
13								
14	Ihre Bestellung vom		Sachbearbeiter/-in	Datum		**Bitte bei der Zahlung angeben:**		
15	01.08.20..		Frau Dose	03.08.20..		**Kundennummer:**		**0011**
16								
17						**Rechnungsnummer:**		**1577**
18								
19	**Rechnung**							
20								
21								
22	**Position**	**Artikel-nummer**	**Artikel-bezeichnung**	**Menge (Stück)**	**Listenpreis pro Stück**	**Rabatt (%)**	**Rabatt pro Stück**	**Gesamt-preis**
23	1	13792	Textverarbeitung I	10	14,95 €	0	- €	149,50 €
24	2	11207	Arbeiten mit dem PC	25	22,40 €	10	2,24 €	504,00 €
25	3	12430	Tabellenkalkulation 2003	20	24,90 €	10	2,49 €	448,20 €
26	4	13080	Präsentieren leichtgemacht	15	16,95 €	10	1,70 €	228,83 €
27								
28								
29							Warenwert (netto)	1.330,53 €
30							+ 19% Umsatzsteuer	252,80 €
31							**Gesamtbetrag (brutto)**	1.583,00 €

Abbildung 4: *Rechnungsformular mit auf 0 Nachkommastellen abgerundetem „Gesamtbetrag"*

Anmerkung:

Mit der Funktion RUNDEN sind die Funktionen AUFRUNDEN, ABRUNDEN, GANZZAHL und KÜRZEN verwandt. Der Aufbau der Funktion **AUFRUNDEN** (Syntax: =AUFRUNDEN(ZAHL;ANZAHL_STELLEN) entspricht dem der Funktionen RUNDEN und ABRUNDEN. Bei dieser Funktion wird jedoch – entgegen den mathematisch genauen Rundungsregeln – beispielsweise die Zahl 252,80 bei Angabe der Funktion =AUFRUNDEN(H29*0,19;0) auf 252,00 gerundet. Die Funktion **GANZZAHL** (Syntax: =GANZZAHL(ZAHL)) rundet eine Zahl auf die nächstkleinere ganze Zahl ab. Die Funktion =GANZZAHL(9,99) führt zur Ausgabe des Ergebnisses 9. Sie entspricht somit der Funktion ABRUNDEN unter Angabe von 0 Nachkommastellen. Die Funktion **KÜRZEN** (Syntax: =KÜRZEN(ZAHL;ANZAHL_STELLEN) bewirkt, dass die Zahl nicht gerundet wird. Die entsprechende Zahl wird vielmehr an der gewünschten Stelle „abgeschnitten".

Mithilfe der nachstehenden Abbildung 5 werden nochmals die Unterschiede zwischen den fünf Funktionen der Kapitel 10.1 und 10.2 dargestellt:

	A	B	C	D
1	**Funktion**	**Wert**	**Ergebnis**	**Syntax**
2	RUNDEN	3,45678	3,46	=RUNDEN(B2;2)
3	ABRUNDEN	3,45678	3,45	=ABRUNDEN(B3;2)
4	AUFRUNDEN	3,45678	3,46	=AUFRUNDEN(B4;2)
5	GANZZAHL	3,45678	3	=GANZZAHL(B5)
6	KÜRZEN	3,45678	3,45	=KÜRZEN(B6;2)

Abbildung 5: *Übersicht Funktionsweise der Funktionen RUNDEN, ABRUNDEN, AUFRUNDEN und KÜRZEN*

Arbeitsauftrag 2:

Übernehmen Sie die in der Abbildung 1 dargestellte Tabelle in Ihr Tabellenblatt. Geben Sie dem Tabellenblatt den Namen RUNDEN. Erstellen Sie anschließend vier Kopien des Tabellenblatts RUNDEN. Geben Sie diesen Tabellenblättern die Namen ABRUNDEN, AUFRUNDEN, GANZZAHL und KÜRZEN. Ermitteln Sie in dem entsprechenden Tabellenblatt den Gesamtbetrag (brutto) unter Verwendung der Funktion

a) RUNDEN mit zwei Nachkommastellen;
b) ABRUNDEN mit zwei Nachkommastellen;
c) AUFRUNDEN mit zwei Nachkommastellen;
d) GANZZAHL;
e) KÜRZEN (die Nachkommastellen sollen unberücksichtigt bleiben).

10.3 ANZAHL und ANZAHL2

Situation:

Für interne Auswertungen ist es erforderlich, dass für jede Rechnung die Anzahl der Positionen der selbst hergestellten Produkte und die Anzahl der Positionen der Handelswaren ermittelt wird. Bis jetzt wird diese Aufgabe von den Kollegen im Rechnungswesen durch manuelles Zählen erledigt. Die Geschäftsleitung ist jedoch der Meinung, dass dieses Vorgehen zu umständlich ist und erteilt Ihnen den Auftrag, das Rechnungsformular um die entsprechenden Einträge zu erweitern und die benötigten Werte automatisch zu ermitteln. Aus den ersten Monaten der Ausbildung wissen Sie, dass sich die Artikelnummern der Handelswaren aus Zahlen ergeben, während sich die Artikelnummern der selbst hergestellten Produkte aus einer Kombination von Zahlen und Buchstaben zusammensetzen.

	A	B	C	D	E	F	G	H
19	**Rechnung**							
20								
21								
22	**Position**	**Artikel-nummer**	**Artikel-bezeichnung**	**Menge (Stück)**	**Listenpreis pro Stück**	**Rabatt (%)**	**Rabatt pro Stück**	**Gesamt-preis**
23	1	13792	Textverarbeitung I	10	14,95 €	0	- €	149,50 €
24	2	11207	Arbeiten mit dem PC	25	22,40 €	10	2,24 €	504,00 €
25	3	12430	Tabellenkalkulation 2003	20	24,90 €	10	2,49 €	448,20 €
26	4	13080	Präsentieren leichtgemacht	15	16,95 €	10	1,70 €	228,83 €
27								
28								
29						Warenwert (netto)		1.330,53 €
30						+ 19% Umsatzsteuer		252,80 €
31						**Gesamtbetrag (brutto)**		1.583,33 €
32								
33	Auswertung							
34	Handelswaren							
35	eigenproduzierte Produkte							

Abbildung 6: *Ausschnitt aus dem Rechnungsformular mit einem Auswertungsbereich*

Die Funktionen ANZAHL und ANZAHL2 eignen sich zum Auszählen von Zellinhalten eines bestimmten Zellbereichs oder einzelner Zellen. Die allgemeine Schreibweise lautet: =ANZAHL(ZELLBEREICH) bzw. =ANZAHL2(ZELLBEREICH)

Die Funktion in der Zelle D34 (Abbildung 6) soll den Zellbereich B23 bis B28 nach Handelswaren – deren Artikelnummern aus reinen Zahlenwerten bestehen – durchsuchen. Die Funktion ANZAHL ermittelt in einem bestimmten Zellbereich die Anzahl der Zellen, die **Zahlenwerte** enthalten. Alle Zellen, die keine Zahlenwerte enthalten, werden nicht mitgezählt. Die Funktion in Zelle D34 lautet somit: =ANZAHL(B23:B28)

Im dargestellten Beispiel soll in Zelle D35 die Anzahl der eigenproduzierten Artikel ermittelt werden. Zunächst muss der Zellbereich B23 bis B28 nach nicht leeren Zellen durchsucht werden. Die Funktion ANZAHL2 ermittelt die Anzahl der **nicht leeren Zellen** eines bestimmten Zellbereichs. Neben den Zellen, die Zahlenwerte enthalten, werden somit auch alle übrigen Zellen, die einen Inhalt aufweisen, mitgezählt. Um in der Zelle D35 die Anzahl der eigenproduzierten Artikel auszugeben, muss das Ergebnis aus Zelle D34 vom Ergebnis der Funktion ANZAHL2 abgezogen werden. Die Funktion lautet somit: =ANZAHL2(B23:B28)-D34

Arbeitsauftrag 3:

Öffnen Sie das Rechnungsformular aus Kapitel 10.2 und ergänzen Sie den Auswertungsbereich gemäß der Abbildung 6. Ermitteln Sie anschließend die Anzahl der Positionen der Handelswaren sowie die Anzahl der Positionen der eigenproduzierten Produkte der Funktionen ANZAHL und ANZAHL2.

10.4 ABS

Situation:

Nachdem Sie die Anzahl der jeweiligen Artikelgruppen pro Rechnung ermittelt haben, möchte der Abteilungsleiter der Abteilung Absatz, dass Sie eine Auswertung der Umsatzzahlen getrennt nach den eigenproduzierten Erzeugnissen und den Handelswaren erstellen. Die Auswertung soll deutlich machen, um wie viel EUR sich der Umsatz in diesem Jahr im Vergleich zum Vorjahr verändert hat. Der Differenzbetrag soll als positive Zahl dargestellt werden.

	A	B	C	D	E
1	Umsatzauswertung				
2					
3		Vorjahr	aktuelles Jahr	Auswertung	
4				+/=/-	Betrag
5	Eigenproduzierte Produkte	5.372.680,00 €	5.780.690,00 €		
6	Handelswaren	23.745.159,00 €	22.989.796,00 €		

Abbildung 7: *Umsatzauswertung – Funktion ABS*

Die Funktion ABS liefert den absoluten Wert einer Zahl. Der absolute Wert einer Zahl ist die Zahl ohne Vorzeichen, das heißt die Funktion wandelt negative Zahlen in positive Zahlen um, die positiven Zahlen bleiben positiv. Die allgemeine Schreibweise der Funktion lautet: =ABS(ZAHL). Als ZAHL kann in die Funktion eine Zahl oder ein Zellbereich eingetragen werden.

Arbeitsauftrag 4:

1. Übernehmen Sie die Tabelle in ein leeres Arbeitsblatt.
2. Sorgen Sie mittels kopierbarer Funktionen dafür, dass
   a) in Zelle D5 bzw. D6 ein Pluszeichen erscheint, wenn der Umsatz des aktuellen Jahres größer als der Umsatz des Vorjahres ist. Wenn der Umsatz des aktuellen Jahres genauso groß ist wie der des Vorjahres, soll ein Gleichheitszeichen erscheinen. Ist der Umsatz des aktuellen Jahres kleiner, soll ein Minuszeichen ausgegeben werden;
   b) in Zelle E5 bzw. E6 der Differenzbetrag zwischen dem Umsatz des aktuellen Jahres und dem Umsatz des Vorjahres ausgegeben wird. Der Differenzbetrag ist immer als positive Zahl auszugeben.

10.5 IST-Funktionen

Situation:

Das Rechnungsformular der Bürodesign GmbH soll in der Spalte A die jeweilige Positionsnummer ausweisen. Zunächst wurde die Position manuell in das Formular eingetragen. Ihr Abteilungsleiter bittet Sie dafür zu sorgen, dass die Position automatisch bei Eintragung der Artikelnummer in der jeweiligen Zeile erscheint.

	A	B	C	D	E	F	G	H
5	*Bürodesign GmbH, Stollberger Straße 188, 50933 Köln*							
6								
7	Büromöbel GmbH Europa							
8	Lahnstraße 168							
9	28119 Bremen							
10								
11								
12								
13								
14	Ihre Bestellung vom		Sachbearbeiter/-in	Datum		**Bitte bei der Zahlung angeben:**		
15	01.08.20..		Frau Dose	03.08.20..		**Kundennummer:**		**0011**
16								
17						**Rechnungsnummer:**		**1577**
18								
19	**Rechnung**							
20								
21								
22	**Position**	**Artikel-nummer**	**Artikel-bezeichnung**	**Menge (Stück)**	**Listenpreis pro Stück**	**Rabatt (%)**	**Rabatt pro Stück**	**Gesamt-preis**
23	1	13792	Textverarbeitung I	10	14,95 €	0	- €	149,50 €
24	2	11207	Arbeiten mit dem PC	25	22,40 €	10	2,24 €	504,00 €
25	3	12430	Tabellenkalkulation 2003	20	24,90 €	10	2,49 €	448,20 €
26	4	13080	Präsentieren leichtgemacht	15	16,95 €	10	1,70 €	228,83 €
27								
28								
29						Warenwert (netto)		1.330,53 €
30						+ 19% Umsatzsteuer		252,80 €
31						**Gesamtbetrag (brutto)**		1.583,33 €

Abbildung 8: *Rechnungsformular*

Soll in einer Zelle (hier in den Zellen A23 bis A28) in Abhängigkeit einer nicht leeren Zelle (hier die Zellen B23 bis B28) eine Ausgabe erfolgen, kann eine IST-Funktion verwendet werden. Die Funktion ISTLEER (=ISTLEER(WERT)) bezieht sich auf eine Zelle und gibt, wenn diese leer ist, einen bestimten Wert zurück. Bezogen auf das oben angegebene Beispiel lautet die Funktion in Zelle A23:

=WENN(ISTLEER(B23);"";1)

Um eine kopierfähige Funktion zu erhalten, lautet damit die Funktion in Zelle A24 wie folgt: =WENN(ISTLEER(B24);"";A23+1). Diese Funktion kann in die Zellen B25 bis B28 kopiert werden.

Für andere Anwendungen ist es unter Umständen notwendig, den Typ des Inhalts (Zahl, Text, Zellbezug usw.) einer Zelle zu überprüfen, um zu einem richtigen Ausgabeergebnis zu kommen. Für diese Aufgaben eignen sich ebenfalls Funktionen aus der Gruppe der IST-Funktionen.

Zu der Gruppe der IST-Funktionen gehören:

Funktion	Syntax	Bedingung, unter der ein WAHR zurückgegeben wird
ISTTEXT	=ISTTEXT(WERT)	Der Wert bezieht sich auf ein Element, das kein Text ist.
ISTKTEXT	=ISTKTEXT(WERT)	Der Wert bezieht sich auf eine Zelle, deren Inhalt kein Text ist.
ISTZAHL	=ISTZAHL(WERT)	Der Wert bezieht sich auf eine Zahl.
ISTFEHL	=ISTFEHL(WERT)	Der Wert bezieht sich auf einen Fehlerwert mit der Ausnahme #NV.
ISTFEHLER	=ISTFEHLER(WERT)	Der Wert bezieht sich auf einen beliebigen Fehlerwert (#NV, #WERT!, #Bezug!, #DIV/0!, #ZAHL!, #NAM E!, #NULL!).
ISTNV	=ISTNV(WERT)	Der Wert bezieht sich auf den Fehlerwert #NV (Wert nicht verfügbar).

Arbeitsauftrag 5:

Übernehmen Sie das abgebildete Rechnungsformular gemäß der obigen Abbildung und vollziehen Sie die beschriebenen Schritte nach.

Testen Sie auch Anwendungsbeispiele für weitere IST-Funktionen.

10.6 ZÄHLENWENN und SUMMEWENN

Situation:

Herr Dieter Zwock aus der Marketingabteilung hat den Vorschlag unterbreitet, dass die Ausgangsrechnungen zukünftig durch eine Analyse der Bestelldaten einen zusätzlichen Werbeeffekt für die Bürodesign GmbH erhalten sollen. Angedacht ist in einem ersten Schritt, dass dem Kunden die bestellte Anzahl an besonders günstigen Artikeln (unter 25,00 EUR) sowie die Summe der Listenpreise der vorgenannten Einzelartikel aufgezeigt wird.

	A	B	C	D	E	F	G	H
19	**Rechnung**							
20								
21								
22	**Position**	**Artikel-nummer**	**Artikel-bezeichnung**	**Menge (Stück)**	**Listenpreis pro Stück**	**Rabatt (%)**	**Rabatt pro Stück**	**Gesamt-preis**
23	1	13792	Textverarbeitung I	10	14,95 €	0	- €	149,50 €
24	2	11207	Arbeiten mit dem PC	25	22,40 €	10	2,24 €	504,00 €
25	3	12430	Tabellenkalkulation 2003	20	24,90 €	10	2,49 €	448,20 €
26	4	13080	Präsentieren leichtgemacht	15	16,95 €	10	1,70 €	228,83 €
27								
28								
29						Warenwert (netto)		1.330,53 €
30						+ 19% Umsatzsteuer		252,80 €
31						**Gesamtbetrag (brutto)**		1.583,33 €
32								
33	Wir haben die günstigen Preise!							
34	In Ihrer Bestellung haben Sie insgesamt eine Anzahl von				Artikeln unter 25,00 EUR bestellt.			
35	Für eine Einheit dieser Artikel wrüden Sie bei uns lediglich einen Gesamtpreis von							

Abbildung 9: *Rechnungsformular mit verkaufsfördernden Kundeninformationen*

Mithilfe der Funktion =ZÄHLENWENN lässt sich in der Zelle D34 die gewünschte Anzahl von Artikeln ausweisen. Deren Syntax lautet:

=ZÄHLENWENN(SUCHBEREICH;SUCHKRITERIUM)

Übertragen auf das Rechnungsformular lautet die Funktion somit =ZÄHLENWENN(E23:E28;"<25"). Zu beachten ist hierbei, dass das Suchkriterium (<25) als Kombination zwischen einem Relationszeichen und einer Zahl in Anführungsstriche gesetzt werden muss.

	A	B	C	D	E	F	G	H
19	**Rechnung**							
20								
21								
22	**Position**	**Artikel-nummer**	**Artikel-bezeichnung**	**Menge (Stück)**	**Listenpreis pro Stück**	**Rabatt (%)**	**Rabatt pro Stück**	**Gesamt-preis**
23	1	13792	Textverarbeitung I	10	14,95 €	0	- €	149,50 €
24	2	11207	Arbeiten mit dem PC	25	22,40 €	10	2,24 €	504,00 €
25	3	12430	Tabellenkalkulation 2003	20	24,90 €	10	2,49 €	448,20 €
26	4	13080	Präsentieren leichtgemacht	15	16,95 €	10	1,70 €	228,83 €
27								
28								
29						Warenwert (netto)		1.330,53 €
30						+ 19% Umsatzsteuer		252,80 €
31						**Gesamtbetrag (brutto)**		1.583,33 €
32								
33	Wir haben die günstigen Preise!							
34	In Ihrer Bestellung haben Sie insgesamt eine Anzahl von			4	Artikeln unter 25,00 EUR bestellt.			
35	Für eine Einheit dieser Artikel wrüden Sie bei uns lediglich einen Gesamtpreis von							

Abbildung 10: *Anwendung der ZÄHLENWENN-Funktion*

Anmerkung:

Ist das Suchkriterium ein Text (z. B. Kundenname „Albers", Kundenklasse „A", Lohnsteuerklasse „III"), so sind diese ebenfalls durch Anführungsstriche als Suchkriterium zu kennzeichnen.

Im Gegensatz zur ZÄHLENWENN-Funktion – bei der lediglich die Anzahl der dem Suchkriterium entsprechenden Werte ausgegeben wird – addiert die Funktion =SUMMEWENN zudem die Werte, welche dem Suchkriterium entsprechen. Die Syntax dieser Funktion lautet:

=SUMMEWENN(SUCHBEREICH;SUCHKRITERIUM;SUMME_BEREICH)

Übertragen auf das Rechnungsformular lautet die Funktion =SUMMEWENN(E23:E28;"<25"). Das Ergebnis dieser Funktion liegt bei 79,20 EUR (vgl. Abbildung 11).

	A	B	C	D	E	F	G	H
19	**Rechnung**							
20								
21								
22	**Position**	**Artikel-nummer**	**Artikel-bezeichnung**	**Menge (Stück)**	**Listenpreis pro Stück**	**Rabatt (%)**	**Rabatt pro Stück**	**Gesamt-preis**
23	1	13792	Textverarbeitung I	10	14,95 €	0	- €	149,50 €
24	2	11207	Arbeiten mit dem PC	25	22,40 €	10	2,24 €	504,00 €
25	3	12430	Tabellenkalkulation 2003	20	24,90 €	10	2,49 €	448,20 €
26	4	13080	Präsentieren leichtgemacht	15	16,95 €	10	1,70 €	228,83 €
27								
28								
29						Warenwert (netto)		1.330,53 €
30						+ 19% Umsatzsteuer		252,80 €
31						**Gesamtbetrag (brutto)**		1.583,33 €
32								
33	Wir haben die günstigen Preise!							
34	In Ihrer Bestellung haben Sie insgesamt eine Anzahl von			4	Artikeln unter 25,00 EUR bestellt.			
35	Für eine Einheit dieser Artikel wrüden Sie bei uns lediglich einen Gesamtpreis von					79,20 € bezahlen.		

Abbildung 11: *Anwendung der Funktion SUMMEWENN*

Anmerkung:

Auch in der SUMMEWENN-Funktion sind Suchkriterien in Form von Texten oder als Kombination von Relationszeichen und Zahlen durch Anführungsstriche zu kennzeichnen. In dem dargestellten Beispiel stimmt der SUCHBEREICH mit SUMME_BEREICH der Funktion SUMMEWENN überein. In diesem Fall durchsucht die Funktion anhand des SUCHKRITERIUMS (im Beispiel „<25") den SUCHBEREICH (im Beispiel E23:E28) und addiert alle Werte im SUCHBEREICH, auf die das SUCHKRITERIUM zutrifft. Der dritte Bestandteil (SUMME_BEREICH) muss nicht definiert werden. Häufig stimmt der SUCHBEREICH mit dem SUMME_BEREICH jedoch nicht überein. Sollen beispielsweise alle Listenpreise addiert werden, deren Artikelnummer kleiner als 12500 ist, stimmen diese beiden Bestandteile der SUMMEWENN-Funktion nicht mehr überein. Der SUCHBEREICH setzt sich in diesem Fall aus den Zellen B23 bis B28 zusammen. Das Suchkriterium lautet: „<12500". Der SUMME_BEREICH definiert sich aus den Zellen E23 bis E28. Die vollständige Funktion lautet somit: =SUMMEWENN(B23:B28;"<12500";E23:E28)

Arbeitsauftrag 6:

Übernehmen Sie die in der Abbildung 11 dargestellten Ergänzungen der Zeilen 33 bis 35 in Ihr Tabellenblatt. Vollziehen Sie die vorstehend beschriebenen Schritte zur Ermittlung der aufgezeigten Ergebnisse nach. Sorgen Sie mithilfe einer benutzerdefinierten Formatierung dafür, dass in der Zelle F35 zum genannten Preis der Text „bezahlen" angezeigt wird. Erweitern Sie die Analyse, indem Sie die Gesamtpreise aller Artikel addieren, deren Artikelnummer mindestens 13000 beträgt. Formulieren Sie hierzu in Zeile 36 zunächst eine sinnvolle Überschrift und geben Sie anschließend die Funktion ein.

10.7 Übungsaufgaben

10.7.1 Kalkulationsschema

Situation:

In der Bürodesign GmbH erfolgt die Kalkulation der Angebotspreise für die Handelswaren mittels der Zuschlagskalkulation. Dieses Kalkulationsverfahren geht von einem Listeneinkaufspreis aus und rechnet schrittweise die anteiligen Kosten und sonstige Zuschläge ein. Bisher erfolgte die Kalkulation durch die Sachbearbeiter immer handschriftlich. Da der Geschäftsleitung diese Vorgehensweise nicht mehr als zeitgemäß erscheint, soll in Zukunft mithilfe eines Tabellenkalkulationsprogramms der Angebotspreis automatisch berechnet werden.

Web

	A	B	C
1	**Schema zur Kalkulation des Barverkaufspreises**		
2			
3	**Artikelnummer**	**150391**	
4	**Artikelbezeichnung**	**Tischkopierer Primus Z-52**	
5	**Rabatt- und skontofähig?**		
6			
7	**Listeinkaufspreis**		323,00 €
8	**- Liefererrabatt**	35,0%	
9	**= Zieleinkaufspreis**		
10	**- Liefererskonto**	2,0%	
11	**= Bareinkaufspreis**		
12	**+ Bezugskosten**		50,00 €
13	**= Bezugspreis**		
14	**+ Handlungskosten**		355,00 €
15	**= Selbstkostenpreis**		
16	**+ Gewinn**	8,0%	
17	**= Barverkaufspreis**		
18	**+ Kundenskonto**		
19	**= Zielverkaufspreis**		
20	**+ Kundenrabatt**		
21	**= Angebotspreis**		

Abbildung 12: *Kalkulationsschema*

Arbeitsaufträge:

1. Speichern Sie eine leere Arbeitsmappe unter dem Namen „Kalkulationsschema" ab. Speichern Sie die Datei regelmäßig zwischen, um Datenverluste zu vermeiden
2. Übertragen Sie die Tabellenvorlage einschließlich **aller Formatierungen** in ein leeres Tabellenblatt. Geben Sie diesem Tabellenblatt den Namen **Ergebnis**.
3. Vervollständigen Sie das Kalkulationsschema, indem Sie die verbleibenden Werte mittels Formeln und Funktionen ermitteln. Sofern keine anderen Vorgaben bestehen, sollen alle Werte auf zwei Dezimalstellen kaufmännisch gerundet werden. Berücksichtigen Sie bei Ihrer Arbeit folgende Hinweise:
   a) Berechnungsgrundlage für den **Liefererrabatt** ist der Listeneinkaufspreis, für das **Liefererskonto** der Zieleinkaufspreis und für den **Gewinn** der Selbstkostenpreis.

b) Befindet sich in der Zelle B5 irgendeine Markierung (z. B. x, ja, ok), so erhält der Kunde 1,5 % Skonto und 10,0 % Rabatt. Ansonsten erhält der Kunde weder Skonto noch Rabatt. Die Werte sind im Prozentformat auszugeben.

c) Die Grundlage für die Berechnung des **Kundenskontos** ist der Barverkaufspreis. Wichtig: Der Barverkaufspreis entspricht dem um das Kundenskonto reduzierten Grundwert (100 % – 1,5 %).

d) Die Grundlage für die Berechnung des **Kundenrabatts** ist der Zielverkaufspreis. Wichtig: Der Barverkaufspreis entspricht dem um das Kundenskonto reduzierten Grundwert (100 % – 10 %).

e) Wird kein Kundenskonto und kein Kundenrabatt gewährt, entspricht der **Angebotspreis** dem Barverkaufspreis, ansonsten ergibt sich der Barverkaufspreis aus der Summe von Kundenrabatt und Zielverkaufspreis. Der Wert ist ohne Cent-Beträge auszugeben. Eine kaufmännische Rundung soll hier nicht erfolgen.

4. Erstellen Sie in einem weiteren Tabellenblatt mit dem Namen **Formeln** die Formelansicht.
5. Für das Drucklayout gelten folgende Vorgaben:

a) Die Tabellenblätter sollen im Format DIN A4 quer auf je einer Seite ausgedruckt werden.

b) In der Fußzeile unten links soll automatisch der Dateiname und in der Fußzeile unten rechts soll Ihr Name ausgewiesen werden.

c) Beide Tabellenblätter sind mit Zeilen- und Spaltenüberschriften sowie mit Gitternetzlinien auszudrucken.

10.7.2 Lagerstatistik

Situation:

Herr Dietmar, der Leiter der Abteilung Lager/Versand, möchte die Auswertung der Lagerbestände in Zukunft mithilfe eines Tabellenkalkulationsprogramms vereinfachen. Hinsichtlich des Formulars orientiert er sich an der bereits existierenden Lagerkartei im Papierformat. Für die Berechnungen sollen in Zukunft jedoch die Vorteile des Tabellenkalkulationsprogramms genutzt werden.

Web

	A	B	C	D	E	F	G	H	I
1	**Lagerkarte**					**Datum**	**Zugänge**	**Abgänge**	**Monats-endbestände**
2						20.01.	200 Stück		
3	**Artikelnummer**			200071		18.02.		500 Stück	
4	**Artikelbezeichnung**			Hocker Italia		01.03.		100 Stück	
5	**Bezugspreis pro Stück in Euro**			64,00		30.03.	700 Stück		
6	**Anfangsbestand am 01.01.20xy in Stück**			600		27.04.		300 Stück	
7	**Anfangsbestand in Euro**					12.05.	200 Stück		
8						28.05.		500 Stück	
9						15.06.	400 Stück		
10	**durchschnittlicher Lagerbestand in Stück**					30.06.		500 Stück	
11	**durchschnittlicher Lagerbestand in Euro**					28.07.	200 Stück		
12	**Umschlagshäufigkeit**					15.08.		200 Stück	
13	**durchschnittliche Lagerdauer**					12.09.	800 Stück		
14						08.10.		300 Stück	
15	**Anzahl der Materialentnahmen, bei denen**					16.11.		300 Stück	
16	**mehr als 400 Stück verbraucht wurden**					14.12.		275 Stück	
17	**Summe der verbrauchten Produkte mit einer**								
18	**Entnahmemenge von mehr als 400 Stück**					**Summen**			

Abbildung 13: *Lagerstatistik*

Arbeitsaufträge:

1. Speichern Sie eine leere Arbeitsmappe unter dem Namen „Lagerstatistik" ab. Speichern Sie die Datei regelmäßig zwischen, um Datenverluste zu vermeiden
2. Übertragen Sie die Tabellenvorlage einschließlich **aller Formatierungen** in ein leeres Tabellenblatt. Geben Sie diesem Tabellenblatt den Namen **Ergebnis**.
3. a) Ermitteln Sie in Zeile 18 die Summe von Spalte G und H.
   b) Ermitteln Sie in Spalte I die jeweiligen Monatsendbestände.
   c) Berechnen Sie in Zelle I18 den Jahresendbestand. Verwenden Sie hierfür unter anderem die Summen in G18 und H18.
   d) Ermitteln Sie in Zelle D7 den Wert des Lageranfangsbestands.
   e) Ermitteln Sie in Zelle D10 den durchschnittlichen Lagerbestand in Stück. Verwenden Sie folgende Formel:

   $$\text{durchschnittlicher Lagerbestand: } \frac{\text{Anfangsbestand} + 12 \text{ Monatsendbestände}}{13}$$

   Das Ergebnis ist auf eine ganze Zahl aufzurunden.
   f) Ermitteln Sie in Zelle D11 den durchschnittlichen Lagerbestand in EUR.
   g) Ermitteln Sie in Zelle D12 die Umschlagshäufigkeit. Verwenden Sie folgende Formel:

   $$\text{Umschlagshäufigkeit} = \frac{\text{Lagerbestand}}{\text{durchschnittlicher Lagerbestand}}$$

   Das Ergebnis ist auf eine Dezimalstelle abzurunden.
   h) Ermitteln Sie in Zelle D13 die durchschnittliche Lagerdauer. Verwenden Sie folgende Formel:

   $$\text{Lagerdauer} = \frac{360}{\text{Umschlagshäufigkeit}}$$

   Das Ergebnis ist ungerundet und ohne Dezimalstellen auszugeben.
   i) Ermitteln Sie in Zelle D15 und D17 die entsprechenden Werte formelgesteuert.
4. Erstellen Sie in einem weiteren Tabellenblatt mit dem Namen **Formeln** die Formelansicht.
5. Für das Drucklayout gelten folgende Vorgaben:
   a) Die Tabellenblätter sollen im Format DIN A4 quer auf je einer Seite ausgedruckt werden.
   b) In der Fußzeile unten links soll automatisch der Dateiname und in der Fußzeile unten rechts soll Ihr Name ausgewiesen werden.
   c) Beide Tabellenblätter sind mit Zeilen- und Spaltenüberschriften sowie mit Gitternetzlinien auszudrucken.

10.7.3 Bestellmenge

Situation:

In der Abteilung Beschaffung der Bürodesign GmbH müssen die Bestellvorgänge optimiert werden. Die Abteilungsleiterin Frau Evert weiß, dass die Lagerhaltungskosten und die Bestellkosten gegenläufig verlaufen. Das heißt, dass mit steigenden Lagerhaltungskosten die Bestellkosten sinken, da die Bestellvorgänge seltener sind. Andererseits steigen die Bestellkosten bei sinkenden Lagerhaltungskosten. Um die Kosten in Zukunft zu senken, soll der Bestellvorgang erst ausgelöst werden, wenn die Gesamtkosten aus Bestell- und Lagerkosten am niedrigsten sind.

	A	B	C	D	E	F	G
1	**Optimierung der Bestellmenge**						
2							
3	**Artikelnummer**			200071			
4	**Artikelbezeichnung**			Hocker Italia			
5	**Jahresbedarf**			2350 Stück			
6	**Kosten je Bestellung**			40,00 €			
7	**Lagerhaltungskostensatz in Prozent**			20,0			
8	**Einstandspreis**			23,50 €			
9							
10	**Bestell-menge in Stück**	**Anzahl der Bestellungen**	**Bestellkosten in Euro**	**durchschnittlicher Lagerbestand in Stück**	**durchschnittlicher Lagerbestand in Euro**	**Lagerhaltungs-kosten in Euro**	**Gesamt-kosten in Euro**
11	50						
12	100						
13	150						
14	200						
15	250						
16	300						
17	350						
18	400						
19	450						
20	500						

Abbildung 14: *Optimierung der Bestellmenge*

Arbeitsaufträge:

1. Speichern Sie eine leere Arbeitsmappe unter dem Namen „Bestellmenge" ab. Speichern Sie die Datei regelmäßig zwischen, um Datenverluste zu vermeiden.
2. Übertragen Sie die Tabellenvorlage einschließlich **aller Formatierungen** in ein leeres Tabellenblatt. Geben Sie diesem Tabellenblatt den Namen **Ergebnis**.
3. Ermitteln Sie
   a) in Spalte B die **Anzahl der Bestellungen**. Das Ergebnis soll auf zwei Dezimalstellen kaufmännisch gerundet ausgegeben werden;
   b) in Spalte C die **Bestellkosten**. Das Ergebnis soll auf zwei Dezimalstellen kaufmännisch gerundet ausgegeben werden;
   c) in Spalte D den **durchschnittlichen Lagerbestand in Stück.** Verwenden Sie folgende Formel: Ø Lagerbestand = Bestellmenge / 2. Das Ergebnis soll ungerundet und ohne Dezimalstellen ausgegeben werden;
   d) in Spalte E den **durchschnittlichen Lagerbestand in EUR**. Das Ergebnis soll auf zwei Dezimalstellen kaufmännisch gerundet ausgegeben werden;
   e) in Spalte F die Lagerhaltungskosten in EUR. Verwenden Sie folgende Formel: Lagerhaltungskosten = Ø Lagerbestand in EUR * Lagerhaltungskostenprozentsatz. Das Ergebnis soll auf zwei Dezimalstellen kaufmännisch gerundet ausgegeben werden;
   f) in Spalte G die **Gesamtkosten in EUR.** Die Gesamtkosten ergeben sich aus den Lagerhaltungskosten und den Bestellkosten. Das Ergebnis soll ungerundet und ohne Cent-Beträge (aber mit zwei Dezimalstellen) ausgegeben werden.
4. Erstellen Sie in einem weiteren Tabellenblatt mit dem Namen **Formeln** die Formelansicht.
5. Für das Drucklayout gelten folgende Vorgaben:
   a) Die Tabellenblätter sollen im Format DIN A4 quer auf je einer Seite ausgedruckt werden.
   b) In der Fußzeile unten links soll automatisch der Dateiname und in der Fußzeile unten rechts soll Ihr Name ausgewiesen werden.
   c) Beide Tabellenblätter sind mit Zeilen- und Spaltenüberschriften sowie mit Gitternetzlinien auszudrucken.

10.7.4 Provision- und Entgeltberechnung

Situation:

Die Handelsvertreter der Bürodesign GmbH wurden hinsichtlich ihres Tätigkeitsfeldes neu eingruppiert. Diese Eingruppierung hat vor allem Auswirkungen auf die Provisionsabrechnung und damit auf das Gesamtentgelt. Um das neue System im Alltag sinnvoll nutzen zu können, sollen alle notwendigen Berechnungen mittels der abgebildeten Tabelle vorgenommen werden.

	A	B	C	D	E	F	G	H	I
1	Provision- und Entgeltberechnung der Handelsvertreter								
2									
3	Vertreterübersich				Gruppe 1			Gruppe 2	
4	Vertreter	Gruppen	Umsatz		Umsatzgrenze (ab ...)	Provision in %		Umsatzgrenze (ab ...)	Provision in %
5	Rüping	1	9.999,00 €		- €	0,0		- €	0,0
6	Erdmann	1	41.050,00 €		10.000,00 €	2,0		10.000,00 €	3,0
7	Löwen	2	19.650,00 €		20.000,00 €	3,5		20.000,00 €	4,0
8	Kunz	2	47.900,00 €		40.000,00 €	5,0		40.000,00 €	5,0
9	Faralisch	1	68.350,00 €		70.000,00 €	7,0		70.000,00 €	6,0
10	Holtkamp	2	29.700,00 €						
11	Geldmann	2	27.500,00 €		Fixum	2.000,00 €			
12	Frontzek	1	28.250,00 €		Sonderzulage 1	250,00 €			
13	Kloos	2	41.050,00 €		Sonderzulage 2	50,00 €			
14									
15					heutiges Datum:				
16									
17	Handels-vertreter	Umsatz in Euro	Provisionssatz in %	Provision in Euro	Sonderzu-lage 1 in Euro	Sonderzu-lage 2 in Euro	Gesamt-entgelt	Gesamtent-gelt in %	Gesprächs-bedarf
18									
19									
20									
21									
22									
23									
24									
25									
26									
27	Summe								
28	Mittelwert								
29									
30	durchschnittlicher Umsatz des Vormonats				36.288,00 €				
31	Umsatzveränderung			Betrag					
32	Anzahl der Provisionen, die höher als 2.000,00 Euro sind								
33	Summe der Provisionen, die höher als 2.000,00 Euro sind								
34	Anzahl der Handelsvertreter, die eine Sonderzulage erhalten								

***Abbildung 15:** Provision- und Entgeltberechnung für die Handelsvertreter*

Arbeitsaufträge:

1. Speichern Sie eine leere Arbeitsmappe unter dem Namen „ProvEnt-Berechnung" ab. Speichern Sie die Datei regelmäßig zwischen, um Datenverluste zu vermeiden
2. Übertragen Sie die Tabellenvorlage einschließlich **aller Formatierungen** in ein leeres Tabellenblatt. Geben Sie diesem Tabellenblatt den Namen **Ergebnis**.
3. Erfassen Sie in den Zellen A18 bis A26 die Namen der Vertreter in alphabetischer Reihenfolge.
4. Ermitteln Sie formel- bzw. funktionsgesteuert
   a) in den Zellen B18 bis B26 den Umsatz der jeweiligen Handelsvertreter;
   b) in den Zellen C18 bis C26 den Provisionssatz in Abhängigkeit von der Gruppenzugehörigkeit und der Höhe des Umsatzes;
   c) in den Zellen D18 bis D26 die Provision in EUR. Das Ergebnis ist auf volle EUR-Beträge aufzurunden;

d) in den Zellen E18 bis E26 bzw. F18 bis F26 die Sonderzulagen. Es gilt:
   - Sonderzulage 1 erhält der Handelsvertreter mit dem höchsten Umsatz.
   - Sonderzulage 2 erhalten alle Handelsvertreter, deren Umsatz größer ist als der Durchschnitt des Umsatzes aller Handelsvertreter;

e) in den Zellen G18 bis G26 das Gesamtentgelt je Handelsvertreter. Beachten Sie, dass jeder Vertreter Anspruch auf ein Fixum hat;

f) in den Zellen H18 bis H26 den Anteil des Gesamtentgelts je Handelsvertreter am Gesamtentgelt aller Vertreter. Der Ausgabewert soll mit dem Prozentzeichen und auf zwei Dezimalstellen kaufmännisch gerundet ausgewiesen werden;

g) in den Zellen I18 bis I26 die Notwendigkeit für einen Gesprächstermin. Ein Gesprächstermin soll mit dem Handelsvertreter mit dem niedrigsten Umsatz vereinbart werden. Dieser Mitarbeiter ist mit einem X zu kennzeichnen;

h) in Zelle F15 das heutige Datum;

i) in Zeile 27 in den nicht schwarz markierten Bereichen die jeweiligen Summen,

j) in Zeile 28 in den nicht schwarz markierten Bereichen die jeweiligen Mittelwerte,

k) in Zelle C31 die Art der Umsatzveränderung. Ist der Durchschnittsumsatz im aktuellen Monat niedriger als der Umsatz des Vormonats, soll die Meldung „Verringerung" erscheinen. Sind beide Umsätze gleich hoch, soll die Meldung „unverändert" erscheinen. Anderenfalls soll die Meldung „Steigerung" ausgegeben werden;

l) in Zelle E31 die Umsatzveränderung als absoluter Betrag;

m) in Zelle E32 die Anzahl der Provisionen, die höher als 2.000,00 EUR sind;

n) in Zelle E33 die Summe aller Provisionen, die höher als 2.000,00 EUR sind;

o) in Zelle E34 die Anzahl der insgesamt ausbezahlten Sonderzulagen.

5. Für Formatierung gelten folgende Vorgaben:
   a) Alle Währungsbeträge sind mit zwei Dezimalstellen anzugeben. Vergeben Sie das Währungssymbol in Abhängigkeit von der jeweiligen Spalten- bzw. Zeilenüberschrift.
   b) Die Zelle im Zellbereich I18 bis I26, welche das X ausgibt, soll automatisch rot hinterlegt werden.
6. Belegen Sie alle Zellen, in denen Sie Formeln und Funktionen eingegeben haben, mit einem Zellschutz.
7. Erstellen Sie in einem weiteren Tabellenblatt mit dem Namen **Formeln** die Formelansicht.
8. Für das Drucklayout gelten folgende Vorgaben:
   a) Die Tabellenblätter sollen im Format DIN A4 quer auf je einer Seite ausgedruckt werden.
   b) In der Fußzeile unten links soll automatisch der Dateiname und in der Fußzeile unten rechts soll Ihr Name ausgewiesen werden.
   c) Beide Tabellenblätter sind mit Zeilen- und Spaltenüberschriften sowie mit Gitternetzlinien auszudrucken.

11 Abschließende Übungen

11.1 Instandhaltung Transportbereich

Situation:

Die Bürodesign GmbH hat im letzten Monat das Transportunternehmen Falo Bonn GmbH übernommen, sodass die Transporte der verkauften Produkte jetzt ausschließlich durch eigene Fahrzeuge durchgeführt werden. Die recht große Flotte von insgesamt 32 Fahrzeugen wird von eigens hierfür angestellten Mitarbeitern der Abteilung Fuhrpark gewartet. Für die hierfür anfallenden Personalkosten erstellt die Abteilung Personal täglich eine Übersicht. Diese soll am heutigen Tag von Ihnen durchgeführt werden.

Web

Arbeitsaufträge:

1. Speichern Sie Ihre Datei unter dem Namen **Instandhaltung Transportbereich** ab. Speichern Sie Ihre Datei **spätestens alle fünf Minuten** ab, um Datenverlust zu vermeiden.
2. Benennen Sie die Tabellenblätter wie folgt um:
   Tabellenblatt 1: **Berechnung**
   Tabellenblatt 2: **Mitarbeiterdaten, Qualität**
   Tabellenblatt 3: **Übersicht Tagesleistung**
3. Übernehmen Sie die am Ende der Aufgabenstellung abgebildeten Tabellen inklusive aller Werte und Formatierungen in die zuvor eingerichteten Tabellenblätter.
4. Weisen Sie den Hilfstabellen der Tabellenblätter **Mitarbeiterdaten, Qualität** sowie **Übersicht Tagesleistung** sinnvolle Namen zu und benutzen Sie diese – sofern möglich – in den späteren Formeln und Funktionen.
5. Ermitteln Sie im Tabellenblatt **Berechnung** mithilfe geeigneter Funktionen
   a) in der Zelle C6 das aktuelle Datum;
   b) in der Zelle B6 den zum aktuellen Datum zugehörigen Wochentag im Format TTTT;
   c) die Namen der Mitarbeiter;
   d) die von den Mitarbeitern geleistete Nettoarbeitszeit im Format hh:mm. Hier ist zu beachten, dass die angefallenen Pausenzeiten nicht zur Nettoarbeitszeit gehören;
   e) die für den aktuellen Tag erzielte Grundvergütung während der Nettoarbeitszeit. Beachten Sie, dass die Bürodesign GmbH minutengenau abrechnet;
   f) den Fehlerquotienten je Mitarbeiter. Ausgangspunkt ist die aktuelle Tagesleistung. Zu berücksichtigen ist hier der Umstand, dass je gewartetem Fahrzeug zwölf einzelne Arbeiten (gleich zwölf mögliche Fehler) zu erledigen sind. Das Ergebnis soll als Prozentformat mit zwei Nachkommastellen ausgewiesen werden;
   g) die Höhe der Qualitätsprämie in EUR. Zu beachten ist hier, dass neben dem Fehlerquotienten auch die Dauer der Betriebszugehörigkeit berücksichtigt wird;
   h) die Höhe der für den aktuellen Tag erzielten Vergütung je Mitarbeiter;
   i) in der Spalte K, ob der Mitarbeiter eine bedenkliche Tagesleistung erbracht hat. Dies ist der Fall, wenn die tagesaktuelle Fehlerquote über der durchschnittlichen Fehlerquote des letzten Jahres liegt (vgl. Mitarbeiterdaten, Spalte E). Entsprechende Mitarbeiter sollen durch ein **X** gekennzeichnet werden, während alle anderen Mitarbeiter ohne Kennzeichnung bleiben sollen;
   j) die Häufigkeit bzw. Anzahl der im Bereich statistische Auswertung hinterfragten Werte.
6. Stellen Sie mithilfe einer Bedingten Formatierung in der Spalte H (Fehlerquotient) sicher, dass
   a) der Mitarbeiter mit dem geringsten Fehlerquotient durch eine hellgrüne Hintergrundfarbe gekennzeichnet wird,
   b) alle Mitarbeiter mit einem tagesaktuellen überdurchschnittlichen Fehlerquotienten durch eine fett dargestellte rote Schriftfarbe gekennzeichnet werden.

7. Erstellen Sie ein Verbunddiagramm mit 2 unterschiedlichen Y-Achsen, aus dem neben der tagesaktuellen Vergütung auch die jeweiligen tagesaktuellen Fehlerquotienten je Mitarbeiter hervorgehen. Versehen Sie das Diagramm mit einer sinnvollen Überschrift. Platzieren Sie die Legende unterhalb der Überschrift.
   Auf der X-Achse sollen die Namen der Mitarbeiter angezeigt werden. Sorgen Sie weiterhin dafür, dass die Y-Achse – auf der die Tagesvergütung dargestellt wird – beim Wert 100,00 EUR anfängt und die Zwischenwerte im 10,00 EUR-Abstand dargestellt werden.
   Fügen Sie das Diagramm in ein Tabellenblatt ein, das den Namen **Diagramm** trägt. Versehen Sie Ihren Namen sowie das heutige Datum in der Kopfzeile des Diagramms.
8. Kopieren Sie den Inhalt des Tabellenblattes **Berechnung** in ein neu zu erstellendes Tabellenblatt (EINFÜGEN - TABELLENBLATT) und wechseln Sie dort in die Formelansicht. Benennen Sie das neue Tabellenblatt als **Formeln**.
9. Richten Sie die Tabellenblätter **Berechnung** und **Formeln** so ein, dass diese später im Querformat ausgedruckt werden können. Während das Tabellenblatt **Berechnung** auf einer Seite auszudrucken ist, soll das Tabellenblatt **Formeln** auf 2 Seiten breit ausgedruckt werden. Stellen Sie sicher, dass die Formeln unter Angabe der Zeilen-/Spaltenüberschriften ausgedruckt werden. Beide Tabellenblätter sollen in der Kopfzeile Ihren Namen sowie das heutige Datum tragen.
10. Drucken Sie die Tabellenblätter **Berechnung**, **Formeln** und **Diagramm** aus.

	A	B	C	D	E
1	Übersicht über die grundlegenden Mitarbeiterdaten				
2					
3	Personal-Nr.	Mitarbeiter	Stundenlohn	beschäftigt seit ... Jahren	Fehlerquotient (letztes Jahr)
4	025	Apel, Marco	14,50 €	6	2,50%
5	027	Lorscheid, M. C.	15,20 €	4	3,10%
6	032	Peters, Michael	14,00 €	4	1,70%
7	033	Roebers, J. R.	13,80 €	6	4,40%
8	041	Belke, B. B.	15,50 €	12	2,20%
9	047	Helmers, Kai	13,80 €	7	3,30%
10	055	Zingst, Siegfried	14,70 €	11	1,50%
11					
12					
13	Übersicht über die zu gewährende Qualitätsprämie				
14					
15		Fehlerquotient ab ...			
16	Zugehörigkeit	0,00%	2,00%	3,50%	5,00%
17	ab 0 Jahre	15,00 €	10,00 €	5,00 €	- €
18	ab 10 Jahre	17,50 €	12,50 €	7,50 €	- €

Abbildung 1: *Instandhaltung; Tabellenblatt „Mitarbeiterdaten, Qualität"*

	A	B	C	D	E
1	**Übersicht über gewartete Fahrzeuge sowie die Fehleranzahl**				
2					
3					
4	Personal-Nr.	Mitarbeiter	gewartete Fahrzeuge	Fehleranzahl	
5	025	Apel, Marco	5	2	
6	027	Lorscheid, M. C.	4	2	
7	032	Peters, Michael	4	3	
8	033	Roebers, J. R.	3	5	
9	041	Belke, B. B.	5	3	
10	047	Helmers, Kai	4	1	
11	055	Zingst, Siegfried	3	2	

Abbildung 2: *Instandhaltung; Tabellenblatt „Übersicht Tagesleistung"*

	A	B	C	D	E	F	G	H	I	J	K
1	**Bürodesign GmbH, Stollberger Str. 188, 50933 Köln**										
2											
3	Übersicht über Personalkosten im Instandhaltungsbereich										
4											
5											
6	Datum:										
7											
8	Personal-Nr.	Mitarbeiter	Arbeitsbeginn	Arbeitsende	Pausendauer gesamt	Netto-Arbeitszeit	Grund-vergütung	Fehler-quotient	Qualitäts-prämie	gesamte Vergütung	bedenkliche Tagesleistung
9	025		07:45	17:35	01:05						
10	027		08:05	17:25	00:55						
11	032		07:35	18:00	01:10						
12	033		08:20	17:45	00:45						
13	041		07:55	18:05	00:50						
14	047		08:00	17:30	01:10						
15	055		07:50	17:25	00:45						
16											
17											
18	**statistische Auswertung:**										
19											
20	Häufigkeit des Fehlerquotienten:			Anzahl der geleisteten Qualitätsprämien:							
21											
22	mehr als 5 %			mind. 10,00 €							
23	weniger als 3 %			unter 10,00 €							

Abbildung 3: *Instandhaltung; Tabellenblatt „Berechnung"*

11.2 Onlinebuchung Frachtversand

Situation:

Nachdem die Bürodesign GmbH im vergangenen Monat die Spedition Falo Bonn GmbH übernommen hat, will sie nun die bestehenden Überkapazitäten im Frachtbereich auch anderen Kunden anbieten. Aufgrund der sehr guten Erfahrungen mit dem Onlineversandhandel soll auch diese Dienstleistung für die Kunden mithilfe eines Onlineformulars abgewickelt werden. Nachstehend erhalten Sie einen kleinen Ausschnitt des gesamten Streckennetzes. Herr Michael Stengel von der Abteilung Versand bittet Sie um die Erstellung eines Programms, das nach Eingabe der jeweiligen Streckennummer und der Frachteinheiten den Start- und Zielort, die spätest mögliche Verladezeit, den Preis etc. ermittelt und ausgibt.

Arbeitsaufträge:

1. Speichern Sie Ihre Datei unter dem Namen **Onlinebuchung Frachtversand** ab. Speichern Sie Ihre **Datei spätestens alle fünf Minuten** ab, um Datenverlust zu vermeiden.
2. Benennen Sie das Tabellenblatt 1 in **Reservierung**, das Tabellenblatt 2 in **Kundendaten** und das Tabellenblatt 3 in **Streckenplan** um.
3. Übernehmen Sie die am Ende der Aufgabenstellung abgebildeten Tabellen inklusive aller Werte und Formatierungen in die zuvor eingerichteten Tabellenblätter.
4. Vergeben Sie für die vier Tabellen des Tabellenblattes **Streckenplan** die Namen „Köln/Bonn", „Bremen", „Berlin" und „München". Verwenden Sie diese Namen – sofern möglich – in den späteren Funktionen.
5. In der Zelle H3 des Tabellenblattes **Reservierung** soll mithilfe einer geeigneten Funktion das aktuelle Datum im Format TT.MM.JJJJ ausgegeben werden.
6. In Zelle B7 soll ein Listenfeld eingerichtet werden, über das die Kundennummer aus dem Tabellenblatt **Kundendaten** ausgewählt werden kann. Sorgen Sie für eine angemessene Formatierung.
7. Geben Sie in die Zelle B7 die Zahl „10105" und in die Zelle E7 die Kombination „abc123" ein.
8. In der Zelle B9 des Tabellenblattes **Reservierung** soll der Kundenname samt der zugehörigen Postleitzahl erscheinen. Dies soll allerdings nur dann der Fall sein, wenn die eingegebene Kunden-Nr. mit dem richtigen Passwort übereinstimmt. Ansonsten ist die Meldung „Fehleingabe" auszugeben.
9. Geben Sie in den ersten vier Zeilen der Spalte „Strecken-Nr." nacheinander die Nummern „053", „245", „160" und „340" ein. In der Spalte „Anzahl an Frachteinheiten" geben Sie für alle vier Strecken jeweils die Zahl „2" ein.
10. Ermitteln Sie mithilfe geeigneter Funktionen bzw. Formeln
    a) den Startpunkt;
    b) den Zielort;
    c) die Abfahrtzeit;
    d) die spätest mögliche Verladezeit für die Fracht;
    e) den Einzelpreis für jeweils eine Frachteinheit und
    f) den Gesamtpreis für alle zu transportierenden Frachteinheiten.
11. Ermitteln Sie mithilfe geeigneter Funktionen bzw. Formeln
    a) den gesamten Nettobetrag in EUR;
    b) den ggf. abzuziehenden Rabatt in Prozent. Hierbei ist zu beachten, dass ein Rabatt nur dann gewährt wird, wenn in der gesamten Bestellung entweder mindestens vier Frachteinheiten gebucht werden oder der gesamte Nettobetrag bei mindestens 350,00 EUR liegt;
    c) den ggf. abzuziehenden Rabatt in EUR;
    d) die zu entrichtende Umsatzsteuer in EUR;
    e) den Bruttobetrag in EUR. Stellen Sie hier durch eine geeignete Funktion sicher, dass nur volle EUR-Beträge (z. B. 99,60 EUR → 100,00 EUR) ausgewiesen werden.
12. Abschließend soll mithilfe einer Formel in der Zelle D28 das Datum ermittelt werden, zu dem die Reservierung kostenlos widerrufen werden kann. Hierfür gilt die Regel: Tag der Bestellung + einen Tag. Formatieren Sie das Ergebnis ggf. auf das Format TT.MM.JJJJ.
13. Sorgen Sie dafür, dass im Tabellenblatt **Reservierung** alle relevanten Zellen, die nicht überschrieben werden sollen, gesperrt werden.
14. Kopieren Sie den Inhalt des Tabellenblattes **Reservierung** in ein neu zu erstellendes Tabellenblatt (EINFÜGEN – TABELLENBLATT) und wechseln Sie dort in die Formelansicht. Benennen Sie das neue Tabellenblatt als **Formeln**.
15. Richten Sie das Tabellenblatt **Reservierung** so ein, dass dieses später auf nur einer Seite im Hochformat ausgedruckt wird. Vermerken Sie in der Kopfzeile des Tabellenblattes Ihren vollständigen Namen sowie das heutige Datum.
16. Für das Einrichten des Tabellenblattes **Formeln** soll gelten, dass dieses später auf drei Seiten im Querformat ausgedruckt werden soll. Auch dieses Tabellenblatt soll in der Kopfzeile Ihren vollständigen Namen und das heutige Datum enthalten. Sorgen Sie weiterhin dafür, dass die Zeilen- und Spaltenüberschriften mit ausgegeben werden.
17. Drucken Sie nach abschließender Kontrolle die Tabellenblätter **Reservierung** und **Formeln** aus.

	A	B	C	D	E	F	G	H
1	**Bürodesign GmbH - Buchungsformular für Frachtversand**							
2								
3							Buchungsdatum:	
4								
5	***Geben Sie bitte hier Ihre vollständige Kunden-Nummer und Ihr Passwort ein:***							
6								
7	Kunden-Nr.			Passwort:				
8								
9	Kunde:							
10								
11	Geben Sie hier bitte Ihre Streckenwünsche ein! Beachten Sie, dass **nicht mehr als sechs Ziele** eingegeben werden können!							
12								
13	Strecken-Nr.	Anzahl an Frachteinheiten	Startpunkt	Zielort	Abfahrtzeit	Verladezeit bis spätestens ...	Preis pro Frachteinheit	Preis für alle Frachteinheiten
14								
15								
16								
17								
18								
19								
20								
21						Rechnungsbetrag (netto)		
22						abzgl. Rabatt in Prozent		
23						abzgl. Rabatt in Euro		
24						zzgl. 19 % gesetzlicher USt.		
25								
26						**Rechnungsbetrag (brutto)**		
27								
28	Sofern Sie dieser Reservierung nicht bis zum				widersprechen, fallen im Stornierungsfall 60 % des Netto-Gesamtbetrages an.			

Abbildung 4: *Onlinebuchung; Tabellenblatt „Reservierung"*

	A	B	C	D
1	**Übersicht über Kunden, deren Passwörter und Rabattgruppen**			
2				
3				
4	Kunden-Nr.	Passwort	Anschrift	Rabatt
5	10101	fischsuppe	Duelkers KG, 53123 Bonn	5,00%
6	10105	abc123	ComCo AG, 20088 Hamburg	8,50%
7	10112	ko001	Bauherr GmbH, 80345 München	10,00%
8	12103	bonn	Schacht Energie AG, 52064 Aachen	8,50%
9	12109	at015te	eazytravel KG, 10112 Berlin	12,00%
10	12125	azubi	Süddt. Messebau, 65112 Wiesbaden	6,50%

Abbildung 5: *Onlinebuchung; Tabellenblatt „Kundendaten"*

Übersicht über den Streckenplan der Bürodesign GmbH

Lager Köln/Bonn (Streckennummern 001 - 099)

Strecken-Nr.	Ziel	Abfahrtzeit	Preis
051	Berlin	06:50	65,00 €
053	Berlin	09:20	55,00 €
055	Berlin	12:30	40,00 €
061	Bremen	06:50	60,00 €
063	Bremen	10:30	50,00 €
065	Bremen	14:40	45,00 €
071	München	07:10	70,00 €
073	München	08:20	70,00 €

Lager Bremen (Streckennummern 200 - 299)

Strecken-Nr.	Ziel	Abfahrtzeit	Preis
241	Köln/Bonn	06:55	55,00 €
243	Köln/Bonn	12:10	50,00 €
245	Köln/Bonn	17:50	48,50 €
251	Berlin	06:50	65,00 €
253	Berlin	08:30	58,50 €
255	Berlin	15:55	47,00 €
271	München	07:10	80,00 €
273	München	07:50	65,00 €

Lager Berlin (Streckennummern 100 - 199)

Strecken-Nr.	Ziel	Abfahrtzeit	Preis
140	Köln/Bonn	07:20	58,50 €
142	Köln/Bonn	10:30	52,00 €
144	Köln/Bonn	14:20	47,00 €
160	Bremen	06:40	58,00 €
162	Bremen	11:05	48,00 €
164	Bremen	15:40	45,50 €
170	München	06:40	78,00 €
172	München	07:50	69,00 €
174	München	18:30	78,00 €

Lager München (Streckennummern 300 - 399)

Strecken-Nr.	Ziel	Abfahrtzeit	Preis
340	Köln/Bonn	06:55	65,00 €
342	Köln/Bonn	09:20	60,00 €
350	Berlin	07:00	75,00 €
352	Berlin	11:05	67,50 €
354	Berlin	18:35	75,00 €
360	Bremen	07:35	70,00 €
362	Bremen	07:55	65,00 €

Wichtig: **Das Verladen ist jeweils spätestens 00:40 Stunden vor der jeweiligen Abfahrtzeit vorzunehmen!**

Abbildung 6: *Onlinebuchung; Tabellenblatt „Streckenplan"*

11.3 Angebot für Eiltransport

Situation:

Neben den in der Aufgabenstellung 11.2 beschriebenen normalen Frachtstrecken verfügt die von der Bürodesign GmbH übernommene Spedition weiterhin über eine kleine Fahrzeugflotte von gebrauchten Autos, die zu Transportzwecken umgerüstet worden sind. Mit den Fahrzeugen werden allerdings keine Massengüter in großen Stückzahlen transportiert, sondern in der Regel schnell benötigte Ersatzteile für die unterschiedlichsten Zwecke. Der Kunde erhält bei einer Fahrt stets das Fahrzeug mit der kleinstmöglichen Transportkapazität zugewiesen. Nach den positiven Erfahrungen mit Ihren Kenntnissen im Rahmen der Tabellenkalkulation bittet Herr Stengel Sie erneut, mithilfe der vorgegebenen Tabellen ein Angebot für einen Kunden zu kalkulieren.

Arbeitsaufträge:

1. Speichern Sie Ihre Datei unter dem Namen **Angebot Eiltransport** ab. Speichern Sie Ihre **Datei spätestens alle fünf Minuten** ab, um Datenverlust zu vermeiden.
2. Benennen Sie das Tabellenblatt 1 in **Berechnung**, das Tabellenblatt 2 in **Fahrzeugdaten** und das Tabellenblatt 3 in **Kundendaten, sonstige Angaben** um.
3. Übernehmen Sie die am Ende der Aufgabenstellung abgebildeten Tabellen inklusive aller Werte und Formatierungen in die zuvor eingerichteten Tabellenblätter.
4. Weisen Sie den Hilfstabellen der Tabellenblätter **Fahrzeugdaten** sowie **Kundendaten, sonstige Angaben** sinnvolle Namen zu und verwenden Sie diese – sofern möglich – in den späteren Formeln und Funktionen.

5. In der Zelle B4 des Tabellenblattes **Berechnung** ist ein Listenfeld einzurichten, in dem die Kundennummern aus dem Tabellenblatt **Kundendaten, sonstige Angaben** ausgewählt werden können. Das Listenfeld ist angemessen zu formatieren.
6. Geben Sie in die nachstehenden Zellen des Tabellenblattes **Berechnung** die folgenden Werte/Angaben ein:
   B4: 1011 E8: 07:25 B8: 4,5 E10: 13:40 B10: 265
7. Ermitteln Sie mithilfe von geeigneten Funktionen bzw. Formeln
   a) in der Zelle B6 den Namen des Kunden;
   b) in der Zelle D15 das für den Transport zum Einsatz gelangende Fahrzeug. Beziehen Sie sich hierbei auf die Übersicht über die Transportkapazitäten der Fahrzeuge in den Zeilen 36 und 37. Sofern die gewünschte Transportmenge die Kapazität aller Fahrzeuge übersteigt, soll der Hinweis „kein geeignetes Fahrzeug vorhanden" ausgegeben werden;
   c) in der Zelle D17 die Grundpauschale für das Fahrzeug, die pro Fahrt fällig wird. Beachten Sie, dass Kunden der Kundenklasse A lediglich die Hälfte der Grundpauschale in Rechnung gestellt wird;
   d) in der Zelle D19 die Benzinkosten für die Fahrt. Beachten Sie hierbei, dass der Kunde die Kosten für die Hin- und für die Rückfahrt zu tragen hat. Als Benzinpreis wird der geltende Preis angesetzt;
   e) in der Zelle D21 die anteiligen Abschreibungen für das genutzte Fahrzeug. Die Bürodesign GmbH schreibt die Anschaffungskosten gemäß Leistungseinheiten (zurückgelegte Entfernung für die Hin- und Rückfahrt) ab;

   Hinweis:
   Ein Fahrzeug mit Anschaffungskosten von 5.000,00 EUR und einer geschätzten Restlaufleistung von 100.000 km verursacht 0,05 EUR Abschreibungen je km (5.000,00 EUR : 100.000 km).

   f) in der Zelle D23 die Kosten für den Fahrer des Fahrzeugs. Den Stundensatz für die zumeist studentischen Hilfskräfte können Sie den sonstigen Angaben entnehmen. Beachten Sie, dass die Abrechnung minutengenau erfolgt;
   g) in der Zelle D26 die Zwischensumme der vier Kostenpositionen;
   h) in der Zelle D28 der dem Kunden eventuell noch zustehende Bonus vom vergangenen Jahr;
   i) in der Zelle D31 den verbindlichen Angebotspreis, der dem Kunden per Telefax oder per E-Mail zugeschickt wird.
8. Sorgen Sie dafür, dass im Tabellenblatt **Berechnung** alle relevanten Zellen, die nicht überschrieben werden sollen, gesperrt werden.
9. Erstellen Sie ein (einfaches) **Kreisdiagramm**, aus dem die vier Bestandteile der Zwischensumme hervorgehen. Neben einer aussagekräftigen Überschrift sollen am **Diagramm** die Beschriftung der Kreissegmente und die entsprechenden Prozentzahlen mit einer Nachkommastelle angezeigt werden. Die Legende soll hingegen nicht angezeigt werden. Sorgen Sie dafür, dass das **Diagramm** später auf einem eigenen Tabellenblatt erscheint, welches den Namen **Diagramm** zugewiesen bekommt.
   Formatieren Sie die **Diagrammüberschrift** auf eine Schriftgröße von 14 Punkten und versehen Sie die **Diagrammfläche** mit einer ansprechenden Farbe. Versehen Sie die Kopfzeile des **Diagramms** mit Ihrem Namen und dem aktuellen Datum.
10. Fügen Sie in Ihre Excel-Datei ein neues Tabellenblatt (EINFÜGEN – TABELLENBLATT) ein und benennen Sie dieses Tabellenblatt **Formeln**. Kopieren Sie anschließend die Inhalte des Tabellenblattes **Berechnung** in das Tabellenblatt **Formeln** und wechseln Sie in die Formelansicht.
11. Richten Sie die Tabellenblätter **Berechnung** und **Formeln** so ein, dass Sie diese abschließend ausdrucken können. Beide Ausdrucke sollen dabei in der Kopfzeile Ihren vollständigen Namen beinhalten sowie die Zeilen- und Spaltenüberschriften anzeigen. Beim Ausdruck der Formeln erscheint es ratsam, diese im Querformat auf 1 Seite breit verteilt auszudrucken.
12. Drucken Sie nach abschließender Kontrolle die Tabellenblätter **Berechnung, Formeln** und **Diagramm** aus.

	A	B	C	D	E	F
1	**Allgemeine Fahrzeugdaten**					
2						
3	Fahrzeug	Grundpauschale/ Fahrt	durchschnittl. Verbrauch/100 km	durchschnittl. Reichweite		
4	Smart	26,50 €	4,2 l	450 km		
5	Fiat Punto	29,20 €	5,1 l	540 km		
6	VW Golf IV	35,10 €	6,2 l	630 km		
7	Ford Focus Turnier	38,20 €	7,4 l	720 km		
8	Kia Carens	36,70 €	8,3 l	650 km		
9						
10						
11						
12	**Relevante Daten für die Abschreibungen**					
13						
14	Fahrzeug	Smart	Fiat Punto	VW Golf IV	Ford Focus Turnier	Kia Carens
15	Anschaffungskosten	5.800,00 €	5.400,00 €	9.800,00 €	10.400,00 €	8.900,00 €
16	geschätzte Rest-laufleistung (in km)	65.000	60.000	80.000	85.000	80.000

Abbildung 7: *Angebot für Eiltransport; Tabellenblatt „Fahrzeugdaten"*

	A	B	C	D
1	**Übersicht über die Kundendaten**			
2				
3	Kunden-Nr.	Kunden-Name	Kundenklasse	offenstehender Bonus
4	1004	Autohaus Meyering	A	- €
5	1006	Röhling Industrie OHG	B	35,00 €
6	1007	Zanssen Industriebedarf	B	- €
7	1011	Gruber Elektro KG	A	15,00 €
8	1014	Bonn Intl. Airlines	C	65,00 €
9	1018	Hoppenstedter Metall KG	B	- €
10	1022	Remmert Chemie AG	A	- €
11	1027	Autowerke Bielefeld	C	80,00 €
12				
13				
14	**Übersicht über Personalkosten und Benzinkosten**			
15				
16	Stundensatz pro Fahrer:	18,60 €		
17				
18	Preis pro Liter Benzin:	1,33 €		

Abbildung 8: *Angebot für Eiltransport; Tabellenblatt „Kundendaten, sonstige Angaben"*

	A	B	C	D	E	F
1	**Angebot für Eiltransport**					
2						
3						
4	Kunden-Nr.					
5						
6	Kunde:					
7						
8	gewünschte Transporteinheiten			voraussichtlicher Fahrtbeginn:		
9						
10	Entfernung (einfache Strecke):			voraussichtliches Fahrtende:		
11						
12						
13	**Kostenbestandteile des Angebotes:**					
14						
15	Gegenstand des Angebotes ist das folgende Fahrzeug:					
16						
17	Position 1: Grundpauschale für das Fahrzeug:					
18						
19	Position 2: Benzinkosten für die Fahrt:					
20						
21	Position 3: Anteilige Abschreibung (nach LE):					
22						
23	Position 4: Kosten für den Fahrer des Fahrzeuges:					
24						
25						
26		Zwischensumme (Pos. 1 bis 4):				
27						
28		abzüglich eventuellem Bonus:				
29						
30						
31		**verbindlicher Angebotspreis:**				
32						
33						
34	**Übersicht über die Transportkapazitäten unserer Fahrzeuge:**					
35						
36	Fahrzeug	Smart	Fiat Punto	VW Golf IV	Ford Focus Turnier	Kia Carens
37	bis ... Transport-einheiten	1,5	2,5	4,2	6,8	8,5

Abbildung 9: *Angebot für Eiltransport; Tabellenblatt „Berechnung"*

11.4 Vereinfachte Reisekostenabrechnung

Situation:

Frau Erika Ferl von der Personalabteilung hat in Absprache mit der Geschäftsleitung und der Belegschaft eine neuartige Reisekostenabrechnung konzipiert. Diese berücksichtigt neben der Dauer der Abwesenheit und dem sich hieraus ergebenden Verpflegungsaufwand auch die eventuell angefallenen Benzinkosten und – dies ist ein Novum – den sich durch die Reise ergebenden Stress. Sie sollen mithilfe des vorgefertigten Formulars erstmals eine Abrechnung für einen Mitarbeiter der Bürodesign GmbH durchführen.

Arbeitsaufträge:

1. Speichern Sie Ihre Datei unter dem Namen **Vereinfachte Reisekostenabrechnung** ab. Speichern Sie Ihre **Datei spätestens alle fünf Minuten** ab, um Datenverlust zu vermeiden.
2. Benennen Sie das Tabellenblatt 1 in **Abrechnung**, das Tabellenblatt 2 in **Mitarbeiterdaten**, das Tabellenblatt 3 in **Vergütung Abwesenheit, Stress** und das Tabellenblatt 4 in **Vergütung Verpflegung, Pkw-Typ** um.
3. Übernehmen Sie die am Ende der Aufgabenstellung abgebildeten Tabellen inklusive aller Werte und Formatierungen in die zuvor eingerichteten Tabellenblätter.
4. Vergeben Sie den jeweiligen Hilfstabellen sinnvolle Namen und verwenden Sie diese – sofern möglich – in den späteren Formeln und Funktionen.
5. In den folgenden Zellen des Tabellenblattes **Abrechnung** sind Listenfelder einzurichten und angemessen zu formatieren:
   a) In Zelle B4 soll die entsprechende Personalnummer aus dem Tabellenblatt **Mitarbeiterdaten** (A4 bis A13) ausgewählt werden können.
   b) In Zelle B13 soll das genutzte Verkehrsmittel aus dem Tabellenblatt **Vergütung Abwesenheit, Stress** (Zellen A14 bis A16) ausgewählt werden können.
6. Tragen Sie in den nachfolgend aufgeführten Zellen des Tabellenblattes **Abrechnung** die jeweils vermerkten Werte und Angaben ein:
   B4: 90129   B9: den Ersten des aktuellen Monats z. B. 01.10.2010 (im Oktober 2010)
   F9: 347   B11: 07:47   E11: 18:32   B13: PKW   F13: 3   F15: 1,33
7. Ermitteln Sie mithilfe von geeigneten Formeln bzw. Funktionen
   a) in der Zelle F4 das aktuelle Datum;
   b) in den Zellen A6 sowie B6 den Namen des Mitarbeiters sowie die zugehörige Abteilung;
   c) in der Zelle C19 die Dauer der Abwesenheit im Format hh:mm;
   d) die Vergütung der Abwesenheit. Beachten Sie hierbei, dass für die Ermittlung dieses Wertes lediglich jeweils volle Stunden von Bedeutung sind (z. B. werden bei 07:55 lediglich sieben Stunden berechnet);
   e) die Vergütung des Reisestresses. Der in der Hilfstabelle angegebene Wert wird minutengenau ermittelt;
   f) die Vergütung des Verpflegungsaufwandes. Auch hier zählen nur die jeweils vollen Stunden. Weiterhin ist zu beachten, dass im Falle der Nutzung des Reisemittels Flugzeug aufgrund der vorhandenen Bordverpflegung nur 50 Prozent des Verpflegungsaufwands genehmigt werden;
   g) die Vergütung der Benzinkosten. Dem Mitarbeiter wird hierbei nur der Betrag erstattet, der sich aufgrund des durchschnittlichen Verbrauchs des gewählten Fahrzeugtyps für die gesamte Entfernung ergibt. Wenn der Mitarbeiter nicht das Reisemittel Pkw gewählt hat, soll in dieser Zelle der Wert Null ausgegeben werden. Runden Sie dieses Ergebnis mithilfe einer geeigneten Funktion auf zwei Nachkommastellen;
   h) die sich aus den vier Positionen ergebende Gesamtvergütung. Da der Mitarbeiter nur volle Beträge ausgezahlt bekommt, sollen Sie mithilfe einer geeigneten Funktion den Wert mit null Nachkommastellen ausgeben;
   i) in der Zelle D33 die Kontonummer des Mitarbeiters, auf das die Gesamtvergütung überwiesen wird;
   j) in der Zelle F33 die zugehörige Bankbezeichnung;
   k) in der Zelle C34 das Datum, bis zu dem die Gesamtvergütung voraussichtlich überwiesen wird. Hier wird unterstellt, dass das Geld innerhalb von vier Tagen dem Konto des Mitarbeiters gutgeschrieben wird;
   l) in der Zelle B36 einen abschließenden Hinweis an den jeweiligen Mitarbeiter. Liegen zwischen dem Reisedatum und dem Abrechnungsdatum (unterstellt sei, dass die Abrechnung unverzüglich nach Eingang bearbeitet wird) mehr als sieben Tage, so soll der Hinweis „Beachten Sie die Vorlegefrist von sieben Tagen!" ausgegeben werden. Ansonsten soll in der Zelle der Hinweis „Fehlanzeige!" erscheinen.
8. Sorgen Sie dafür, dass alle relevanten Zellen, die nicht überschrieben werden sollen, gesperrt werden.
9. Kopieren Sie den Inhalt des Tabellenblattes **Abrechnung** in ein neu zu erstellendes Tabellenblatt (EINFÜGEN – TABELLENBLATT) und wechseln Sie dort in die Formelansicht. Benennen Sie das neue Tabellenblatt als **Formeln**.
10. Richten Sie das Tabellenblatt **Abrechnung** so ein, dass dieses später auf nur einer Seite im Hochformat ausgedruckt wird. Vermerken Sie in der Kopfzeile des Tabellenblattes Ihren vollständigen Namen sowie das heutige Datum.

11. Für das Einrichten des Tabellenblattes **Formeln** soll gelten, dass dieses später auf zwei Seiten im Querformat ausgedruckt werden soll. Auch dieses Tabellenblatt soll in der Kopfzeile Ihren vollständigen Namen und das heutige Datum enthalten. Weiterhin sollen die Zeilen- und Spaltenüberschriften angegeben werden.
12. Drucken Sie nach abschließender Kontrolle die Tabellenblätter **Abrechnung** und **Formeln** aus.

	A	B	C	D	E	F	
1	**Bürodesign GmbH - Vereinfachte Reisekostenabrechnung**						
2							
3							
4	Pers.-Nr.				Datum:		
5							
6	**<Name>**	**<Abteilung>**					
7							
8							
9	Reisedatum:			Entfernung (einfache Strecke):			km
10							
11	Abfahrtzeit:			Rückkehrzeit:			
12							
13	Reisemittel:			bei PKW-Nutzung (Typ):			
14	**(PKW, Bahn, Flugzeug)**						
15				derzeitiger Benzinpreis/Liter:			
16							
17	**Abrechnung:**						
18							
19	Dauer der Abwesenheit (hh:mm):						
20							
21							
22	**Vergütung ...**						
23							
24	der Abwesenheit:						
25							
26	des Reisestress:						
27							
28	des Verpflegungsaufwandes:						
29							
30	der Benzinkosten:				Gesamtvergütung:		
31	**(sofern PKW-Nutzung)**						
32							
33	Den vorstehenden Betrag überweisen wir auf Ihr Konto				bei der		
34	Das Geld wird voraussichtlich bis zum			überwiesen.			
35							
36	**Hinweis:**						

Abbildung 10: *Reisekostenabrechnung; Tabellenblatt „Abrechnung"*

	A	B	C	D	E
1	**Übersicht über die Daten unserer Mitarbeiter**				
2					
3	**Personal-Nr.**	**Name**	**Abteilung**	**Konto-Nr.**	**Bank**
4	90124	Belke	Allg. Verwaltung	254 145 784	Raiffeisenbank Essen
5	90128	Müller	EDV-Service	874 651 988	Diba
6	90129	Pürling	Weiterbildung	541 672 359	Commerzbank
7	90141	Schmeckies	Rechnungswesen	124 650 887	Citibank
8	90143	Wagner	Marketing	321 568 970	Stadtsparkasse
9	90147	Albers	Rechnungswesen	201 355 698	Dresdner Bank
10	90149	Schmitz	Export Asien	884 521 003	VW-Bank
11	90152	Roebers	Export England	479 635 971	Postbank Köln
12	90156	Schacht	Finanzierung	197 685 364	Sparkasse Aachen
13	90160	Karls	Einkauf	782 364 102	Deutsche Bank

Abbildung 11: *Reisekostenabrechnung; Tabellenblatt „Mitarbeiterdaten"*

	A	B	C
1	**Vergütung der reisebedingten Abwesenheit**		
2			
3	Abwesenheit ab ... Stunden	Vergütung in EUR	
4	0	0,00	
5	2	5,00	
6	5	12,00	
7	8	17,00	
8	12	25,00	
9			
10			
11	**Übersicht über den Stress-Zuschlag**		
12			
13	Art des gewählten Reisemittels	Vergütung in EUR pro Stunde Abwesenheit	
14	PKW	4,00	
15	Bahn	2,00	
16	Flugzeug	1,50	

Abbildung 12: *Reisekostenabrechnung; Tabellenblatt „Vergütung Abwesenheit, Stress"*

	A	B	C	D	E	F
1	**Übersicht über die Verpflegungspauschale**					
2						
3	bei Abwesenheit von ... Stunden	Vergütung in EUR				
4	0	0,00				
5	4	10,00				
6	7	15,00				
7	12	25,00				
8						
9						
10	**Übersicht über die PKW-Typen**					
11						
12	PKW-Typ	1	2	3	4	5
13	Benzinverbrauch in l/100 km	5,62	6,47	7,81	8,93	10,25

Abbildung 13: *Reisekostenabrechnung; Tabellenblatt „Vergütung Verpflegung, Pkw-Typ"*

11.5 Hotelangebot

Situation:

Die Bürodesign GmbH kooperiert seit einigen Jahren mit dem Hotel ALP Bonn GmbH und führt dort unter anderem Tagungen durch. Der Geschäftsführer des Hotels hat die Geschäftsleitung der Bürodesign GmbH gebeten, ob einer ihrer EDV-Experten ein Buchungsformular für die ALP Bonn GmbH erstellen kann, um die Auftragsabwicklung endlich moderner gestalten zu können. In einem gemeinsamen Gespräch wurde folgendes Konzept entwickelt, welches Sie jetzt umsetzen sollen: Die Stammkunden schicken ein vom Hotel vorgefertigtes Excel-Formular, welches vom Hotel anschließend in eine Excel-Datei kopiert wird. Durch Zellbezüge, Formeln und Funktionen wird anhand der vom Kunden getätigten Angaben ein Angebot erstellt, welches dem Kunden per E-Mail zugeschickt wird.

Arbeitsaufträge:

1. Speichern Sie Ihre Datei unter dem Namen **Hotelangebot** ab. Speichern Sie Ihre **Datei spätestens alle fünf Minuten** ab, um Datenverlust zu vermeiden.
2. Benennen Sie das Tabellenblatt 1 in **Angebot**, das Tabellenblatt 2 in **Anfrage**, das Tabellenblatt 3 in **Preise und Rabatte** und das Tabellenblatt 4 in **Kunden** um.
3. Übernehmen Sie die am Ende der Aufgabenstellung abgebildeten Tabellen inklusive aller Werte und Formatierungen in die zuvor eingerichteten Tabellenblätter.
4. Versehen Sie die folgenden Zellen des Tabellenblattes **Anfrage** mit den nachstehend aufgeführten Namen:
   B3: „KundenNr" F5: „Abreise" F3: „Anreise" F7: „AnzahlReisende"
5. Versehen Sie die Hilfstabellen in den Tabellenblättern **Anfrage, Preise und Rabatte** sowie **Kunden** mit geeigneten Namen und verwenden Sie diese – sofern möglich – in den späteren Formeln und Funktionen.
6. Übernehmen Sie im Tabellenblatt **Angebot** in den Zellen F6, C15, C17 und C21 per Zellbezug die in der Aufgabenstellung 4 mit Namen versehenen Zellen.

7. Ermitteln Sie im Tabellenblatt **Angebot** mithilfe geeigneter Formeln und Funktionen
   a) den Namen des Kunden (beachten Sie den Hinweis zur Einordnung der Kundenklassen in dem Tabellenblatt **Kunden**);
   b) die Anschrift des Kunden (auch hier den vorgenannten Hinweis beachten);
   c) die Anzahl der geplanten Übernachtungen;
   d) in Abhängigkeit der Positionsnummern der Spalte A die **X** aus dem Tabellenblatt Anfrage, die den Wunsch des Kunden für die Nutzung an den jeweiligen Leistungen aufzeigen. Verwenden Sie hierfür eine Suchfunktion;[1]

   Hinweis:
   Nur wenn der Kunde die jeweilige Leistung in Anspruch nehmen will, sollen die nächsten Zellen mit Werten versehen werden. Wird die Leistung nicht beansprucht, sollen diese Zellen leer bleiben (Spalte C) bzw. den Wert Null enthalten (Spalten D bis F).

   e) die Beschreibung der gewünschten Leistungen;
   f) die gewünschte Menge der betreffenden Leistungen;
   g) den Preis pro Einheit der jeweiligen Leistungen;
   h) den Gesamtpreis der jeweiligen Leistungen. Beachten Sie für die Positionen 1 und 2 den im Tabellenblatt **Anfrage** erteilten Hinweis in den Zeilen 27 und 28;
   i) die Summe der Gesamtpreise aller gewünschten Leistungen;
   j) den dem Kunden gewährten Rabatt in EUR. Zu beachten ist hierbei der Umstand, dass ein Rabatt erst ab einem Betrag von 500,00 EUR gewährt wird und die Kundenklassen 1 und 2 unterschiedlich hohe Rabatte erhalten;
   k) den sich nach Abzug des eventuellen Rabatts ergebenden Nettopreis;
   l) die anfallende Umsatzsteuer. Hierbei wird unterstellt, dass die Umsatzsteuer in vollem Umfang auf alle Leistungen erhoben wird;
   m) die Höhe des Bruttopreises;
   n) die Gültigkeitsdauer des vorliegenden Angebotes. Für Kunden der Kundenklasse 1 beträgt diese Frist 15 Tage, für Kunden der Kundenklasse 2 hingegen lediglich zehn Tage.
8. Sorgen Sie dafür, dass im Tabellenblatt **Angebot** alle relevanten Zellen, die nicht überschrieben werden sollen, gesperrt werden.
9. Erstellen Sie ein Kreisdiagramm, aus dem die Gesamtkosten für die Positionen 1 bis 5 des Tabellenblattes Angebot hervorgehen. Fügen Sie dem Diagramm eine aussagekräftige Überschrift hinzu und stellen Sie sicher, dass sich die Legende unterhalb der Überschrift befindet. An den jeweiligen Kreissegmenten sollen die Kosten vermerkt sein. Zusätzlich soll an geeigneter Stelle ein Hinweis auf die Summe der einzelnen Kosten gegeben werden. Das Diagramm soll auf einem eigenen Tabellenblatt mit dem Namen **Diagramm** stehen.
10. Fügen Sie ein neues Tabellenblatt ein (EINFÜGEN – TABELLENBLATT) und benennen Sie dieses in **Formeln** um. Kopieren Sie das Tabellenblatt **Angebot** in das neue Tabellenblatt und wechseln Sie dort in die Formelansicht.
11. Drucken Sie abschließend die Tabellenblätter **Angebot, Formeln** und **Diagramm** aus. Achten Sie dabei auf den Umstand, dass alle Tabellenblätter in der Kopfzeile Ihren Namen sowie das aktuelle Datum enthalten. Weiterhin soll der Ausdruck des Tabellenblattes **Formeln** Zeilen- und Spaltenüberschriften enthalten. Das Tabellenblatt **Formeln** soll im Querformat auf zwei Seiten breit verteilt ausgedruckt werden.

[1] Damit hier keine Nullwerte dargestellt werden, gehen Sie bitte in die Kategorie EXTRAS – OPTIONEN und deaktivieren in dem Fenster ANSICHT den Menüpunkt NULLWERTE.

	A	B	C	D	E	F
1	**Excel-Formular: Anfrage an das Hotel und Seminarstätte ALP Bonn GmbH**					
2						
3	Kunden-Nr.	1038		geplanter Anreisetag:		05.11.2010
4						
5				geplanter Abreisetag:		09.11.2010
6						
7				Anzahl an Reisenden:		7
8						
9						
10	***Markieren Sie gewünschte Leistungen bitte durch ein "X" und geben Sie die gewünschte Menge an!***					
11						
12	Position	gewünschte Leistung	Beschreibung	gewünschte Menge		
13	1	X	Übernachtung Einzelzimmer (*)	3		
14	2	X	Übernachtung Doppelzimmer (*)	4		
15	3	X	Frühstück (Büffet)	28		
16	4	X	Mittagessen (Büffet)	20		
17	5	X	Abendessen (Büffet)	22		
18	6		Seminarraum Koblenz			
19	7	X	Seminarraum Aachen	3		
20	8		Seminarraum Münster			
21	9	X	Sauna, Dampfbad	7		
22	10		Massage (30 min.)			
23	11	X	Tennisplatz (2 Std.)	5		
24	12	X	Bowlingbahn (1 Std.)	7		
25						
26						
27	(*) Diese Position bezieht sich jeweils nur auf eine Nacht und muss					
28	daher mit der Anzahl an Übernachtungen multipliziert werden.					

Abbildung 14: *Hotelangebot; Tabellenblatt „Anfrage"*

	A	B	C	D	E
1	**Übersicht über die Leistungen, deren Preise sowie die Rabattstaffeln**				
2					
3					
4	Position	Beschreibung	Preis pro Einheit		
5	1	Übernachtung Einzelzimmer	135,00 €		
6	2	Übernachtung Doppelzimmer	65,00 €		
7	3	Frühstück (Büffet)	12,20 €		
8	4	Mittagessen (Büffet)	16,70 €		
9	5	Abendessen (Büffet)	17,50 €		
10	6	Seminarraum Koblenz	290,00 €		
11	7	Seminarraum Aachen	195,00 €		
12	8	Seminarraum Münster	340,00 €		
13	9	Sauna, Dampfbad	8,00 €		
14	10	Massage (30 min.)	29,90 €		
15	11	Tennisplatz (2 Std.)	26,00 €		
16	12	Bowlingbahn (1 Std.)	10,00 €		
17					
18					
19		**Rabattstaffeln**			
20					
21		Vorläufiger Rechnungspreis ab ...	Kundenklasse 1	Kundenklasse 2	
22		500,00 €	10%	8%	
23		1.200,00 €	13%	10%	
24		2.000,00 €	15%	12%	
25		2.500,00 €	18%	14%	

Abbildung 15: *Hotelangebot; Tabellenblatt „Preise und Rabatte"*

	A	B	C	D	E
1	**Übersicht über die Kundendaten**				
2					
3					
4	**Kundenklasse 1 (bis einschließlich der Kunden-Nr. 1999)**				
5					
6	Kunden-Nr.	Kunde	PLZ, Ort	E-Mail	
7	1008	Leondörfler GmbH	26122 Oldenburg	leondörfler@aol.com	
8	1010	Iris Simsen KG	57074 Siegen	personal@simsenkg.de	
9	1019	Kölner Metall AG	51149 Köln	km-ag@t-online.de	
10	1024	Bonner Elektro GmbH	53129 Bonn	service@begmbh.de	
11	1038	Lindemann GmbH	80122 München	lindemann@freeline.com	
12					
13					
14	**Kundenklasse 2 (ab der Kunden-Nr. 2000 aufwärts)**				
15					
16	Kunden-Nr.	2006	2012	2017	2026
17	Kunde	Dumstorff OHG	Uli Schacht GmbH	Sabine Freese KG	RIO - Tec. GmbH
18	PLZ, Ort	65111 Wiesbaden	10329 Berlin	76422 Stuttgart	20076 Hamburg
19	E-Mail	dumstorff@freeline.com	u-schacht@t-online.de	verwaltung@freese.de	rio-tec@aol.com

Abbildung 16: *Hotelangebot; Tabellenblatt „Kunden"*

	A	B	C	D	E	F
1	**Hotel und Seminarstätte ALP Bonn GmbH**					
2						
3						
4	**< Name >**				**15.10.2010**	
5						
6	**< PLZ, Ort >**				Kunden-Nr.	
7						
8						
9						
10	Sehr geehrte Damen und Herren,					
11						
12	gemäß Ihrer Anfrage unterbreiten wir Ihnen das folgende Angebot:					
13						
14						
15	geplantes Anreisedatum:					
16						
17	geplantes Abreisedatum:					
18						
19	Anzahl der Übernachtungen:					
20						
21	Personenanzahl:					
22						
23						
24	Position	gewünschte Leistung	Beschreibung	gewünschte Menge	Preis pro Einheit	Gesamtpreis
25	1					
26	2					
27	3					
28	4					
29	5					
30	6					
31	7					
32	8					
33	9					
34	10					
35	11					
36	12					
37						
38					Summe	
39					- Rabatt	
40					Nettopreis	
41					zzgl. USt.	
42						
43					Bruttopreis	
44						
45	Dieses Angebot gilt bis zum		**< Datum >**			

Abbildung 17: *Hotelangebot; Tabellenblatt „Angebot"*

Sachwortverzeichnis